JOHN GRAY

MÁS ALLÁ DE

MARTE

Y

VENUS

Las relaciones en el complejo mundo actual

OCEANO exprés

MÁS ALLÁ DE MARTE Y VENUS
Las relaciones en el complejo mundo actual

Título original: BEYOND MARS AND VENUS
             Relationship Skills for Today's Complex World

© 2017, John Gray

Publicado según acuerdo con Folio Literary Management, LLC
e International Editors' Co.

Traducción: Enrique Mercado

Diseño de portada: Bogart Tirado

D. R. © 2019, Editorial Océano de México, S.A. de C.V.
Homero 1500 - 402, Col. Polanco
Miguel Hidalgo, 11560, Ciudad de México
info@oceano.com.mx

Primera edición en Océano exprés: marzo, 2019

ISBN: 978-607-527-832-2

Impreso en México / Printed in Mexico

Este libro está dedicado con todo mi amor y admiración a mi hija Lauren Gray. Sus juicios sobre las mujeres y sus relaciones me inspiraron a desarrollar muchas de las ideas nuevas de este libro.

Introducción

Escribí *Los hombres son de Marte, las mujeres son de Venus* hace veinticinco años, y desde entonces no ha dejado de ser un best seller, con millones de lectores en todo el mundo. Continúa tocando la vida de muchas personas en cincuenta idiomas y más de ciento cincuenta países. Durante mis entrevistas en el mundo entero, las preguntas más frecuentes que me hacen son: "¿Cómo han cambiado las relaciones en los últimos veinticinco años? ¿Las ideas de su libro siguen vigentes?".

¿Cómo han cambiado las relaciones en los últimos veinticinco años? ¿Las ideas de su libro siguen vigentes?

La respuesta corta: el mundo ha cambiado drásticamente, con implicaciones significativas para nuestras relaciones. El creciente ritmo del trabajo y la vida ha incrementado el estrés tanto para los hombres como para las mujeres. Y con millones de mujeres más en los centros de trabajo y la adopción por los hombres de más responsabilidades en el hogar, la dinámica de las relaciones se ha modificado.

Lo que necesitamos en nuestras relaciones para experimentar una realización duradera ha cambiado radicalmente.

Hombres y mujeres requerimos ahora un nuevo tipo de apoyo emocional que incluya más autenticidad, intimidad y expresión personal. Han quedado atrás los días en que se necesitaba que una mujer fuera sumisa y dependiera de los hombres y en que un hombre cargaba con la responsabilidad de mantener solo a su familia.

Este cambio ha creado nuevas e increíbles oportunidades, tanto para las relaciones como para los individuos. La gente tiene la oportunidad de ser ella misma en formas antes imposibles y de adoptar características que rebasan las de sus roles de género tradicionales, lo que permite relaciones de una intimidad más profunda.

Pero estos cambios también han traído aparejados nuevos y significativos desafíos. Debemos aprender a expresar de modo satisfactorio nuestras cualidades masculinas y femeninas de manera que reduzcan nuestro estrés, no que lo aumenten. Y debemos aprender a apoyar las nuevas necesidades de nuestra pareja mientras ella hace lo mismo por nosotros.

En cierto sentido, los hombres aún son de Marte y las mujeres aún son de Venus, y muchas de las ideas de mi primer libro siguen siendo completamente válidas. Pero con una mayor libertad para expresarnos, necesitamos una nueva serie de habilidades para sostener relaciones exitosas. *Más allá de Marte y Venus* te enseñará estas habilidades.

Que hoy las mujeres trabajen codo a codo con los hombres y ellos participen más en la educación de los hijos no significa que hombres y mujeres seamos iguales. Es indudable que nuestros roles han cambiado, pero nuestra biología es muy diferente todavía. Y como hombres y mujeres somos distintos, reaccionamos a los cambios en nuestros roles de forma distinta, a menudo incomprendida y malinterpretada por nuestra pareja. En *Más allá de Marte y Venus* exploraremos en gran detalle nuestras nuevas necesidades de apoyo emocional, al igual que los retos adicionales que de modo ineludible resultan de ello en las relaciones modernas.

> Nuestras reacciones al cambio suelen ser incomprendidas, porque somos diferentes.

Esos retos conciernen a los solteros tanto como a las parejas, porque las mudanzas de nuestras relaciones modernas son un reflejo de las que actualmente ocurren en nosotros como individuos. Las nuevas ideas que recibimos son necesarias no sólo para las relaciones amorosas, sino también para nuestra felicidad y la de nuestros hijos. Nos ayudan a ser mejores compañeros de trabajo y, gracias a una mejor comprensión de los demás, a ser más exitosos. Así seas soltero o tengas una relación íntima, en todo momento te relacionas con personas del sexo opuesto.

Si eres soltero y buscas a alguien con quien pasar tu vida, este libro te ayudará a ser una mejor pareja de esa persona cuando la encuentres. Si eres soltero y no buscas pareja, este libro te ayudará a entender tus necesidades emocionales para que puedas reducir tu estrés y experimentar más felicidad.

> Estas nuevas ideas son necesarias para las relaciones amorosas tanto como para nuestra felicidad.

Muchos solteros anhelan casarse, mientras que muchos casados añoran la libertad que tenían y la emoción que experimentaban cuando eran solteros. Pero así seamos solteros o tengamos una relación, hoy nuestra vida puede ser más difícil que antes. No sólo en el nivel material, sino también porque perseguimos un más alto nivel de realización emocional, y cuando no lo alcanzamos sentimos más desilusión.

Lo que hoy presenciamos es un cambio drástico en el contexto de nuestras relaciones. En la actualidad no basta ni sirve tratar de tener relaciones exitosas usando las habilidades e ideas desarrolladas a lo largo de miles de años para las relaciones tradicionales.

Para hombres y mujeres es difícil ofrecer al otro el nuevo apoyo necesario para crear una relación satisfactoria. La mayoría de los hombres no tienen modelos de conducta que les brinden ese apoyo. Yo no los tuve. Nuestra educación relacional fue resultado de observar a nuestro padre, hábil quizás en el antiguo modelo pero no en el nuevo. Al ir a trabajar todos los días para mantener a su familia, él pudo cumplir la mayoría de las expectativas relacionales de nuestra madre.

Al ir a trabajar todos los días para mantener a su familia, nuestro padre pudo cumplir la mayoría de las expectativas de nuestra madre.

Las mujeres no tienen tampoco modelos de conducta para conseguir el apoyo que hoy requieren o para darles a los hombres el que necesitan. Habilidades de comunicación eficaces para pedir más no formaban parte de la educación de una mujer. Si su esposo cumplía su papel manteniendo a la familia, ella no tenía más que pedir. Si él no lo cumplía, el único recurso de ella era reclamar y quejarse, lo que ciertamente no los acercaba más.

Nuestros roles modernos proceden de la televisión y el cine, los cuales nos entretienen de maravilla pero no nos muestran el camino, a veces difícil y desafiante, para crear relaciones realmente satisfactorias. En la popular serie *Modern Family* nos reímos de que los personajes actúen y se comuniquen en formas que exageran nuestros retos y experiencias modernos, pero en los últimos cinco minutos todos se reconcilian milagrosamente, y se sienten felices y afectuosos. Nos muestran los resultados que perseguimos, no el proceso práctico de la transformación.

En películas románticas clásicas como *When Harry Met Sally* (Cuando Harry conoció a Sally), *Titanic*, *The Notebook* (Diario de una pasión) y mi favorita, *Somewhere in Time* (Pide al tiempo que vuelva), identificarnos con los personajes nos procura un destello del profundo amor que es factible cuando la tensión del amor no correspondido desaparece. Nos asomamos a las posibilidades de felicidad y realización que el amor ofrece cuando los personajes son capaces de vencer un obstáculo para hallar finalmente a quien buscan. Lo que vemos en la pantalla grande lo sentimos en nosotros y ansiamos experimentarlo en la vida. Pero lo que el cine no nos enseña es lo que sucede después, cuando las realidades de la vida diaria se dejan sentir.

Nuestros modelos de conducta para las nuevas relaciones proceden de la televisión y el cine; no ofrecen una imagen realista del amor verdadero.

Imaginamos que los personajes son felices para siempre, pero no se nos muestra de qué modo. Una visión de las posibilidades nos eleva temporalmente, sólo para desilusionarnos después con el choque de nuestros sueños y la realidad de la vida. Para crear un vida de amor, para crecer juntos de verdad en el amor mutuo, necesitamos adquirir nuevas habilidades que las películas no presentan.

A los hombres no se les enseña la importancia del afecto y del comentario positivo para sacar a relucir lo mejor de su pareja, cómo tomar decisiones en común cuando ella tiene un punto de vista distinto, cómo programar tiempo juntos cuando uno de los dos tiene más responsabilidades de trabajo, cómo planear citas y no esperar al último minuto para mantener vivo el amor o cómo resolver discusiones o escuchar los sentimientos de la pareja sin ponerse a la defensiva.

A las mujeres no se les enseñan los aspectos prácticos de cómo sacar a relucir lo mejor de su pareja, cómo satisfacer las necesidades diferentes de ésta, cómo comunicar las suyas propias sin quejarse o sencillamente cómo desempeñar su papel en la creación de un amor duradero. En las películas, el héroe romántico dice siempre lo correcto y la heroína nada más tiene que responder. En la vida real, el amor no es asunto de uno solo de los miembros de la pareja; es una calle de dos sentidos.

En la vida real, el amor no es asunto de uno solo de los miembros de la pareja; es una calle de dos sentidos.

Esta marcha para transformarse en alguien que conoce sus necesidades y es capaz de resolver las de su pareja no es inmediata. Pero puedes empezarla ahora; no tienes que esperar a que tu pareja, actual o futura, te acompañe. Para que una relación cambie, basta con que uno de los miembros de la pareja lo haga. Con el tiempo, y a medida que uno de ellos se convierta en un compañero mejor, el otro se le unirá.

Cuando escribí *Los hombres son de Marte, las mujeres son de Venus*, una pregunta que había oído durante años era: "¿Qué puedo hacer para que mi pareja lea este libro?".

Mi respuesta: nada. Intentar que tu pareja lea este libro podría insinuar que no es tan apta como debería, y podría ponerse a la defensiva. Léelo tú y practica las herramientas que te ayuden a ser más feliz sin necesidad de hacer cambiar a tu pareja. Es probable que ella acabe por sentir curiosidad y quiera saber qué lees.

Lo mismo puede decirse de este libro. Pon tu atención en cambiar tú, no a tu pareja. Mientras tu felicidad dependa de hacerla cambiar, más difícil será que cambie y crezca. Igual que tú, también el otro quiere estar en libertad de ser él mismo.

A veces si damos más, obtenemos más, pero otras conseguimos más haciendo menos. Cuando damos más porque no obtenemos lo suficiente corremos el riesgo de dar más sólo para hacer cambiar a nuestra pareja, y esto es inútil. ¡Tu pareja experimenta eso como manipulación, no como apoyo!

Dar más para hacer cambiar a tu pareja parece manipulación antes que apoyo.

No tiene nada de malo querer más de una relación, pero tratar de hacer cambiar a tu pareja no es la forma de conseguirlo. Cuando no obtienes lo suficiente en tu relación, el primer paso es darle menos a tu pareja y darte más a ti. En vez de intentar hacerla cambiar, cambia tú. Un cambio en ti exigirá siempre uno en ella. Cuando cambias tu manera de actuar, obtienes siempre un resultado distinto, pero cuando modificas tu manera de sentir el resultado es más drástico aún. A lo largo de *Más allá de Marte y Venus* aprenderás nuevas estrategias para cambiar tus sentimientos de tal manera que saques a relucir lo mejor de tu pareja. Al desarrollar tu aptitud para buscar felicidad en tu vida sin exigirle un cambio a ella serás libre de dar más y, en definitiva, de obtener más.

**Si buscas felicidad sin exigir que tu pareja cambie,
serás libre de dar más y ser más feliz.**

Muy a menudo, las parejas en relaciones turbulentas tienen una larga lista de quejas legítimas. Cuando éste es el caso, no puede haber solución a menos que ambas partes dejen de culparse y asuman la responsabilidad que les corresponde en sus problemas. Culpar es nuestro único recurso cuando nuestra felicidad depende del otro. Las parejas suelen caer en un juego de censuras que parece una partida de tenis: ella se enoja por algo, él se defiende y se enoja a su vez. La culpa va entonces de un lado a otro. La única salida es dejar de culpar a tu pareja aprendiendo una nueva manera de regresar al amor. Y esto es justo lo que las ideas en *Más allá de Marte y Venus* te enseñarán a hacer, brindándote los conocimientos necesarios para crear una relación sustentadora para los dos y libre de quejas.

Cuando te encuentras en un estado de realización, tienes más que dar. Cuando tu corazón está abierto y tienes ideas novedosas sobre las nuevas necesidades de tu pareja (propias de su género) no sólo experimentarás un nivel de realización más alto, sino que también, con tu ayuda, ella podrá responder mejor a tus nuevas necesidades. Rara vez es útil pedir más cuando no estás satisfecho con lo que obtienes. Pero, peor todavía, no lo es nunca pedir más cuando tu pareja no obtiene lo que necesita.

> **No es útil pedir más cuando tu pareja no obtiene lo que necesita.**

Para mejorar tu relación, tu primer paso es buscar el modo de volver a abrir tu corazón sin depender de que tu pareja cambie. Tu segundo paso es sentir, decir o hacer lo que puedas para ayudarla. Si le das lo que necesita, ella será más propensa a darte lo que necesitas. Tu tercer paso es pedir más en incrementos reducidos mientras le brindas grandes recompensas por darte más. Ésta es tu fórmula del éxito; esperar más sin dar más primero es una fórmula para el fracaso. Aparte, esperar demasiadas cosas muy pronto saboteará también todos tus esfuerzos.

Muchas mujeres sienten que ya dan más y que no obtienen ningún resultado. Esto suele deberse a que lo que dan no es lo que su pareja necesita. Sin ideas nuevas, una mujer brinda instintivamente el tipo de apoyo que desea, pero no el que su pareja realmente requiere. Sin una comprensión más profunda de que los hombres piensan y sienten diferente a las mujeres, los esfuerzos de ella pasarán inadvertidos, ya que no puede ofrecer el nuevo apoyo que un hombre moderno necesita.

De igual forma, la mayoría de los hombres piensan que dan en abundancia porque suelen brindar más que lo que su padre dio. Pero como hoy las necesidades de una mujer son diferentes, la sola repetición de las conductas y actitudes de su padre para prestar un apoyo sincero no basta para satisfacerla.

En las generaciones pasadas, el esposo daba un tipo de apoyo que satisfacía las necesidades de supervivencia y seguridad de una mujer. Pero hoy una mujer requiere una nueva expresión de amor que resuelva sus necesidades emocionales de afecto, comunidad, amor, comunicación íntima y respeto, así como su mayor requerimiento de independencia y expresión personal. Para más claridad, yo llamo a este nuevo tipo de apoyo "amor personal".

> Las mujeres de hoy requieren un nuevo tipo
> de apoyo para satisfacer sus necesidades de
> *amor personal.*

En forma semejante, aunque diferente, los hombres tienen también nuevas necesidades emocionales de sentirse exitosos y apreciados por sus intentos de satisfacer las necesidades emocionales de su pareja, al tiempo que satisfacen las suyas propias de más independencia y expresión personal. Antes, un hombre podía sentirse exitoso en la vida sosteniendo materialmente a su familia, pero ahora tiene nuevas necesidades: sentirse confiable, admirado y apreciado por sus esfuerzos para prestar el nuevo apoyo emocional que una mujer y sus hijos necesitan. Llamo a este nuevo requerimiento la necesidad de "éxito personal" de un hombre. Él precisa de comentarios positivos que le permitan saber que triunfa en sus esfuerzos por mantener a su familia no sólo en el nivel material, sino también en el emocional.

> El hombre de hoy requiere un nuevo tipo de apoyo
> que satisfaga su necesidad de éxito personal.

En *Más allá de Marte y Venus* exploraremos en gran detalle las nuevas pero diferentes necesidades emocionales de los hombres y mujeres modernos de un amor más personal y un éxito más personal. Esta idea es esencial para crear una relación sin quejas; porque si comprendes qué es lo más importante para la realización de tu pareja, puedes destinar tu energía a brindarle el amor y apoyo que más valorará y apreciará.

> Si comprendes qué es lo más importante para
> la realización de tu pareja, puedes dirigir más
> atinadamente tu energía y amor.

En términos prácticos, tómate un par de meses después de que hayas leído este libro para aplicar tus nuevas ideas a experimentar, primero, más felicidad y un mejor control del estrés sin depender de que tu pareja cambie. El paso siguiente será dar un poco más de amor y apoyo en dosis pequeñas, de acuerdo con el *amor personal* o éxito personal que tu pareja necesite de modo específico. Por último, conforme le des lo que requiere, podrás aplicar tus nuevas habilidades a pedir más en incrementos reducidos mientras le brindas grandes recompensas.

En una relación, hombres y mujeres deben hallar primero su propia felicidad sin depender de que su pareja cambie. De igual manera, un soltero debe buscar su felicidad sin depender de que encuentre a la pareja perfecta. Si tú eres soltero, en este primer paso de incremento de tu independencia deja de buscar a la persona perfecta y practica tus nuevas habilidades relacionales creando experiencias de cortejo positivas. Es mucho más fácil desarrollar nuevas habilidades cuando no hay demasiado en juego. Si tu intención pasa de buscar a la persona perfecta a concentrarte en tener una experiencia positiva, dejarás de ser excesivamente quisquilloso o crítico de la persona con la que decidas practicar tus nuevas habilidades.

Si cambias tu intención y buscas tener experiencias de cortejo positivas, disfrutarás de practicar tus nuevas habilidades.

Para ser felices y sentirnos realizados en una relación es necesario que primero seamos felices y nos sintamos realizados en la vida. Resulta poco realista depender de una relación íntima como única fuente de realización. Cuando creamos una vida rica en amistad, familia, ejercicio, buena alimentación, trabajo significativo o servicio al mundo y tenemos abundantes oportunidades de diversión, entretenimiento, educación, desarrollo personal y devoción espiritual, tener una relación amorosa puede hacernos más felices aún. Para experimentar un amor perdurable en las relaciones de hoy, debes encontrar una línea básica de felicidad satisfaciendo tus necesidades más allá de la de tener una relación íntima.

> **Para sentirte realizado en una relación íntima
> debes encontrar primero una línea básica
> de felicidad satisfaciendo tus necesidades más
> allá de la de tener esa relación.**

Muchas personas se equivocan al suponer que únicamente el éxito en el mundo exterior crea felicidad en nuestro mundo personal. Falso. Ser feliz implica amor y nuevas habilidades relacionales. Si el éxito fuera suficiente, ¿por qué entonces los periódicos están llenos de casos de personas famosas que entran y salen de centros de rehabilitación? ¿Por qué tantas personas de éxito están divorciadas, solas o separadas de sus hijos? ¿Por qué los ricos no están exentos de los síntomas de la infelicidad: depresión, ansiedad e insomnio?

Al asumir mayor responsabilidad sobre tu felicidad, podrás dar el amor personal y los mensajes de éxito personal que tu relación demanda para florecer. Pero mientras no experimentes la creciente realización que resulta de una intimidad más profunda derivada de expresiones de amor y éxito personal, aquello podría ser imposible de imaginar. No sabrás si un helado sabe bien si no lo pruebas. Hoy muchos hombres y mujeres están perdidos en el lance del mundo moderno según el cual más dinero o más cosas los harán más felices, y son incapaces de reconocer el poder del amor.

> **Es difícil imaginar el poder del amor personal
> hasta que lo experimentas.**

Recuerdo cuando percibí por primera vez el poder y valor del amor personal. Siempre he querido a mi esposa y nuestro amor ha sido muy satisfactorio, pero antes no me daba cuenta de la importancia de brindar amor personal. Estaba demasiado atento a ganar dinero y ser el sostén de mi familia, y a que se me amara por eso.

Un día en nuestro sexto año de matrimonio le dije a Bonnie, después de haber hecho el amor:

—¡Vaya, qué buen sexo! ¡Fue tan bueno como al principio!

Luego de una pausa más larga de lo que yo esperaba, ella dijo:

—Pensé que había sido mejor que al principio.

Yo pregunté:

—¿De veras? ¿Por qué?

Respondió:

—Al principio hacíamos muy bien el amor, pero no nos conocíamos el uno al otro. Ahora, seis años después, has visto lo mejor y lo peor de mí y todavía me adoras. Eso hace que el sexo sea mucho mejor.

En ese momento comprendí que la creciente intimidad que habíamos experimentado en los seis primeros años había vuelto al sexo aún más satisfactorio. Para mí, fue una revelación importante. Respecto a los hombres en particular, el sexo es una vía para sentir profundo amor por su pareja. Pero con la mayor intimidad tras varios años de dar un amor más personal, el sexo se convierte en apenas una más de las incontables expresiones del amor. Con las nuevas ideas vertidas en *Más allá de Marte y Venus* para satisfacer nuestras necesidades modernas de amor y éxito personal, aprenderás que existen muchas formas de experimentar la intimidad, y que el sexo es sólo una de ellas.

Después de treinta y un años de matrimonio, yo continúo sintiendo un amor cada vez más profundo e íntimo por mi esposa, no sólo en la recámara, sino también a través de los abrazos, el afecto, el apoyo mutuo y la comunicación sustentadora y cordial, junto con nuestras entretenidas reuniones y el tiempo que pasamos con nuestros hijos y nietos. Ya no dependo del sexo como única vía para sentir amor por Bonnie. El sexo se ha vuelto una de las numerosas maneras en que experimentamos y compartimos nuestro amor.

Hay muchas formas de experimentar intimidad, y el sexo es sólo una de ellas.

El comentario de mi esposa de que nuestras relaciones sexuales eran mejores seis años después me ayudó a percatarme de que el amor era lo que volvía al sexo tan satisfactorio. Ese día comprendí el poder del amor personal, y la mayor realización que brinda. Cuando vi que mi carácter era más apreciado que mi apoyo físico o material, aprendí a respetar mi capacidad personal para dar amor tanto como mi capacidad para ganar dinero.

Con este entendimiento, el corazón de un hombre se abre más. Ya no tiene que renunciar a todos sus deseos y necesidades para dar apoyo económico a su esposa y su familia. Cuando ambos comparten esta responsabilidad financiera, él es libre de descubrir la fuerza de su corazón, no sólo de su cartera. Ya no es únicamente un "hacer humano", sino un "ser humano" también.

Cuando el amor personal de un hombre es apreciado
por una mujer, él descubre la fuerza de su corazón,
no sólo de su cartera.

Muchos hombres permanecen solteros principalmente porque no están seguros de que una mujer sea feliz con ellos para siempre. No conocen su potencial interior para dar justo lo que hoy necesita una mujer. En el matrimonio, sin estas nuevas habilidades la pasión desaparece; los hombres dejan de tratar de hacer feliz a su pareja y las mujeres dejan de buscar amor y apoyo en su compañero.

Con esta nueva comprensión de la mujer moderna, un hombre sabe lo que puede ofrecer y lo que no. No asume la responsabilidad de la felicidad de ella, así que no tiene una sensación de fracaso cuando ella está molesta o malhumorada. Con este entendimiento, cuando es poco lo que puede hacer, él está en condiciones de "no empeorar las cosas" mientras permite pacientemente que ella retorne al amor. En otros momentos, cuando ella está abierta a su amor, él sabe qué hacer para volverla más feliz.

De igual manera, hoy muchas mujeres no quieren casarse porque han renunciado a los hombres. Ansían un varón que les brinde el tipo de amor personal que una amiga no les puede dar o que no pueden darse a sí mismas. Sin un claro camino al éxito, se han rendido. Pero con las nuevas ideas de este volumen, una mujer puede tener acceso a su poder femenino para obtener lo que necesita, y su hombre puede descubrir su poder interior para darle lo que requiere, al tiempo que él obtiene lo que necesita.

Se dice que Jimi Hendrix afirmó: "Cuando el poder del

amor venza al amor del poder, el mundo conocerá la paz". Creo personalmente que los individuos que se empeñan en buscar y desarrollar el poder del amor en el hogar son los nuevos héroes de nuestro tiempo.

**Cuando el poder del amor venza al amor del poder,
el mundo conocerá la paz.**

Es mucho más fácil arrojar una bomba que arrojar nuestro ego y buscar el amor. Es mucho más fácil escapar del dolor de nuestro quebrantado corazón alejándonos del amor. Pero quienes no cesan de intentar son los más nobles y merecen más amor y aliento, aun —y en especial— si cometen errores.

Hoy todos queremos más: de nuestra vida y de nuestra relación.

La buena noticia es que *podemos* tener más. Pero primero debemos aprender cómo conseguirlo.

1. Más allá de Marte y Venus

En *Los hombres son de Marte, las mujeres son de Venus* exploré los retos y malentendidos más comunes entre hombres y mujeres y ofrecí soluciones para el mundo tal como era hace veinticinco años. Nuestras relaciones han cambiado drásticamente desde entonces: ahora tenemos más posibilidades de rebasar los limitantes estereotipos masculino y femenino, de modo que las cualidades y características de Marte y Venus comúnmente asignadas a hombres y mujeres ya no son tan claras.

Nuestras necesidades se han modificado, como individuos y en nuestro vínculo; y a causa de que no estamos conscientes de las nuevas necesidades ni de cómo satisfacerlas, experimentamos estrés e insatisfacción crecientes en nuestras relaciones y en la vida. Precisamos de nuevas ideas —a la medida de nuestro desbordamiento de los antiguos conceptos de Marte y Venus— que sigan honrando las diferencias entre hombres y mujeres y los desafíos que se desprenden de no comprender nuestras diferencias en forma positiva.

Las muchas ideas de *Los hombres son de Marte, las mujeres son de Venus* son aún relevantes en varios sentidos, pero deben actualizarse y aplicarse a los nuevos retos. Las ideas acerca de Marte/Venus ya forman parte de la cultura popular y han ayudado a millones de hombres y mujeres a comunicarse mejor, pero con la popularidad y el tiempo su significado se ha diluido, sobresimplificado y hasta distorsionado y restringido.

Muchas personas que no han leído *Los hombres son de Marte, las mujeres son de Venus* suponen equivocadamente que el título quiere decir que somos tan diferentes que nunca nos entenderemos unos a otros. Nada podría estar más lejos de la verdad. Cuando encontramos diferencias compartidas, si podemos entenderlas de manera positiva y que tenga sentido para nosotros, la comunicación mejora. El mero hecho de comprender las diferencias no es una solución mágica para todos los problemas, pero una buena comunicación puede mejorar cualquier circunstancia.

Comprender nuestras diferencias en una forma lógica es el fundamento de la buena comunicación.

Antes de sumergirnos en las novedades de Marte/Venus, es importante recapitular los principios esenciales que se exploraron en *Los hombres son de Marte, las mujeres son de Venus*. La lista siguiente contiene doce factores clave que suelen causar malos entendidos entre hombres y mujeres en las relaciones tradicionales. Sin embargo, en nuestro complejo mundo moderno, en el que las mujeres asumen ya los roles tradicionales de los hombres, ellas se identifican automáticamente con muchas de las tendencias de Marte. De igual modo, quizá los hombres adoptan también las tendencias de Venus al compartir en el hogar roles tradicionalmente femeninos. Mientras lees esta lista, reflexiona en cuáles son los factores con los que te identificas más. ¿En qué sentido tu pareja o tú son de Marte o de Venus?

FACTOR	TENDENCIA DE MARTE	TENDENCIA DE VENUS
1. Valores	Independencia	Comunidad

En Marte se valora la independencia, el logro y el éxito. Crear una diferencia es una prioridad alta.

En Venus se valora la comunidad, la atención y la interdependencia en las relaciones. Dar y recibir amor es una prioridad alta.

2. Manejo del estrés	Aislamiento	Vinculación

En Marte la gente se retira a su "cueva" para recuperarse cuando está estresada. Usa ese periodo para olvidar sus problemas o para idear soluciones inconscientemente.

En Venus se maneja el estrés hablando de los problemas con personas cercanas, en busca de empatía y apoyo.

3. Ofrecimiento de apoyo	Dar lo justo	Dar lo más posible

En Marte se da el apoyo que se considera justo y se recibe una cantidad igual a cambio.

En Venus se da lo más posible, aunque a menudo más de lo que se recibe, lo que produce agobio y rencor.

4. Muestra de amor	Cíclica	Continua

En Marte la gente se une, se separa para darse un respiro y vuelve a reunirse llena de amor.

En Venus hay mayor necesidad de sentimientos permanentes de cercanía, cariño e intimidad.

5. Puntaje	Valoración de la magnitud	Aprecio por muchos y pequeños gestos de amor

En Marte se dan puntos con base en la magnitud de la expresión de amor. Cuando se dan treinta y dos rosas, se esperan treinta y dos puntos.

En Venus, las pequeñas expresiones de amor son tan importantes como las grandes. Se da un punto por cada expresión de amor. Si se reciben treinta y dos rosas, se da un punto; si se recibe una rosa, se da un punto. Para obtener treinta y dos puntos, Marte debe dar una rosa treinta y dos veces.

6. Estado de ánimo	Estable	Variable

En Marte, el humor suele ser uniforme. Se requiere menos confirmación, pero la necesidad de intimidad regularmente disminuye y luego aumenta. Igual que una liga, hay distanciamiento, pero contracción al final.

En Venus, el humor sube y baja como las olas. Hay mayor necesidad de confirmación de que se es amado. Con comprensión y aceptación, sentimientos negativos e inseguridades se convierten automáticamente en positivos.

7. Razón para comunicarse	Práctica	En busca de vinculación

En Marte se habla para resolver problemas o reunir información a fin de cumplir ciertas metas.

En Venus se habla para resolver problemas, pero también para sentir vinculación y empatía.

8. Necesidades	Directos	Indirectos

En Marte son directos; alzan la voz para pedir lo que quieren.

En Venus siguen la regla de oro de dar lo que se desea recibir; se espera que las necesidades propias sean satisfechas sin tener que pedirlo.

9. Intimidad	Sexo	Romanticismo

En Marte se desea una pareja que quiera y disfrute del sexo tanto como uno. (Éste es un cambio con respecto a las generaciones anteriores.) El sexo ayuda a sentir amor.

En Venus, los gestos afectuosos fuera de la recámara son tan importantes como los que suceden dentro. El amor ayuda a sentir deseo de sexo.

10. Resolución de problemas	Se actúa	Se aprecia el apoyo

En Marte se actúa de inmediato ante un gran problema o, si no puede hacerse nada, se espera hasta que sea posible hacerlo.

En Venus se habla del problema para atraer apoyo y enfrentar el reto en común.

11. Errores de acciones	Corrección	Dar más

En Marte se reflexiona en lo que se hizo o no cuando se cometen errores. Se decide lo que puede hacerse para resolver el problema.

En Venus se siente más empatía y pesar cuando se cometen errores y se reflexiona después en cómo dar más para compensar el error o remediar la situación.

12. Felicidad	Orientación a metas	Orientación a relaciones
En Marte se es feliz cuando se cumplen metas importantes. Se siente gran satisfacción y orgullo al vencer retos. En Venus se es feliz cuando se satisfacen las necesidades personales de amor. Se da gustosamente entonces amor y apoyo, confiando en que se recibirá a cambio lo que se necesita.		

Hombres y mujeres se han identificado siempre de distintas maneras con estas tendencias de Marte/Venus pero, como quizás hayas notado, cada año más mujeres se identifican con las tendencias masculinas y más hombres con las femeninas. Esto se debe a que la tabla previa sólo describe tendencias de Marte y Venus. Como individuos, cada uno de nosotros es una combinación única de esas inclinaciones. No existe una combinación buena o mala.

En el caso de tu relación, podría parecer que la situación se ha invertido ahora y que las *mujeres* son de Marte y los *hombres* de Venus. O tal vez en tu caso los hombres aún sean de Marte y las mujeres aún sean de Venus.

Como sea, una conciencia mayor de nuestras diferentes tendencias, de haberlas, nos prepara mejor para enfrentarlas. En los capítulos siguientes se explorará cómo han cambiado o variado esas tendencias y se darán nuevas ideas para apoyarte y apoyar tu relación más allá de cuánto te identifiques con una serie o la otra.

Cambio de roles

El creciente número de hombres y mujeres que reflejan la tendencia del género opuesto es algo bueno, porque significa que hoy experimentamos más libertad para ser como somos de verdad, independientemente de las expectativas sociales. Pero al librarnos de las cadenas de los tradicionales roles de Marte/Venus, en algunos casos hemos abandonado un rol sólo para adoptar otro igual de limitante.

> **Al librarnos de las cadenas de los tradicionales roles de Marte/Venus, en algunos casos hemos abandonado un rol para adoptar otro igual de limitante.**

Hoy muchas mujeres se han desplazado demasiado hacia su lado masculino, y se quejan de que están estresadas, exhaustas, deprimidas o simplemente no pueden relajarse y disfrutar de la vida.

Joan es abogada de un importante bufete jurídico. Con frecuencia está abrumada con tanto que hacer que no puede relajarse cuando llega a casa. Gana más que Jack, su esposo, así que decidieron que él trabajara medio tiempo y se quedara en casa a cuidar de los niños. Se aman y apoyan mutuamente pero, como en el caso de muchas otras parejas, la pasión ha desaparecido de su relación.

Joan pensaba que las diferencias de género no tenían ninguna importancia. En una pequeña fiesta, le mencioné que estaba escribiendo un nuevo libro.

Ella dijo:

—*No me identifico en absoluto con* Los hombres son de Marte, las mujeres son de Venus. *No creo que hombres y mujeres sean tan diferentes.*

Jack intervino:

—*Yo creo que hay mucho de verdad en eso. Si invirtieras el título a* Las mujeres son de Marte, los hombres son de Venus, *describiría perfectamente nuestra relación. ¡Somos muy distintos!*

Más tarde hablé en privado con Jack y le pregunté:

—*¿En qué se diferencian tú y tu pareja?*

Él rio y dijo:

—*En muchas cosas. Leí* Los hombres son de Marte…, *y mi esposa definitivamente es de Marte. Tú dices que a las mujeres les gusta hablar más que a los hombres, pero cuando Joan llega a casa está demasiado agitada para conversar, y cuando lo hace dice que desea soluciones. No quiere hablar de cómo le fue en el trabajo.*

"Yo soy el que busca vincularme con ella; quiero hablar de cómo me fue durante el día, pero cuando lo intento, ella se impacienta o me interrumpe con soluciones y sugerencias y no puede escuchar. Me dice que no debería sentirme como me siento.

"Cuando se trata de romanticismo, afecto o abrazos, no podría importarle menos. En casa está casi siempre en su cueva, viendo las noticias o trabajando en línea. Lo cierto es que no tenemos mucha vida personal, y a ella no parece importarle.

"Ni siquiera tendríamos vida social si yo no insistiera en ello. Intentar crear tiempo sólo para nosotros es como querer sacarle una muela.

La inversión de roles que vemos en la relación de Joan y Jack es un ejemplo extremo, pero cambios parecidos en roles y necesidades se han vuelto comunes en la actualidad. Libre de obsoletas expectativas sociales, hoy la gente es más capaz de aceptar cualidades masculinas y femeninas en ella misma y en una posible pareja. Los hombres suelen apoyar más a una mujer con una carrera profesional, y ellas a un hombre cuyas ambiciones tienen poco que ver con ganar dinero y mucho con seguir su corazón, lo que a menudo incluye dedicar más tiempo a educar a los hijos y a crear relaciones de calidad.

> **Libre de obsoletas expectativas sociales,
> hoy la gente es más capaz de aceptar sus cualidades
> tanto masculinas como femeninas.**

Con esta apertura al cambio, hombres y mujeres tienen más flexibilidad para adoptar roles diferentes de acuerdo con sus necesidades económicas, edad, estado civil o preferencias personales. Cuando las mujeres asumen roles tradicionalmente masculinos que refuerzan la expresión de sus cualidades masculinas, esto altera en realidad partes de su cerebro, lo mismo que determinadas hormonas que produce su cuerpo. Las investigaciones de la última década sobre la plasticidad del cerebro revelan que lo que hacemos durante el día modifica nuestro cerebro, lo que a su vez estimula diferentes hormonas en el cuerpo.

La mayoría de las ocupaciones masculinas tradicionales estimulan las hormonas masculinas. Trabajar en una construcción o defender a un cliente en un tribunal estimula un alto nivel de testosterona lo mismo en hombres que en mujeres, mientras que dar clases en un jardín de niños o cuidar a un paciente estimula el estrógeno. Cuando las mujeres adoptan roles tradicionalmente masculinos, en casa suelen exhibir las tendencias de Marte descritas en *Los hombres son de Marte, las mujeres son de Venus*, porque esos roles estimulan las hormonas masculinas sobre las femeninas. Otro tanto puede decirse de los hombres que adoptan roles tradicionalmente femeninos; es posible que se identifiquen más con las tendencias de Venus.

Pero cuando las mujeres asumen empleos tradicionalmente masculinos es más importante que expresen su lado femenino en casa, para buscar un sano equilibrio de sus hormonas masculinas y femeninas. Sin el balance hormonal correcto, una mujer verá aumentar sus sensaciones de aburrición, insatisfacción, vacío e inquietud. En cambio, cuando se da tiempo para sentir, abrazar y expresar sus cualidades femeninas luego de un largo día de expresar su lado masculino, reducirá su nivel de estrés.

De igual forma, cuando los hombres dedican más tiempo de su jornada de trabajo a actividades asistenciales resulta más importante que expresen y accedan a sus cualidades marcianas en sus relaciones amorosas personales.

Una de las principales razones de que las parejas pierdan la pasión en su relación amorosa radica en que carecen de las ideas y nuevas habilidades para hallar en ellas ese equilibrio de cualidades masculinas y femeninas. Si un hombre reprime su lado masculino o una mujer su lado femenino, creará aburrimiento o intranquilidad y aniquilará la pasión. Él se vuelve demasiado blando o emotivo y ella demasiado dura e indiferente. El nivel de energía de él puede bajar en casa y ella puede estar cada vez más abrumada, sintiendo que tiene demasiado que hacer. En capítulos posteriores exploraré los muy diferentes síntomas de represión, junto con nuevas ideas y estrategias para buscar un equilibrio sano.

Búsqueda del equilibrio para mantener la pasión

Una de las mayores dificultades en la búsqueda del equilibrio
es que, para la mayoría de la gente, balancear sus lados masculino y femenino no se consigue de manera automática ni
produce de inmediato en todos los casos una sensación agradable. La inclinación a equilibrar los lados masculino y femenino personales no es instantánea, sino que suele implicar un
acto expreso de la voluntad.

Cuando Joan vuelve a casa después del trabajo está interesada en irse a su cueva, una tendencia marciana, mientras
que Jack está interesado en hablar para vincular, una tendencia venusina. Esas tendencias automáticas podrían parecer
indispensables para sentirse bien, pero con frecuencia son
contraproducentes y aniquilan la pasión.

> Equilibrar nuestros lados masculino y femenino no
> se consigue de manera automática ni produce de
> inmediato en todos los casos una sensación agradable.

Al final de su jornada, tanto Jack como Joan hacen en forma
inconsciente lo que los hace sentir bien. Pero hacer lo que nos
hace sentir bien no es automático, ni siempre bueno para nosotros. Podría resultar agradable ir de compras, pero sin duda
creará problemas adicionales si no puedes permitirte lo que
adquieres. Durante una discusión, podría sentirse bien gri-
tarle a tu pareja, pero es evidente que eso no tendrá un buen
resultado. Contrarrestar las quejas de tu pareja con las tuyas
podría resultar agradable, pero con eso no se consigue más
que reemplazarlas.

En nuestras relaciones hacemos automáticamente cosas que sólo agravan la situación. Sin una opción clara que podría dar mejores resultados, tendemos a repetir mecánicamente nuestros errores, no porque sean efectivos, sino porque son instintivos o producen una sensación agradable.

Podría resultar agradable contrarrestar las quejas de tu pareja con las tuyas, pero con eso no se consigue más que reemplazarlas.

Todos sabemos que algunos alimentos son buenos para nosotros, mientras otros saben rico pero no nos hacen bien. Si comes galletas, harás aumentar tu azúcar en la sangre. Cada una de ellas sabe bien, así que hace falta fuerza de voluntad para resistirse a comer otra y otra más. Pero con cada galleta que ingieres, tu nivel de azúcar en la sangre se desequilibra de manera creciente. Hacer lo que produce una sensación agradable no siempre es el camino correcto.

Si una mujer se inclina demasiado a su lado masculino, primero debe reconocer que está fuera de balance y después precisa de una clara conciencia acerca de qué cualidad femenina complementaria debe expresar para encontrar el equilibrio. Sin una idea clara de las cualidades complementarias de sus lados masculino y femenino, hallar ese equilibrio será casi imposible. (En un capítulo posterior exploraremos en detalle las doce cualidades masculinas y femeninas más comunes, para ayudar a hombres y mujeres a encontrar su equilibrio interior.)

Cuando Joan vuelve a casa, sigue trabajando o se va a su cueva a relajarse y olvidar sus problemas. Lo que no sabe es que en realidad podría relajarse mejor y dejar atrás sus problemas de trabajo si desarrolla su capacidad para comunicar sus sentimientos y vincularse con su pareja.

Jack enfrenta un reto parecido. Si un hombre reprime durante el día partes de su lado masculino, también debe buscar el equilibrio en su vida personal. Al cabo de su jornada, debe recuperar su lado masculino. Después de cuidar a sus hijos durante el día, Jack quiere vincularse con su pareja transmitiéndole sus sentimientos, pero la verdad es que podría vincularse mejor si antes se tomara un poco de tiempo en su cueva o escuchara a Joan hablar de su día en vez de hablar del suyo propio. Y por desconcertante que parezca en un principio, los hombres que hablan demasiado de sus sentimientos pueden aniquilar el romanticismo en su relación. (En capítulos siguientes se explorará con más detalle la razón de esto.)

> Por desconcertante que parezca en un principio, los hombres que hablan demasiado de sus sentimientos pueden aniquilar el romanticismo en su relación.

Sin un nuevo entendimiento de la necesidad de equilibrio, Joan se desplaza automáticamente en casa a su lado masculino, y Jack a su lado femenino. De no invertirse estas tendencias instintivas, ellos crearán sin saberlo más distancia y estrés en su relación. Pero con una nueva comprensión de cómo encontrar ese equilibrio, Jack seguirá en condiciones de expresar su lado femenino y hablar de su día, aunque no cuando su pareja necesite comunicar algo más. Joan también estará en condiciones de expresar su lado masculino y tomarse tiempo en su cueva en una nueva forma que le permita relajarse y disfrutarlo al máximo.

Joan y Jack son sólo un ejemplo de las diferentes maneras en que los hombres y mujeres modernos pueden desbalancearse y perder la pasión en su relación. Sin nuevas habilidades relacionales que apuntalen de forma específica nuestros roles modificados, esta nueva dinámica, pese a que incrementa la libertad personal, aumenta también el estrés. Este estrés adicional impone un costo a nuestra relación, felicidad y salud.

No estoy sugiriendo, por supuesto, que para vencer los nuevos retos debamos volver a los roles tradicionales. Independientemente del rol que elijamos, una relación íntima puede enriquecerse enormemente con la comprensión de nuestras necesidades emocionales específicas, de acuerdo con las necesidades hormonales de nuestro sexo biológico. Si aceptamos y apreciamos nuestras diferencias, podremos apoyarnos uno a otro y a nosotros mismos en una forma inédita que nos permita vencer los nuevos retos y encontrar el equilibrio.

Cabe insistir en que no existe una manera única de identificarse con esas tendencias de Marte y Venus. Cada hombre y cada mujer lo hace a su modo. Una mujer tendrá mayor necesidad de vincularse con su pareja compartiendo sentimientos, mientras que otra tendrá mayor necesidad de ser independiente y tomar más tiempo para sí. Algunos hombres buscarán su independencia, mientras que otros desearán compartir más tiempo con su esposa. Pero con una mayor comprensión de nuestras diferencias y de las necesidades hormonales propias de cada género, independientemente del cambio de roles durante el día, estaremos mejor equipados para obtener el apoyo que necesitamos en nuestra vida personal y brindar a nuestra pareja el mejor apoyo posible.

> Independientemente de los roles que elijamos,
> con el entendimiento correcto podemos hallar
> el equilibrio en nuestra vida.

El problema del cambio de roles

Aunque una posibilidad más amplia de elegir roles significa que ahora podemos expresar partes de nosotros mismos que los roles tradicionales no nos permitían, adoptar roles diferentes también puede reprimir otras partes de nuestro ser. Cuando somos demasiado masculinos, reprimimos partes de nuestro lado femenino. Cuando somos demasiado femeninos, reprimimos partes de nuestro lado masculino. Esta contención interna causa estrés adicional. Encontrar el equilibrio es la respuesta, aunque el de cada quien es diferente. Si durante el día reprimes una parte de ti, para reducir tu nivel de estrés deberás buscar tu equilibrio en casa, en tu vida personal.

> El problema del cambio de roles es que puede
> reprimir otras partes de lo que somos.

Sin comprender la manera práctica de hallar ese equilibrio, tenderemos a desbalancearnos más. Esta prolongada represión producirá finalmente estrés crónico y extenuación. Situaciones de suyo difíciles se volverán más estresantes aún. Sin ideas para encontrar el equilibrio, es más complicado dar y recibir el amor y apoyo que pueden reducir el estrés y enriquecer nuestra vida.

Consideremos de nuevo la historia de Joan y Jack. Durante su día de trabajo, mientras resuelve problemas urgentes y es dura y competitiva, Joan reprime su lado femenino, vulnerable y cooperativo. Mientras cuida a los niños en casa, Jack, su esposo, es capaz de expresar su lado sensible y atento, pero también reprime muchas de sus cualidades masculinas.

Aunque a Joan le gusta su empleo, a causa de que en él reprime muchas de sus cualidades femeninas se siente demasiado estresada y abrumada cuando vuelve a casa. Lo ideal sería que estar en casa le ayudara a hallar el equilibrio y reducir su estrés, no que fuera otra fuente de él.

**A Joan le gusta su empleo, pero cuando llega a casa
se siente exhausta, abrumada y más estresada.**

Jack tiene un reto distinto. Sin la presión de mantener económicamente a su familia por sí solo y con la libertad de pasar más tiempo con sus hijos, su lado asistencial puede desarrollarse. Pero aunque esto puede procurarle una sensación muy grata y es en cierto sentido muy satisfactorio para él, al reprimir su cualidades masculinas y competitivas sus responsabilidades asistenciales pueden provocar finalmente que se sienta demasiado cansado o con necesidad de algo.

Las nuevas ideas de *Más allá de Marte y Venus* no sólo ayudan a parejas como Joan y Jack a equilibrar la expresión de sus lados masculino y femenino, sino que también son útiles para las parejas en relaciones tradicionales, en las que el hombre es el principal sostén económico y la mujer la principal encargada de los hijos.

En una relación tradicional, las diarias responsabilidades

de trabajo de un hombre pueden reprimir fácilmente su lado femenino. De igual manera, una mujer que permanece en casa con sus hijos puede reprimir con facilidad su lado masculino. En hombres y mujeres, la represión de su yo auténtico inhibe su aptitud para experimentar una pasión perdurable.

Por fortuna, los cambios en nuestras expectativas como hombres y mujeres nos han facilitado enormemente hallar el equilibrio que necesitamos. Por ejemplo, hoy muchas mujeres que podrían depender del sueldo de su esposo y ser amas de casa deciden tener un empleo de medio tiempo para apuntalar la expresión de su lado masculino, y de esta forma son mucho más felices. De igual modo, muchos hombres que son el principal sostén económico en una relación optan por trabajar menos, dedicar más tiempo a la recreación y participar más en la educación de sus hijos.

Estos cambios pueden liberarnos y conducirnos a un mayor equilibrio. Barbara Marx Hubbard, autora y maestra inspiracional, así como amiga mía, lidió de manera muy positiva con su cambio de roles al hacerse mayor y aumentar su sabiduría. Como ella misma me explicó: "Cuando mis hijos crecieron, de pronto me sentí un adolescente, con la energía y el deseo de hacer una diferencia en el mundo. Mi vocación despertó".

Habiendo afianzado su lado femenino como madre, ahora era capaz de expresar su lado masculino iniciando una exitosa carrera como oradora y autora, sin renunciar a su aptitud femenina para cuidar. Esto le permitió seguir siendo feliz y realizarse emocionalmente.

Pero estos cambios también pueden reprimir partes de lo que somos. A la "edad de retiro", demasiados hombres renuncian a tener un trabajo diario significativo y se dedican principalmente al ocio y la relajación. Esto reprime su lado masculino y aumenta su estrés, ¡justo lo que creyeron que el retiro les permitiría evitar! Ese mayor estrés puede tener consecuencias graves: el riesgo de enfermedades del corazón en los tres primeros años del retiro en los hombres se ha incrementado.

Además de comprender las nuevas necesidades que se desprenden de la adopción de nuevos roles, también debemos entender en qué difieren las necesidades de nuestra pareja de las nuestras. El tipo adecuado de amor y apoyo puede ser decisivo para ayudarla a encontrar su equilibrio, y *Más allá de Marte y Venus* te enseñará cómo apoyar a tu pareja mientras buscas tu propio balance.

Nuestras nuevas posibilidades

En los capítulos siguientes exploraremos los muchos nuevos retos y posibilidades que surgen cuando hombres y mujeres se liberan de las limitaciones de una relación tradicional. Con mayor acceso a nuestras características femeninas y masculinas internas, vivimos una época en la que las posibilidades de amor, éxito y felicidad crecientes están a nuestro alcance.

Muy a menudo la gente cree que no puede hacer operar una relación a causa de sus grandes diferencias con su pareja. Comprendiendo nuestras diferentes tendencias de una forma positiva, podemos dotar de sentido a nuestra pareja y descubrir nuevas estrategias para dar y recibir amor y apoyo.

Lo cierto es que todos somos distintos, y de ahí que exista la atracción recíproca. Los opuestos complementarios se atraen. Éste es el fundamento de la química. Por eso necesitamos unos de otros; todos tenemos algo especial que brindar al otro y al mundo. Lo que damos por sentado en nosotros provee un apoyo especial a otros.

> Lo que damos por sentado en nosotros provee
> un apoyo especial a otros.

Si comprendes claramente tu singular equilibrio de características masculinas y femeninas tendrás más legitimidad, autoridad y claridad para expresar lo que eres y una nueva perspectiva
desde la cual obtener el apoyo específico que necesitas. No sólo
serás más feliz, también serás mejor como pareja.

2. De pareja a alma gemela

En mis seminarios le pregunto al público: "¿Los padres de quiénes de ustedes permanecieron juntos y no se divorciaron?".

Es común que la mitad de la gente alce la mano.

Entonces pregunto a ese grupo: "¿Quiénes de ustedes creen tener mejores habilidades relacionales y de comunicación que sus padres?".

Casi todos levantan la mano.

Esta frecuente reacción elude el problema verdadero: "Si nuestras habilidades son mejores, ¿por qué tenemos más dificultades en nuestras relaciones? ¿Por qué hay más solteros? ¿Por qué hay tantos divorcios?".

La respuesta es doble. El mundo ha cambiado en los últimos cincuenta años en una forma que ha aumentado nuestro estrés radicalmente. Lo que queremos en una relación también ha cambiado. Aunque nuestras habilidades relacionales y de comunicación suelen ser mejores que las de nuestros padres, las relaciones se hallan bajo estrés de maneras novedosas, así que enfrentamos desafíos mayores. Las parejas de hoy anhelan un nuevo tipo de relación. Tienen expectativas más altas, y si no saben cómo cumplirlas, sufrirán decepciones aún más grandes.

**Hoy las parejas tienen expectativas más altas
y decepciones mayores cuando sus nuevas
necesidades no son satisfechas.**

Nuestros padres o abuelos solían estar a gusto mientras su pareja desempeñara un rol específico. Esto es una relación de pareja. Pero ahora queremos experimentar un más alto nivel de realización emocional, derivado de una relación en la que podamos expresar con libertad nuestro auténtico y único yo. Esto es una relación de alma gemela.

**En una relación de alma gemela podemos expresar
con libertad nuestro auténtico y único yo.**

Por un afortunado azar del destino, resulta que la forma más eficaz de que las parejas reduzcan el creciente estrés provocado por los cambios modernos en el mundo exterior es que se fusionen como almas gemelas. Y al unirnos como almas gemelas para superar esos niveles de estrés más elevados, podemos alcanzar mayores alturas en el amor y la realización que las que eran posibles en la relación de pareja. Como en el caso de cualquier otro desafío, si estamos preparados para enfrentar el que nos presenta la nueva realidad de hoy, seremos más fuertes y más sabios.

La relación de pareja

Una relación de pareja tradicional se basa en los estereotipos de los roles masculino y femenino, según los cuales el hombre es el sostén del hogar y la mujer la abnegada ama de casa. El principal propósito de las relaciones de pareja era dividir responsabilidades entre hombres y mujeres para garantizar la supervivencia y seguridad de su tribu o sociedad, lo mismo que de cada familia. Para decirlo llanamente, se seleccionaba a una pareja con base sobre todo en su aptitud para cumplir esos roles, no en una química romántica.

Romeo y Julieta, los personajes de Shakespeare, son el ejemplo clásico del amor romántico, porque murieron justo después de casarse. Si hubieran vivido más, habrían acabado en un matrimonio carente de pasión, como cualquier otra persona de ese periodo. Se habrían visto empujados a una relación de pareja tradicional, y su pasión inicial se habría disipado.

En nuestras relaciones modernas, sin nuevas habilidades para crear una relación de alma gemela, nuestra pasión será tan temporal como en los días de Romeo y Julieta. Pero con la libertad y el apoyo emocional para expresarnos con autenticidad y plenitud, la pasión que sentimos al comienzo de una relación puede mantenerse toda la vida.

Romeo y Julieta son meros ejemplos de amor romántico, porque murieron justo después de casarse.

En el siglo XVI, durante la época del efímero amorío de Romeo y Julieta, la química romántica, o sensación de euforia de un nuevo amor, se distinguía por su fugacidad e insignificancia. Los padres elegían la pareja matrimonial de sus hijos. Esos matrimonios arreglados fueron muy comunes en todo el mundo hasta el siglo XVIII, y aún lo son en algunas partes de China, India y otros países en desarrollo. En un matrimonio arreglado, los factores determinantes para seleccionar a una pareja tenían poco que ver con el amor romántico y mucho con formalidades prácticas. En momentos diferentes de la historia y culturas diferentes del mundo entero, los requisitos que una pareja debía cubrir eran a menudo los mismos. He aquí una lista de los más comunes, a los que se juzgaba más importantes que los sentimientos amorosos:

1. Juventud, virginidad y aptitud de una mujer para tener hijos
2. Fuerza y estatura de un hombre
3. Salud mental, emocional y física
4. Riqueza
5. Prestigio social de la familia
6. Igualdad de raza
7. Igualdad de religión
8. Aprobación paterna

Aunque las relaciones de pareja beneficiaban a la sociedad, no satisfacían a un gran número de hombres y mujeres, porque implicaban reprimir las partes de sí mismos que no se ajustaban a su rol. Los varones que querían cuidar a sus hijos o que habrían preferido ganar menos pero tener un trabajo más grato guardaban el secreto, porque se les necesitaba para sostener a su familia. Las damas que deseaban retos más intelectuales o que tenían ambiciones más allá de la vida doméstica debían sofocar esta parte suya para dedicarse a cuidar a su familia.

Esa autorrepresión no nos parece aceptable ahora. En los últimos doscientos años, y en particular en los últimos cincuenta, hemos avanzado un largo trecho. Con mujeres más independientes en lo económico, instruidas y autónomas, los requisitos emocionales de hombres y mujeres para elegir una pareja idónea han cambiado.

Como una mujer ya no depende por completo de su esposo para satisfacer sus necesidades de supervivencia y seguridad, tiene mayor libertad para perseguir sus sueños y actuar con base en sus sentimientos. Si un matrimonio no da resultado, ahora es mucho más fácil divorciarse. En 1969, la tasa de divorcios en Estados Unidos pasó de diez a cincuenta por ciento en tan sólo doce meses. Este índice se disparó debido en parte a que en ese año fue instituida la política del divorcio sin culpa, pero también a que las mujeres ya tenían más independencia económica, y por tanto los medios indispensables para sobrevivir por su cuenta.

Para ellas, la fuerza, estatura, nivel social o riqueza de un hombre no son ya los factores predominantes en su proceso de selección. Siguen importando, pero también desean química romántica. Un requisito primordial para casarse es "estar enamorada". Las mujeres buscan en especial una pareja que pueda brindarles un nuevo nivel de apoyo emocional. Los requisitos de los hombres también se han modificado. Las habilidades domésticas de una mujer ya no son condición importante para escoger una pareja matrimonial. Ahora les interesa más cómo los hace sentir que su talento para cocinar y asear, o su raza, religión o nivel social.

A un hombre le interesa más cómo lo hace sentir
una mujer que su talento para cocinar y asear
o su raza, religión o nivel social.

Sin las muchas presiones de ser el único sostén de la familia, un hombre siente más libertad para seguir sus sueños, o al menos para buscar un equilibrio entre trabajar mucho y ganar dinero, por un lado, y darse tiempo para su realización personal por el otro. Se libra de la carga autoimpuesta de sacrificar sus necesidades emocionales al apoyo económico que debe prestar a su esposa y su familia, así como de la presión social a hacerlo. A diferencia de sus predecesores, puede darse el lujo de sentir sus necesidades emocionales de amor, recreación y mayor participación en la educación de sus hijos.

Un hombre siente hoy más libertad para perseguir
sus sueños y disfrutar de su vida.

Con un acceso más amplio y asequible al control de la natalidad y la revolución sexual de los años sesenta, millones de hombres y mujeres estuvieron en libertad de satisfacer sus necesidades sexuales y posponer la procreación y el matrimonio. Antes, sin control natal, si una mujer se embarazaba, un hombre estaba obligado a desposarla, y ella dependía de su apoyo. Los matrimonios a la fuerza eran la norma; las reglas sociales establecían que, para tener relaciones sexuales, un hombre y una mujer debían casarse primero.

El cambio radical en la autorización social para tener

relaciones sexuales antes del matrimonio dio a hombres y mujeres tiempo extra para continuar su educación y potencial carrera. También les dio más tiempo para seleccionar una pareja adecuada que les brindara una realización emocional máxima.

Puesto que hombres y mujeres son hoy menos dependientes unos de otros para garantizar la supervivencia y seguridad de la familia, pueden sentir necesidades superiores: de apoyo emocional y de oportunidad para expresarse con libertad y autenticidad. Irónicamente, aunque se han vuelto menos dependientes en el sentido material, se han vuelto más dependientes en apoyo emocional y realización personal.

Hombres y mujeres sienten necesidades superiores: de apoyo emocional y de oportunidad de expresarse con libertad y autenticidad.

El psicólogo Abraham Maslow popularizó en 1943 el concepto de la jerarquía de las necesidades. Propuso la idea de que, en un momento particular, cierta necesidad domina. Nuestras necesidades básicas inferiores de calor, techo, alimento y seguridad deben satisfacerse para que las necesidades superiores de amor y realización emocional sean plenamente sentidas o dominen nuestra conciencia. Como hombres y mujeres ya no se requieren entre sí para resolver sus necesidades básicas, las necesidades superiores se han vuelto dominantes en su conciencia. La satisfacción de estas necesidades superiores es el requisito primario para que las relaciones prosperen en la actualidad.

Debido a que una mujer ya no precisa de un hombre para su alimentación y seguridad, sus necesidades superiores de realización emocional, amor y expresión personal dominan su conciencia y dan origen a nuevos deseos, anhelos y motivaciones. De igual forma, como a un hombre ya no se le pide ser el proveedor único de la alimentación y seguridad de su familia, empieza a sentir sus necesidades superiores de realización emocional, amor y expresión personal. En hombres y mujeres, estas necesidades superiores son las que ahora prevalecen y guían las decisiones, no sólo de selección, sino también de conservar un compañero o compañera. A las parejas actuales no les satisface el orden establecido de una relación permanente y segura. Quieren más, pero aún no han descubierto cómo conseguirlo.

Con las comodidades modernas y las recientes oportunidades de autosuficiencia, nuestra dependencia de una pareja decrece y los requisitos de una relación de alma gemela ocupan el centro del escenario. Amor profundo y perdurable, romanticismo, apoyo emocional y buena comunicación se han vuelto primordiales.

Con las nuevas oportunidades de autosuficiencia, los requisitos de una relación de alma gemela ocupan el centro del escenario.

La relación de alma gemela

Hombres y mujeres buscan un nuevo nivel de realización emocional en sus relaciones íntimas: una relación de alma gemela. Hoy las parejas se enamoran y quieren permanecer enamoradas. Una asociación exclusivamente concebida para asegurar sus necesidades materiales no basta. Las parejas ansían un vínculo que vaya más allá de las limitaciones de una relación de pareja para satisfacer una necesidad más profunda de intimidad emocional y auténtica expresión personal.

Hoy las parejas se enamoran y quieren permanecer enamoradas.

El amor y sus numerosas expresiones se han vuelto el factor decisivo en la elección de pareja y la permanencia en una relación. De igual modo, las razones comunes para terminar un vínculo tienen hoy mucho más que ver con la falta de realización emocional que en tiempos de nuestros padres y abuelos.

Exploremos algunos ejemplos:

Carol quiere divorciarse. Dice:

—*Doy y doy y no recibo nada a cambio.*

Como su terapeuta, le pregunto:

—*¿Qué es lo que no recibes? Ayúdame a entenderlo mejor.*

Ella responde:

—*Él ya no es afectuoso conmigo. Me desilusiona que ya ni siquiera le interesen mi vida ni mis sentimientos. Todo ha cambiado. El romanticismo ha quedado atrás. Todavía lo quiero, pero ya no estoy enamorada de él.*

"Él no era así al principio. Ahora somos dos compañeros de cuarto con vidas separadas que comparten la misma casa. Quiero más de la vida. Quiero sentirme amada y apreciada.

Carol no se queja de que su esposo haya fallado como pareja. Él tiene un buen trabajo. Ella no es feliz porque sus necesidades emocionales no son satisfechas. Quiere que él sea más cariñoso y se interese en su vida. Quiere sentirse en sintonía con su pareja; desea sentirse especial y enamorada.

Tom también quiere divorciarse. Dice:

—Por más que hago, nunca es suficiente para que ella esté feliz. Cuando está estresada, es difícil sentirse bien al llegar a casa.

Como su terapeuta, le pregunto:

—¿Por qué no puedes sentirte bien? Ayúdame a entender por qué su felicidad es tan importante para ti.

Responde:

—Cuando ella es feliz, todos lo son. Pero cuando no lo es, me ve como si yo fuera el problema. Quiero sentirme bien, no que no valgo.

"Antes le daba mucho gusto verme cuando regresábamos del trabajo. A mí me hacía muy feliz hacer una diferencia en su vida. Me sentía amado y apreciado.

"Ahora, siempre parece abrumada. Nos agradaba mucho estar juntos, pero eso cambió, dentro y fuera de la recámara.

Pregunto entonces:

—¿Cómo fue el cambio en la recámara?

Contesta:

—Cuando yo quiero tener sexo, ella siempre dice que sí, pero su respuesta es más por obligación que por gusto.

Inquiero:

—¿Cómo ha alterado eso tu vida sexual?

Responde:

—El sexo se ha vuelto aburrido y rutinario. No quiero renunciar a una vida sexual intensa. No quiero vivir un matrimonio sin pasión. Quiero sentir amor y comprensión mutuos, como al principio.

Tom no espera que su pareja sea una mejor ama de casa, cocinera o madre. Ambos participan en la preparación de los alimentos, el aseo y el cuidado de los hijos. Su desaliento tiene que ver con su falta de realización emocional, directamente enlazada con la realización emocional de ella.

A diferencia de su padre, que se daba por satisfecho si su esposa resolvía meramente sus necesidades sexuales, Tom quiere que su pareja se ilumine con su presencia y disfrute del sexo tanto como al principio de su relación.

Tom y Carol son ejemplos comunes de los retos que hoy emergen para las parejas que han trascendido los roles tradicionales de Marte y Venus. Quieren pasión duradera, pero no saben cómo conservar el amor romántico que sentían en un principio.

Nuestros retos modernos

Además de aprender a satisfacer nuestras nuevas necesidades y expectativas con objeto de crear amor y pasión perdurables, debemos aprender a minimizar los efectos negativos del estrés moderno en nuestras relaciones.

En los últimos cincuenta años, la vida se ha vuelto más complicada y estresante. Horarios de trabajo más prolongados, intensificados por agotadores trayectos diarios y más tráfico; el creciente costo de los servicios de salud, vivienda y alimentación y la ascendente deuda de tarjetas de crédito, así como las responsabilidades combinadas del trabajo y la atención de los hijos en las familias biprofesionales son sólo algunas de las fuentes de estrés en nuestra acelerada vida moderna. Hoy necesitamos más que nunca aprender otras formas de apoyo mutuo e individual.

Pese a las nuevas tecnologías concebidas para conectarnos —como internet y los teléfonos celulares—, la sobrecarga de información y la accesibilidad a toda hora han reducido gran parte de la comunicación al equivalente de enviar tarjetas postales. Hombres y mujeres tienen que desempeñarse al máximo, con poca energía para su vida personal. Con mayor independencia y oportunidades de éxito en el trabajo, en casa sufrimos a menudo una sensación de fatiga y aislamiento.

Con más oportunidades de éxito en el trabajo, en casa sufrimos a menudo una sensación de fatiga y aislamiento.

Los niveles de estrés sin precedente que experimentan hombres y mujeres imponen un alto costo a sus relaciones amorosas y limitan su capacidad para tener éxito en el trabajo. Solteros o en una relación comprometida, con frecuencia estamos demasiado ocupados o cansados para mantener las sensaciones de atracción, motivación y afecto. El estrés cotidiano agota nuestra energía y paciencia y nos hace sentir demasiado exhaustos o abrumados para disfrutarnos y apoyarnos uno a otro en casa, o para prestar el mejor apoyo posible a nuestros compañeros de trabajo y clientes.

El estrés magnifica nuestros problemas en casa.

Solemos estar demasiado ocupados para ver cómo tomamos a diario decisiones que sabotean nuestra facultad para hallar satisfacción en las relaciones. Un hombre lo da todo para ganar dinero suficiente con el cual mantener a su familia y regresa a casa demasiado cansado incluso para hablar con ella, y más todavía para ofrecerle apoyo. Una mujer trabaja todo el día y vuelve a casa para brindar el apoyo que cree que su esposo requiere, pero cuando él no le da el que ella necesita, se molesta y cierra su corazón.

Bajo la influencia del estrés, hombres y mujeres olvidamos por qué hacemos lo que hacemos. Olvidamos que la razón de que trabajemos tanto es sostener y cuidar a las personas que más queremos. Queremos a nuestra pareja, pero ya no estamos enamorados de ella.

Demasiado ocupados y fatigados

Al viajar por el mundo enseñando las ideas de Marte y Venus, he atestiguado una nueva tendencia relacional asociada con el aumento del estrés. Casados y solteros creen estar demasiado ocupados o exhaustos para resolver las dificultades de su relación, y a menudo piensan que su pareja es demasiado exigente o muy diferente para entender.

Al tratar de afrontar el estrés de nuestra vida acelerada, hombres y mujeres nos sentimos desatendidos en casa. Mientras que algunas parejas experimentan una tensión creciente, otras se han dado por vencidas, ocultando bajo el tapete sus necesidades emocionales. Quizá se llevan bien, pero la pasión ha desaparecido.

Las causas tradicionales de divorcio, como problemas económicos, adulterio, drogadicción o abuso físico, existen aún, pero exacerbadas por una mayor insatisfacción emocional, amplificada a su vez por más estrés.

Estudios globales revelan que cuando las mujeres están más preparadas y gozan de más independencia económica, crece el riesgo de que permanezcan solteras o se divorcien, su felicidad disminuya y su nivel de estrés aumente. Las cosas no tienen por qué ser así. Aunque más divorcios, infelicidad y tensión son hoy la norma estadística, muchas mujeres instruidas y de éxito económico se encuentran felizmente casadas y experimentan menos estrés. El problema no radica en la instrucción ni en la independencia económica, sino que no hemos aprendido a resolver las necesidades surgidas de esos cambios.

No cabe duda de que mejores condiciones de trabajo pueden contribuir a bajar nuestra tensión, pero el estrés externo es inevitable. La vida laboral planteará siempre retos y problemas novedosos. En hombres y mujeres, la calidad de las relaciones personales y de la vida en el hogar es lo que determina su aptitud para afrontar eficazmente ese estrés. Mi día puede estar lleno de frustraciones, desalientos y preocupaciones, pero todo esto se desvanece gracias a la ilusión de volver a casa con mi amante esposa y una vida familiar feliz.

**La calidad de nuestra vida en el hogar
es lo que determina nuestra aptitud para afrontar
eficazmente el estrés.**

Es indudable, asimismo, que hay muchas estrategias de desarrollo personal que nos pueden ayudar a reducir el estrés y aumentar la autoestima, pero lo más importante es dar y recibir amor en nuestra relación. Diversas técnicas nos ayudarán a abrir el corazón y la mente, pero sin ideas novedosas sobre las relaciones es difícil preservar sentimientos positivos.

Aprender a mejorar la comunicación en nuestra relación personal para controlar de modo efectivo el estrés nos permitirá experimentar lo que todos buscamos en la vida: una sensación de energía, felicidad, amor y realización, junto con un sentido de misión, significado y propósito.

En lugar de que sean otro problema por resolver, las relaciones pueden ser la solución. En vez de llegar a casa con una serie de problemas y estrés, puede significar entrar en un remanso de amoroso apoyo y calma.

> **En lugar de que sean otro problema por resolver,**
> **las relaciones pueden ser la solución.**

Es fácil que nos sintamos víctimas y culpemos al mundo de los inéditos retos relacionales. O bien, podemos admitir que la adquisición de nuevas habilidades relacionales nos permitirá no sólo enfrentar mejor el incrementado estrés, sino además prosperar. Si encaramos nuestras nuevas fuentes de tensión como pareja, podremos aminorar el estrés, pero también unirnos más, con renovado amor y pasión.

> **Si aprendemos a reducir el estrés con mejores**
> **habilidades de comunicación, podremos unirnos**
> **con más amor y pasión.**

Crecer juntos en el amor

Cuando brindamos a alguien una parte de nuestro corazón, la forma en que esa persona nos tenga en su conciencia ejerce una influencia importante en cómo nos sentimos con nosotros mismos, igual que en nuestra disposición a dar amor. El rechazo de un desconocido tendrá poco efecto en ti; pero el de alguien que te interesa puede ser tan penoso que, para protegerte, te apartarás y cerrarás tu corazón, construyendo defensas y murallas de modo automático.

Después, mientras nos aferramos a las diversas razones para cerrar nuestro corazón, el resultado es que seguimos sintiendo un dolor profundo. Pero esta vez no es ya el dolor causado por otro; es el provocado por retener nuestro amor. La mayor pena emocional que podemos experimentar en la vida ocurre cuando dejamos de compartir nuestro amor con las personas que más queremos.

La mayor pena que podemos experimentar ocurre cuando dejamos de compartir nuestro amor con las personas que más queremos.

Con las nuevas ideas que proporciona este libro, tú puedes aprender a volver a abrir tu corazón gracias a la compasión y el aprecio, en vez de defenderte con el rencor y el reproche. Aprenderás a conocerte mejor y a amarte más para no sufrir tantas heridas emocionales ni estar tan a la defensiva cuando tu pareja se sienta estresada, y sea por tanto incapaz de apoyarte como necesitas. Tu alma gemela seguirá defraudándote en ocasiones, pero con un entendimiento fresco de los retos propios de su género, la compasión y la empatía suavizarán tu corazón y te darán fuerza para ver dentro de ti y abandonar tus demandas a veces mezquinas, expectativas poco realistas, acusaciones parciales y juicios hostiles.

Con un entendimiento fresco de los nuevos retos de tu pareja para reducir su estrés, podrás ser más paciente y tolerante.

Después, en los días en que ella pueda ofrecerte su apoyo sincero, una luz brillará sobre tu verdadero ser y confirmará que eres digno de amor, tanto del suyo como del tuyo propio. Pero cuando esté estresada y no pueda brindarte el amor que necesitas, tú serás capaz de cambiar y darte tiempo para llevar a cabo algo que te haga sentir bien. Con este método, tu pareja ya no podrá desmoralizarte, y sentir su amor te alegrará.

Aun en presencia del amor propio, recibir amor hace una gran diferencia. Es como saber que eres hermosa o apuesto y experimentar una dicha adicional cuando te ves en el espejo y compruebas el resplandor de tu ser. Mirarte en el reflejo de los ojos de tu alma gemela produce mayor realización de la que podrías experimentar solo.

El amor de tu pareja puede darte el aprecio que requieres para despertar en ti un amor mayor y superior.

Tener acceso a tu felicidad interior, la cual no depende del amor y apoyo de tu pareja, te permitirá sentir compasión por sus dificultades, aceptar sus imperfecciones y apreciar sus esfuerzos. Descubrirás tu capacidad para sacar a relucir lo mejor de ella con el paso del tiempo.

Con este fundamento de amor propio y felicidad interior no precisas del amor de tu pareja para ser feliz, pero sí para ser *más feliz*; un buen día, su amor te hará sentir más dichoso y dispuesto a dar amor. De esta manera, las relaciones enriquecen nuestra vida en una forma que sería imposible para nosotros solos.

Cuando eres capaz de aceptar y apreciar tus virtudes y apiadarte de tus limitaciones y dificultades interiores, estás listo para crecer en amor e intimidad. Con este mayor amor propio y conciencia de ti mantendrás un corazón abierto y crecerás con tu pareja en amor, aceptación y confianza. Con este nuevo poder crearás una genuina relación de alma gemela.

Una evolución de este tipo no es posible en las relaciones casuales. Para mí fue una sorpresa, después de varios años de casado, descubrir que mi matrimonio con Bonnie progresaba tanto. Conforme hemos seguido superando los retos de aprender a reconocer y apreciar las fortalezas del otro mientras aceptábamos, comprendíamos y nos apiadábamos de nuestras limitaciones, nuestro trayecto ha dado muchas vueltas. Mantenernos juntos y crecer en nuestra capacidad de amar nos ha permitido florecer.

Para nosotros, el viaje del amor ha sido como subir y rodear una montaña. Con cada vuelta hay una vista nueva que nunca habríamos imaginado. Desde que emprendimos nuestro viaje, hace cuarenta años, nos hemos perdido muchas veces, nos hemos quedado sin gasolina, hemos padecido un radiador sobrecalentado y obtenido varias multas por exceso de velocidad, así como varios neumáticos ponchados. En cierto modo, vencer estos retos ha vuelto aún más bellos y gratificantes los diferentes panoramas.

> Vencer los retos de nuestra relación ha vuelto más
> gratificante y hermosa nuestra vida en común.

Crear una relación de alma gemela no es algo que suceda en forma automática; se gana con el compromiso interior de ser fieles a nosotros mismos y de buscar un amor superior, la deliberada intención de perdonar errores pasados, la sabiduría de corregir lo que no sirve en nuestras acciones, la comprensión y compasión para aceptar incondicionalmente las limitaciones de nuestra pareja y, por último, el valor de abrir una y otra vez el corazón.

3. Tu yo único

Uno de los principales beneficios de la relación de alma gemela es su potencial para despertar y sostener el despliegue y expresión natural de nuestro yo único.

**Una relación de alma gemela sostiene el despliegue
y expresión natural de nuestro yo único.**

Cuando abandonamos los roles masculino y femenino tradicionales, tenemos acceso de pronto a partes de nosotros
que antes habíamos reprimido u ocultado. En vez de limitar-
se a expresar rasgos asociados con sus roles tradicionales, los
hombres tienen ahora mayor acceso a su lado femenino, y las
mujeres a su lado masculino.

A un hombre moderno ya no se le pide reprimir su lado
femenino para que se le considere un hombre "de verdad", y
a una mujer moderna ya no se le pide ocultar su lado masculino para que se le considere una mujer "de verdad". En consecuencia, tenemos acceso a nuestro auténtico y único yo:
nuestra combinación singular de características masculinas
y femeninas.

> A un hombre ya no se le pide reprimir su lado
> femenino para que se le considere un hombre
> "de verdad". A una mujer ya no se le pide ocultar
> su lado masculino para que se le considere
> una mujer "de verdad".

La expresión de nuestro reprimido lado masculino o femenino libera una energía inmensa. Expresar aun un poco de nuestro auténtico yo aumenta drásticamente nuestro vigor, energía y pasión por el amor y la vida.

En una mujer, este acceso despierta su noción masculina de misión en armonía con su noción femenina de propósito. La misión masculina de una mujer es hacer una diferencia mostrando sus talentos particulares, mientras que su propósito femenino es en definitiva amar y ser amada. Aunque el amor es siempre una prioridad en su vida, desea expresarlo en una forma que haga una diferencia. Así como se empeña en ser más afectuosa en casa, lleva ese amor a su trabajo queriendo ser lo mejor posible y sacando a relucir lo mejor de los demás.

> En una mujer, el acceso a su yo único despierta
> su noción masculina de misión.

En un hombre, el acceso a su yo único despierta más plenamente su noción femenina de amor y devoción. Hoy es muy común que los hombres admitan libremente que están "enamorados". El creciente amor en su corazón da más sentido a su misión, ya que su propósito trasciende sus necesidades para servir a las necesidades de los demás.

> En un hombre, el acceso a su yo único despierta
> su noción femenina de amor y devoción.

Apenas en la época en que yo crecí, un "hombre de verdad" no admitía con franqueza su necesidad de amor, como tampoco emociones vulnerables. Era un hombre de acción, fuerte y capaz de soportar —sin quejarse— privaciones y peligros. Esta represión de la vulnerabilidad se reflejaba claramente en los héroes de las películas del Oeste de la década de 1950, quienes, después de salvar a la mujer, se marchaban a caballo a la caída de la tarde... solos.

En los años sesenta, sin embargo, inició un importante cambio en los roles de género. Mientras las mujeres creaban grupos de apoyo para desarrollar y expresar su independencia y poder, los hombres empezaron a dejarse crecer el cabello, usar camisas de color rosa y manifestarse por la paz. "Haz el amor, no la guerra", era su lema.

La fuerza de este despertar masivo quedó claramente demostrada con la orgásmica reacción de las jóvenes que aclamaron el nuevo sonido de los Beatles y otras bandas de rock en los años sesenta.

La noche del domingo 9 de febrero de 1964, las adolescentes estadunidenses conocieron a los Beatles en el histórico *Ed Sullivan Show*, y su dramática reacción asombró a todos. En el escenario se hallaban cuatro jóvenes músicos de cabello largo que cantaban de manera armoniosa y que expresaban con toda libertad su inocente y rendido amor y devoción a las mujeres. La letra de la canción más memorable de su lanzamiento, "I Want to Hold Your Hand", lo dice todo.

> **Este despertar masivo quedó claramente demostrado con la orgásmica reacción de las jóvenes que aclamaron el nuevo sonido de los Beatles.**

Los Beatles fueron capaces de declarar el amor de un hombre de un modo que rara vez se había oído antes. Mi esposa Bonnie recuerda que también ella gritó con toda espontaneidad mientras los veía.

Dijo: "Por fin alguien se dirigía a mí".

Los Beatles cantaban con el corazón y hallaron eco en millones de mujeres jóvenes. Habiéndose puesto en sintonía con su lado romántico femenino, esos cuatro jóvenes talentosos desataron en las mujeres una nueva libertad para manifestarse y expresar su auténtico yo, lo que significó la libertad de expresar su lado masculino. La ascendente ola de mujeres independientes en los años sesenta y setenta libró a los hombres de la presión tradicional a ser el sostén de la familia. De igual forma, la creciente ola de hombres románticos y cariñosos, expresada en la música de los Beatles y otras bandas de rock durante los sesenta, alentó el surgimiento de una generación de mujeres jóvenes libres de romper con los estereotipos tradicionales.

De esta manera, la música de los Beatles desencadenó —particularmente en las mujeres— una oleada de energía nunca antes vista. La beatlemanía fue la drástica liberación de esa energía. En ese entonces, también yo sentí la intensa descarga de energías inéditas. Recuerdo este despertar cuando asistí a un concierto de los Beatles a los catorce años de edad.

Antes del concierto juré que no me levantaría de mi asiento ni gritaría, pero en cuanto los Beatles salieron al escenario me paré y grité como los demás. Era obvio que algo nuevo se había desencadenado en mí y en mi generación.

Los cambios iniciados en la década de 1960 no han cesado de prolongarse hasta el día de hoy. Gracias a una cada vez mayor igualdad entre los sexos y a la creciente aceptación social de una amplia gama de normas y conductas, hoy la gente tiene un mayor grado de libertad que antes para ser ella misma.

La libre expresión de nuestro yo único

En la Prehistoria, mujeres y hombres guardaban un respeto recíproco e igual por los roles de apoyo mutuo, aunque diferentes, de unas y otros. Una mujer apreciaba y dependía de la disposición de un hombre a morir en batalla para proteger a su familia, o a soportar incomodidades y penalidades mientras cazaba para los suyos. De igual modo, un hombre apreciaba y dependía de la disposición de una mujer a hacerse cargo de las necesidades físicas de sus hijos tanto como de las de él.

A lo largo de la mayor parte de la historia, esos roles distintos parecieron poco restrictivos, porque servían a nuestras necesidades más importantes: sobrevivir y sentirnos protegidos. Pero con el paso del tiempo, y a medida que la necesidad de esos roles distintos disminuía, la relación de pareja resultó demasiado limitada. Hombres y mujeres sintieron un renovado deseo de expresar sin inhibiciones todas las partes de su ser, en lo individual y en su relación. Este nuevo requerimiento ha determinado y definido nuestra reciente necesidad de relacionarnos con nuestra alma gemela.

En el pasado remoto, los distintos roles parecían
menos restrictivos, porque servían a las necesidades
más importantes: sobrevivir y sentirnos protegidos.

Esta transformación (aún en marcha) de pareja a alma gemela
no tiene precedente en la historia y es tan significativa como
el paso que dimos de cazadores-recolectores a agricultores y
comerciantes, o de la era agrícola a la era industrial y de la
computación. Crea una nueva base para la verdadera igualdad
entre los sexos y tiene el potencial de anunciar una época de
paz, amor y comprensión en el mundo entero.

Esta transformación de pareja a alma gemela crea
una nueva base de igualdad entre los sexos.

Pero al surgimiento de nuestro yo único le acompaña algo más
que solamente un mayor potencial de felicidad. También el potencial de dolor aumenta. Una vez que hemos probado la expresión libre y auténtica, el sofocamiento de ciertos aspectos
de nuestros lados masculino y femenino puede convertirse en
nuestra principal fuente de aflicción y sufrimiento emocional.

Por ejemplo, dado que ahora las mujeres tienen la oportunidad de expresar su *independencia* (una característica de
su lado masculino), esto puede causar gran sufrimiento a una
mujer obligada a ceñirse al rol de ser totalmente *interdependiente* (una característica de su lado femenino) en su relación.

De igual manera, como ahora los hombres tienen la oportunidad de expresar su interdependencia y seguir su corazón

(una característica de su lado femenino), esto puede causar gran sufrimiento a un hombre obligado a sacrificar sus deseos, anhelos y sueños para cumplir su rol tradicional de sostén único de su familia.

Cuando reprimimos cualquiera de las características de nuestros lados masculino y femenino deseosos de expresarse, perdemos contacto con nuestra felicidad y vitalidad. Desde esta perspectiva, una fuente importante de aflicción interior, estrés biológico y sufrimiento es nuestra resistencia consciente o inconsciente a expresar diversos aspectos de nuestro yo único.

Nuestro sufrimiento es producto de la resistencia interior a expresar aspectos de nuestro yo único.

Los nuevos retos

Las mujeres han expresado características masculinas, como independencia y racionalidad, a todo lo largo de la historia, pero es indudable que no era común, en especial si pensaban tener una familia. Sin acceso al control de la natalidad, pasaban embarazadas o amamantando gran parte de su vida. Para cuidar de sus hijos, una madre dependía de que su esposo le proporcionara apoyo económico y seguridad. Le habría sido casi imposible criar a su familia sin la ayuda de un proveedor.

Hoy, en cambio, las mujeres expresan con franqueza su lado independiente masculino. Esto tiene beneficios enormes. Como ya se dan tiempo para estudiar antes de casarse o de tener hijos, son más libres de elegir una carrera que siga sus pasiones internas y de descubrir y expresar su talento en el mundo, así como de tener independencia económica. Pueden darse el lujo de tomarse más tiempo para buscar la relación indicada para ellas en lugar de casarse con el primer hombre con el que tienen relaciones sexuales. Experimentan el bienestar de una mayor autosuficiencia y la posibilidad de explorar sus diversos intereses sin depender de la aprobación de los demás.

> Con mayor independencia, las mujeres pueden darse el lujo de tomarse más tiempo para buscar la relación indicada.

Como ya no reprimen partes importantes de sí mismos, pueden disfrutar de más placer y satisfacción tanto en el trabajo como en el hogar. Pero con esta libertad reciente, hombres y mujeres también están en peligro de reprimir otros aspectos de su yo único.

Tan relevante como es para una mujer ser capaz de expresar su lado masculino, es de igual importancia que muestre su lado femenino. Para ser totalmente feliz, luego de expresar su lado masculino debe retornar a su lado femenino para conseguir un equilibrio apropiado; cada mujer y cada hombre poseen un equilibrio propio de cualidades masculinas y femeninas. Si la necesidad de balance de una mujer no se resuelve, experimentará creciente estrés e insatisfacción y variadas manifestaciones de pesar, desde depresión y ansiedad hasta insomnio y adicción a los alimentos. Sin un nuevo entendimiento para recuperar el equilibrio, intentará afrontar esa pena en una forma que en realidad incrementará su dolor tanto como su desequilibrio.

Por ejemplo, para evitar la pena de la soledad que siente cuando su necesidad femenina de amar y ser amada no es satisfecha, una mujer podría apoyarse en su lado independiente masculino, el cual busca éxito antes que amor para realizarse. En vez de destinar más tiempo a crear una relación amorosa, se dedicará a conseguir más éxito en su carrera.

Su concentración en su lado masculino, el cual busca éxito e independencia, la desconecta de su lado femenino, el cual necesita amar y ser amada. Así, ella no puede resolver la fuente de su aflicción.

Para no sentir la pena de la soledad, las mujeres se desentienden de sus necesidades vulnerables de amar y ser amadas.

También los hombres pueden experimentar más realización cuando trascienden su lado independiente y racional masculino para reconocer y sentir más plenamente su necesidad de amar y ser amados. Con el acceso a su lado femenino, son capaces de sentir un amor más pleno por su pareja, familia y trabajo.

En lugar de seguir ciegamente las reglas y expectativas de la sociedad y hacer lo que siempre se ha esperado de ellos, ahora pueden seguir su corazón para descubrir qué los hace felices. Sin la tradicional presión a casarse antes de satisfacer sus necesidades sexuales, tienen también más opciones al elegir pareja.

Pero abrir su corazón para tener acceso a sus sentimientos trae consigo nuevos riesgos y retos. Con un corazón abierto, sus necesidades aumentan repentinamente. Ya no basta con que un hombre se gane la vida y mantenga a su esposa e hijos.

Quiere seguir su corazón antes que sacrificar sus necesidades y deseos por su familia; quiere gozar de la vida también.

Con este mayor acceso a su lado femenino, corre el riesgo de desbalancearse y concentrarse demasiado en sus necesidades y no en las de su pareja. Y si expresa su lado femenino mientras se desentiende del masculino, generará creciente estrés e insatisfacción.

> **Cuando los hombres siguen su corazón,
> corren el riesgo de desbalancearse.**

Si se inclinan demasiado a su lado femenino y siguen sus sentimientos, los hombres corren fácilmente el riesgo de volverse demasiado inermes o demasiado belicosos y demandantes. Yo he conocido a muchos que sabotean inadvertidamente su relación por exigir más de su pareja y culparla después en lugar de acceder a su lado independiente masculino, el cual no se atiene en exceso a una pareja para ser feliz. En otros casos, los hombres son incapaces de comprometerse con una relación porque están demasiado atentos a sus necesidades, emociones y sentimientos en vez de aprender nuevas formas de satisfacer las necesidades de su pareja.

Dado que en la actualidad transitamos del abandono de las formas tradicionales de relacionarnos a la plena expresión de nuestro yo único, no debemos esperar que este proceso sea siempre fácil o automático. Si nuestras expectativas crecen, aumentan también los retos relacionales, aunque asimismo los beneficios de vencerlos. Con este nuevo entendimiento podemos usar las relaciones amorosas para recuperar el equilibrio.

La novedosa búsqueda de una relación de alma gemela que apoye nuestra auténtica expresión personal plantea muchos nuevos retos, pero ofrece también un nivel de realización mucho mayor. Una exitosa relación tradicional de pareja podía brindar sin duda felicidad y satisfacción, pero no proporcionaba el mayor nivel de pasión y vitalidad que ocurre cuando un hombre o una mujer expresan libremente ambos lados de su yo único.

> Una relación de pareja puede brindar felicidad
> y satisfacción, pero sólo una relación de alma gemela
> crea pasión perdurable.

Estar enamorado produce una sensación grata porque es un momento en el que nos sentimos lo bastante seguros para expresarnos a plenitud. La inédita combinación de nuestros lados masculino y femenino nos permite vislumbrar un amor superior e incondicional, que incluye pasión, compasión y sabiduría. Pero mantener este maravilloso amor implica nuevas habilidades e ideas que hagan posible poner en equilibrio nuestros lados masculino y femenino.

> Para sostener una pasión duradera, una relación
> debe apoyar la constante expresión de nuestros
> lados masculino y femenino.

Nuestros lados masculino y femenino

En capítulos posteriores exploraremos con más detalle varios atributos de los lados masculino y femenino y las consecuencias de su represión, pero por lo pronto se hará una sencilla descripción de nuestras características masculinas y femeninas. Ten en mente que cada hombre y mujer tiene tanto un lado masculino como uno femenino.

Nuestro auténtico y único yo es nuestro balance o combinación interior de esas características complementarias. No existe un equilibrio perfecto que sea igual para todos. Cada hombre tiene su propio balance de características masculinas y femeninas, y cada mujer también. Y si reconoces, aceptas y expresas tu combinación particular, hallarás más amor y felicidad.

**Cada hombre y cada mujer tiene un equilibrio propio
de características masculinas y femeninas.**

A continuación aparecen doce características o cualidades de nuestros lados masculino y femenino. Uso los términos "lados", "cualidades" y "características" por variedad, pero fueron concebidos con el mismo significado y se les puede usar indistintamente. Hay muchas más cualidades, desde luego, pero para su fácil identificación y análisis enlistaré sólo doce.

El yo único y auténtico de una persona puede constar de cualquier grado o combinación de estas características, más allá de su sexo biológico. Además, un equilibrio masculino y femenino particular podría expresarse de modo diferente en situaciones diversas. Por ejemplo, quizá yo exprese mi lado masculino en el trabajo y mi lado femenino con mis hijos. Y conforme atravesamos las diferentes etapas de la vida, nuestras necesidades cambian, y el lado que tendemos a expresar más a menudo podría cambiar con ellas. De solteros desarrollamos en forma natural nuestro lado independiente, y de casados tendemos a expresar nuestro lado interdependiente.

DOCE CARACTERÍSTICAS MASCULINAS Y FEMENINAS	
Lado masculino	**Lado femenino**
1. Independiente	1. Interdependiente
2. Racional	2. Sentimental
3. Solucionador de problemas	3. Asistencial
4. Resistente	4. Vulnerable
5. Competitivo	5. Cooperativo
6. Analítico	6. Intuitivo
7. Enérgico	7. Afectuoso
8. Categórico	8. Receptivo
9. Competente	9. Sincero
10. Seguro	10. Confiado
11. Confiable	11. Sensible
12. Orientado a metas	12. Orientado a relaciones

El potencial para descubrir y expresar después nuestra propia combinación de estas características es lo que nos atrae de ciertas personas y situaciones.

Una persona (hombre o mujer) segura (una cualidad masculina) se sentirá atraída por una persona (hombre o mujer) confiada (una cualidad femenina) y viceversa. Al crecer juntas en el amor, la persona confiada desarrollará su aptitud para ser más segura y la persona segura desarrollará su aptitud para ser más confiada.

Una persona independiente (una cualidad masculina) se sentirá atraída por alguien orientado a relaciones que valoren la interdependencia (una cualidad femenina) y viceversa. Al crecer juntas en el amor, la persona independiente desarrollará su aptitud para apreciar el valor de las relaciones y la intimidad, mientras que la persona interdependiente desarrollará su aptitud para valorar y expresar sus cualidades de independencia.

Así, a menudo sentimos química con una persona que expresa con mayor plenitud cualidades que complementan las que nosotros expresamos con mayor frecuencia. Abrazando las cualidades complementarias de nuestra pareja, despertamos en nosotros esas cualidades. Esto nos ayuda a elevar nuestra integridad y pasión conforme seguimos buscando maneras de sostener nuestro amor y de comprender, aceptar y apreciar a nuestra pareja.

"Masculino" y "femenino" no son sólo constructos sociales

Aunque algunos podrían considerar que llamar *masculinas* y *femeninas* a nuestras diferentes características resulta arbitrario o artificial, en realidad estas distinciones se basan en las diferencias biológicas entre hombres y mujeres.

> El llamar *masculinas* y *femeninas* a nuestras cualidades se basa en las diferencias biológicas entre hombres y mujeres.

La expresión de cualquiera de las doce cualidades masculinas de la lista estimula la testosterona, la hormona masculina, tanto en hombres como en mujeres. El nivel de testosterona es mucho más alto en los hombres, por lo que se le considera apropiadamente la hormona masculina. La expresión de cualquiera de las doce cualidades femeninas de la lista estimula el estrógeno, la hormona femenina, en mujeres y hombres. El nivel de estrógeno es mucho más alto en las mujeres, por lo que se le considera apropiadamente la hormona femenina.

El concepto de género no es un mero "constructo social", como algunos quisieran hacernos creer. Es indudable que los roles masculinos y femeninos tradicionales han sido determinados por la cultura, pero liberarnos de ellos para descubrir y expresar nuestro yo único no significa que, de súbito, hombres y mujeres seamos iguales. Una mujer que acepta y expresa sus cualidades masculinas no deja de ser mujer por ello, y es todavía muy diferente a un hombre. Un hombre que acepta por entero sus cualidades femeninas no deja de ser hombre por ello, y es diferente a una mujer.

Puesto que nuestra biología es distinta, hombres y mujeres tenemos necesidades hormonales distintas. Y como conductas distintas estimulan hormonas distintas, hombres y mujeres tenemos prioridades diferentes respecto a ciertos tipos de apoyo emocional. Requerimos compuestos de hormonas muy diferentes para sentirnos libres de estrés, felices y realizados.

**Hombres y mujeres requieren compuestos
de hormonas muy diferentes para sentirse libres
de estrés.**

Comprender esas diferencias en nuestras necesidades biológicas hormonales puede incrementar drásticamente nuestra
aptitud para dar y recibir el amor y apoyo que son esenciales
para controlar de modo satisfactorio el mayor estrés en la vida.

Existen dos tipos de estrés: interno y externo. Como ya
se dijo, todos enfrentamos nuevas y mayores fuentes de estrés
externo. El estrés externo, como embotellamientos de tránsito y fechas límite en el trabajo o decepciones y discusiones
en el matrimonio, estimula la hormona cortisol, la cual produce estrés interno e inhibe la posibilidad de que nos sintamos tranquilos, afectuosos, felices o satisfechos. En *Más allá
de Marte y Venus*, el término *estrés* se refiere a nuestra reacción
de estrés interno a fuentes de estrés externo.

Si reducimos nuestro estrés interno (medido por el cortisol) por medio de la estimulación de las hormonas propias
de cada género, seremos más capaces de mantener abiertos el
corazón y la mente para expresar nuestra combinación única de características masculinas y femeninas, y para apoyar a
nuestra pareja a fin de que haga lo mismo.

**Si creamos equilibrio hormonal, experimentamos
más libertad para expresar nuestro yo único.**

A la testosterona suele llamársele la *hormona masculina* porque todos los hombres, independientemente de su condicionamiento infantil, formación cultural o preferencia sexual,
tienen al menos diez veces más de ella que una mujer sana.
Algunos nacen con mayor grado de cualidades masculinas, lo
cual está determinado por su ADN y el nivel hormonal de su
madre mientras su cuerpo se desarrollaba en el útero. Con

más cualidades masculinas y menos femeninas, deberán mantener un nivel más alto de testosterona para sentirse en un estado óptimo. Los hombres con mayor grado de cualidades femeninas tendrán menos necesidad de mantener un alto nivel de testosterona. Mientras que algunos hombres sanos tienen diez veces más testosterona que las mujeres, otros con más cualidades masculinas tendrán treinta veces más testosterona.

De modo similar, algunas mujeres nacen con mayor grado de cualidades femeninas y mayor necesidad de actividades estimuladoras del estrógeno y otras hormonas femeninas para poder sentirse en un estado óptimo, mientras que aquellas con mayor grado de cualidades masculinas tienen menos necesidad de mantener un alto nivel de estrógeno. Al estrógeno suele llamársele la *hormona femenina* porque todas las mujeres sanas, independientemente de su condicionamiento infantil, formación cultural o preferencia sexual, tienen al menos diez veces más de ella que un hombre sano. Demasiada testosterona puede mermar el nivel de estrógeno de las mujeres. Para compensar la mayor testosterona producida durante su jornada de trabajo, necesitarán más estrógeno en su vida personal.

¿Cultural o natural?

Algunos dirían que nuestro condicionamiento social o primeras experiencias de vida son lo que determina la forma en que expresamos nuestras cualidades masculinas y femeninas. Esta perspectiva es cierta, porque la propiedad con que expresamos nuestro equilibrio único tiene que ver directamente con la manera en que se nos educó. El balance único de cualidades masculinas y femeninas es natural, pero el modo en que lo expresamos está determinado por la educación que recibimos o dejamos de recibir. Nuestras diferencias masculinas y femeninas son naturales y culturales.

Cada uno de nosotros nace con un equilibrio único y auténtico de cualidades masculinas y femeninas, el cual depende de su ADN y su exposición a las hormonas en el útero. Este balance único de cualidades masculinas y femeninas es nuestro estado auténtico y natural. Algunos hombres tendrán más cualidades femeninas y algunas mujeres más cualidades masculinas.

Rodeados de abundante amor y apoyo en la infancia, seremos capaces de expresar nuestro balance auténtico. Sin embargo, experimentar falta de amor y apoyo para expresar nuestro auténtico equilibrio de cualidades masculinas y femeninas puede causar que reprimamos cualidades particulares.

Por ejemplo, si una mujer se sintió abandonada o descuidada de niña, es probable que haya tenido que cuidar de sí misma, así que expresará más su lado seguro e independiente masculino y reprimirá su lado confiado e interdependiente femenino. Incapaz de confiar en una pareja tentativa, no podrá abrir su corazón y sentirse "enamorada". Si se involucra en una relación amorosa, podría inclinarse mucho más en la dirección opuesta: expresar en exceso su lado femenino y volverse demasiado desvalida, demandante, autoritaria o crítica.

De igual forma, un hombre que no tuvo de niño el apoyo de su padre como modelo de conducta y nunca vio feliz a su madre bien podría reprimir su lado independiente masculino y volverse demasiado interdependiente e inerme en sus relaciones, o rebelarse en la dirección contraria y convertirse en "macho", sofocando su lado femenino en un intento por hallar su masculinidad.

Éstos son sólo dos ejemplos de las numerosas formas en que podemos reprimir nuestro yo auténtico debido a las presiones sociales o a una falta de apoyo amoroso en la niñez. Aunque negar o desconocer partes de nuestro yo auténtico quizá nos ayuda a sobrevivir a corto plazo, a largo plazo esta represión psicológica afecta nuestro equilibrio hormonal, ya que inhibe las hormonas reductoras de tensión. Sin el correcto equilibrio hormonal, no podemos afrontar con efectividad el estrés y mantener abierto el corazón. Si aprendemos a aceptar nuestras cualidades masculinas y femeninas, tendremos la clave para experimentar una vida de amor y pasión perdurables.

El poder de las hormonas

La testosterona y su equilibrio con el estrógeno (y otras hormonas femeninas) afectan drástica y directamente el ánimo, sentimientos, emociones, niveles de energía, tiempos de reacción, desarrollo muscular, fuerza física, motivaciones, salud, libido, entereza, felicidad y sensaciones de amor, bienestar y apego de un hombre.

La testosterona afecta drástica y directamente el ánimo, sentimientos, niveles de energía, fuerza, libido y felicidad de un hombre.

El estrógeno y su equilibrio con la testosterona y otras hormonas masculinas afectan drástica y directamente el ánimo, sentimientos, emociones, niveles de energía, tiempos de reacción, almacenamiento de grasa, entereza, motivaciones,

salud, libido, felicidad y sensaciones de amor, bienestar y apego de una mujer.

**El estrógeno afecta drástica y directamente
el ánimo, libido, niveles de energía y sensaciones
de amor, bienestar y felicidad de una mujer.**

En un hombre o una mujer, la expresión de las cualidades
masculinas de la lista estimula la producción de testosterona:
independencia, racionalidad, resolución de problemas y demás
fomentan la testosterona. Expresar estas cualidades masculinas productoras de testosterona quizá genere una sensación
igualmente agradable en hombres y mujeres, pero bajo estrés
reducirá las reacciones de estrés interno de un hombre, no de
una mujer. Para que ésta reduzca su tensión, es necesario que
exprese cualidades femeninas, las cuales producen hormonas
femeninas.

En un hombre o una mujer, la expresión de cualidades
femeninas estimula la producción de estrógeno. La confianza en el apoyo de la pareja, la dependencia de los demás, la
expresión emocional, la ejecución de actividades asistenciales y demás fomentan el estrógeno. Es probable que estas cosas confieran una sensación igualmente agradable a hombres
y mujeres, pero bajo estrés reducirán las reacciones de estrés
interno de una mujer, no de un hombre, que requiere testosterona para disminuir su tensión.

En la época de los roles de pareja, el estrés interno solía
derivarse de la expresión excesiva de características asociadas
con los roles de género particulares. Para los hombres, la presión cultural a reprimir su lado femenino era fuente de gran

estrés. Un hombre debía ser "macho" en varios sentidos: tenía que sostener a su familia sin quejarse ni expresar preocupación o temor. Para una mujer, la presión a ser marcadamente femenina y a reprimir su deseo de independencia y éxito intelectual creaba gran estrés interno.

> En tiempos de los roles de pareja, el estrés interno solía derivarse de la expresión excesiva de características asociadas con los roles de género particulares.

Pero las cosas han cambiado. Hoy las mujeres tienden a inclinarse demasiado a su lado masculino y a reprimir el femenino, mientras que los hombres tienden a inclinarse demasiado a su lado femenino y reprimir en diversos grados su lado racional e independiente masculino.

> En nuestro complejo mundo moderno, las mujeres se inclinan demasiado a su lado masculino y los hombres a su lado femenino, lo que incrementa el estrés.

Con mayor libertad para expresar su lado sentimental e interdependiente femenino, la principal causa de estrés interno para los hombres es la represión de su lado masculino y la expresión excesiva de su lado femenino, en tanto que la principal causa de estrés interno para las mujeres es la represión de su lado femenino y la expresión excesiva de su lado masculino.

Con base en mis propias observaciones clínicas durante más de cuarenta años de tratar a hombres y mujeres, en repetidas ocasiones he observado las inevitables consecuencias de ese desequilibrio hormonal en unos y otras. Cuando un hombre experimenta síntomas de estrés interno como enojo, pérdida de libido por su pareja, insatisfacción, aburrimiento o pérdida de pasión en su vida, suele deberse a que, temporalmente, se ha inclinado demasiado a su lado femenino: siente en exceso, de manera que su testosterona ha descendido y su estrógeno es muy alto. Aprender a dedicarse a actividades que aumenten su testosterona y disminuyan su estrógeno reducirá su estrés interno.

> Cuando un hombre está estresado, el aumento
> de testosterona y la disminución de estrógeno
> reducirá su tensión.

Por el contrario, si una mujer está estresada, intensificar la expresión de su lado masculino y elevar su testosterona no reducirá su estrés, sino que lo aumentará.

Cuando una mujer moderna está estresada, un incremento de actividades que aumenten el estrógeno y disminuyan la testosterona reducirá sus hormonas de estrés interno.

> Cuando una mujer está estresada, el aumento
> de estrógeno y la disminución de testosterona
> reducirá su tensión.

Por el contrario, si un hombre está estresado, intensificar la expresión de su lado femenino y elevar su estrógeno no reducirá su estrés, sino que lo incrementará.

Desarrollo de la autenticidad

Como ya se dijo, cada hombre y cada mujer nace con un equilibrio propio de cualidades masculinas y femeninas. En cada etapa de la vida, de la niñez a la adolescencia y la edad adulta, si se nos permite y alienta a expresar libremente nuestro yo auténtico de modo gradual podremos descubrir, expresar, desarrollar y hasta combinar esas cualidades. Gracias a la combinación de nuestras cualidades masculinas y femeninas auténticas podremos experimentar un amor superior, tema que exploraremos más a fondo en el último capítulo.

> Gracias a la combinación de nuestras cualidades masculinas y femeninas auténticas podremos experimentar un amor superior.

En términos generales, el propósito de la primera mitad de la vida es descubrir, desarrollar y expresar las numerosas cualidades masculinas y femeninas del yo auténtico, con énfasis en nuestras diferencias biológicas y necesidades correlativas. En la pubertad, el nivel de testosterona de un varón aumenta hasta veinte veces sobre el nivel previo, mientras que el nivel de estrógeno de una mujer aumenta seis veces sobre el nivel anterior. Si esos niveles no se mantienen, los individuos experimentarán un innecesario estrés interno.

Una adolescente con más cualidades masculinas precisará de menos estimulación de su lado femenino para mantener su sano nivel de estrógeno, en tanto que una con más cualidades femeninas precisará de más apoyo. Pero independientemente de su grado de cualidades masculinas, si cualquiera de las dos se estresa, su solución para reducir el estrés interno es conceder temporalmente más apoyo a su lado femenino, para recuperar un nivel sano de estrógeno. De igual forma, si un adolescente se estresa, deberá concentrarse temporalmente en la expresión de su lado masculino a fin de restaurar su nivel de testosterona, sea cual fuere su equilibrio sano en relación con otros jóvenes.

Después de la adolescencia, el nivel de estrógeno de una mujer descenderá paulatinamente al aumentar el de testosterona, el cual llega a su máximo a los treinta y cinco años. (Gran número de mujeres reportan que alcanzan su plenitud sexual a esa edad.) El cambio contrario sucede en los hombres. A los treinta y cinco años, el nivel de testosterona de un varón empieza a bajar. Con anterioridad a este descenso, su nivel de estrógeno ha aumentado gradualmente y seguirá aumentando. (Esta acompasada baja de testosterona es muy común en hombres en la sociedad occidental, pero infrecuente en varones de raza indígena.)

Es justo en ese momento de la vida, en el que un hombre produce en forma natural más estrógeno y una mujer produce más testosterona, cuando iniciamos nuestra marcha de combinar cualidades masculinas y femeninas para crear un amor superior.

Si una mujer no aprendió a mantener la producción de sus hormonas femeninas, al aumentar naturalmente su testosterona en relación con su declinante nivel de estrógeno sufrirá varios síntomas de menopausia. Bochorno, insomnio, ansiedad o depresión son síntomas comunes de menopausia en la sociedad actual, pero en las sociedades indígenas donde se apoya la expresión del lado femenino de las mujeres, éstas no experimentan esas sensaciones. Antes, durante y después de la menopausia, si una mujer no está bien cimentada en su lado femenino, la testosterona predominará en ella y su nivel de estrés aumentará, lo que causará insatisfacción, infelicidad, enojo y falta de realización.

**Antes, durante y después de la menopausia,
en una mujer puede predominar la testosterona,
con lo que su nivel de estrés aumentará.**

A partir de su edad madura, si una mujer está bien cimentada en su lado femenino y expresa plenamente sus cualidades correlativas, una intensificación en la expresión de sus hormonas masculinas no opacará ni inhibirá sus cualidades femeninas. Podrá aprender a combinar sus lados masculino y femenino en cada sentimiento, pensamiento, decisión y acción. Este equilibrio abrirá una nueva puerta para experimentar un amor superior, además de energía y pasión sostenidas.

Un escenario semejante pero opuesto se aplica a los hombres. Después de la pubertad, el nivel de testosterona de un hombre es diez o más veces mayor que el de una mujer en toda su vida. Luego, al pasar de la edad madura, su nivel de estrógeno aumenta en forma natural. Si no ha desarrollado plenamente sus cualidades masculinas en un grado único para él, ese incremento de estrógeno inhibirá su testosterona.

El nivel de testosterona de un hombre está diseñado
para ser diez o más veces mayor que el de una mujer
en toda su vida.

Si un hombre aprende a mantener su nivel de testosterona
en la primera mitad de su vida, cuando su nivel de estrógeno aumente en su edad madura podrá conservar asimismo
su nivel de testosterona. Este simultáneo equilibrio de hormonas le permitirá experimentar más amor, sabiduría, compasión y amor incondicional, además de vitalidad, virilidad y
salud perdurables.

Normas culturales y expresión personal

La libre expresión del lado femenino de un hombre en su
edad madura al tiempo que mantiene un alto nivel de testosterona y la libre expresión del lado masculino de una mujer
en su edad madura al tiempo que mantiene un alto nivel de
estrógeno no eran posibles en las generaciones pasadas, porque tanto hombres como mujeres estaban restringidos por
normas culturales que los reprimían a lo largo de su vida. En
diversos grados, se pedía a los hombres reprimir su lado femenino y a las mujeres su lado masculino. En consecuencia,
una pasión duradera no era posible después de muchos años
de matrimonio.

Si la mezcla única de cualidades masculinas y femeninas
de una mujer incluía más cualidades masculinas, se sentía restringida y reprimida durante toda su existencia y experimentaba por tanto menos serenidad, amor, felicidad y satisfacción

en la vida. También estaba muy estresada, a menos de que fuera capaz de liberarse de las normas sociales y expresar su lado masculino. Pero éste no era siempre un camino seguro a la felicidad, porque al expresar su lado masculino tenía que reprimir a menudo sus cualidades interdependientes femeninas. Así, con frecuencia permanecía soltera, pues le era difícil hallar un hombre que apoyara sinceramente su independencia y autosuficiencia.

> Una mujer masculina podía reducir su estrés
> interno desafiando normas culturales.

Hoy las mujeres son libres de expresar sus cualidades masculinas, pero las que tienen más cualidades femeninas están más estresadas porque, al intentar encajar o competir en el trabajo, terminan por reprimir su lado femenino. Su necesidad de proteger y ser protegidas es mayor que la de las mujeres con más cualidades masculinas.

Esto no significa que las mujeres con más cualidades masculinas no sufran estrés. Suelen manejarlo mejor en el trabajo, pero es probable que en su relación tropiecen con dificultades. Como su lado femenino no es tan fuerte, no han desarrollado formas de apuntalarlo. No son buenas para recibir apoyo o pedir ayuda.

> Una mujer con un alto grado de cualidades
> masculinas no suele ser buena para recibir apoyo
> o pedir ayuda.

También en este caso, la situación de los hombres es semejante pero opuesta. Cada vez más de ellos siguen su corazón y hacen lo que les gusta. Esto activa su lado femenino, pero puede reprimir sus cualidades masculinas de independencia y racionalidad. En vez de ser fríos, serenos y reservados, son inseguros y es fácil que sean coléricos, demandantes o inermes en su relación.

Cuando se inclinan demasiado a su lado femenino y reprimen partes del masculino, tienden a ser muy sentimentales y es fácil que se sientan insatisfechos en una relación. Estos hombres permanecen solteros porque sienten que ninguna mujer vale la pena. Son muy románticos y efusivos cuando conocen a una mujer, pero pierden interés pronto. En muchas circunstancias, no se pueden decidir: creen no poder vivir sin ella (interdependencia) y un momento después oscilan de vuelta a su lado independiente y racional y pierden interés.

Él no puede vivir sin ella, pero un momento después oscila de vuelta a su lado independiente y racional y pierde interés.

Otros hombres se casan, pero en su afán de complacer a su pareja reprimen sus cualidades masculinas. Aunque esto podría producirles de momento una sensación agradable, con el paso del tiempo perderán vitalidad y pasión por su pareja.

Por otra parte, algunos hombres se niegan a explayarse en su relación y a incluir en ella su lado femenino, y el resultado es el mismo: pierden la pasión que sentían al principio.

Para preservar la pasión, todos —hombres y mujeres— debemos continuar desarrollando la conciencia y expresión de nuestro equilibrio único de cualidades masculinas y femeninas.

> Para conservar la pasión debemos continuar
> desarrollando la conciencia y expresión de nuestro
> equilibrio único de cualidades masculinas
> y femeninas.

El motivo de esto es que, sin una clara comprensión de nuestros lados masculino y femenino, cuando nos desbalanceamos tenemos más dificultades para recuperar nuestro equilibrio único de cualidades masculinas y femeninas. El resultado común para hombres y mujeres es que, más que crecer juntos en el amor, se estresan más.

La buena noticia es que con un nuevo entendimiento podemos actuar con la mira claramente puesta en regular nuestras hormonas, las cuales no dependen de nuestra pareja. En capítulos posteriores exploraremos esto, así como lo que puedes hacer para contribuir a resolver la necesidad de equilibrio hormonal de tu pareja. Aprenderás a ayudarle a reducir su estrés y a obtener el apoyo que requieres para hallar tu propio equilibrio.

Pero primero dediquemos un poco de tiempo a comprender más a fondo por qué es tan importante reconocer estas diferencias entre hombres y mujeres.

4. Las diferencias atraen y crean pasión duradera

Las parejas inician su relación totalmente seguras de que su amor es especial y de que la pasión no se les agotará nunca. Pero la pasión se agota casi siempre, aun si persiste el amor.

La pregunta número uno de las parejas acerca de las complejas relaciones de hoy es cómo crear una pasión duradera. La respuesta es sencilla, pero difícil de aplicar: las diferencias atraen. Si aprendemos a expresar nuestro yo único, el cual es distinto al yo único de nuestra pareja, la pasión puede no sólo mantenerse, sino también crecer.

Enamorarte de tu pareja es similar a apasionarte por una canción nueva. Al principio crees poder escucharla toda la vida y que nunca dejará de gustarte; pero si la oyes una y otra vez perderá impacto, pese a que al principio haya encendido cada célula de tu ser. La pasión que sentiste en un primer momento se agota. Cuando una canción es nueva y diferente, estimula automáticamente hormonas y sustancias químicas cerebrales específicas que te hacen sentir más vivo. Cuando ya no es nueva y diferente, esas sustancias y hormonas dejan de ser estimuladas.

**Si oyes una canción una y otra vez perderá
su impacto, aunque haya encendido al principio
cada célula de tu ser.**

Lo bueno es que, por lo que toca a las relaciones, las personas no son canciones. A diferencia de una grabación estática, cambian y crecen. Cuando una relación refuerza la expresión de nuestro yo único, cambiamos y crecemos todos los días. Esta continua novedad preserva nuestra pasión y atractivo.

Pero cuando reprimimos aspectos de nuestros lados masculino y femenino con objeto de ganarnos la vida, ceder a las presiones y expectativas sociales o complacer sencillamente a nuestra pareja, dejamos de crecer y nuestro atractivo se reduce.

Mantener fresca una relación mediante el cambio y el crecimiento es importante, pero la expresión auténtica de nuestros lados masculino y femenino resulta más importante todavía. Son las cualidades masculinas de un hombre, cuando se manifiestan en una forma que refuerza la expresión de las cualidades femeninas de una mujer, lo que mueve y despierta los sentimientos románticos de ella. Cuando las mujeres dicen querer a un "hombre de verdad", es a esto a lo que se refieren.

La creciente expresión de las cualidades femeninas de un hombre, como afecto, vulnerabilidad, cooperación e interdependencia, le permite expresar su lado masculino en una forma más sustentadora para una mujer. Pero si él no combina la expresión de esas cualidades femeninas con la plena expresión de su lado masculino, con cualidades como independencia, racionalidad, seguridad y competencia, es posible que ella lo ame, pero él no le atraerá. En muchos casos, su amor se desplazará a una versión platónica, o experimentará por él sentimientos maternales.

De igual modo, son las cualidades femeninas de una mujer, cuando se manifiestan en una forma que refuerza la expresión de las cualidades masculinas de un hombre, lo que mueve y sostiene el interés amoroso de él por ella. Aunque mujeres poderosas dicen estar solas porque su autoridad intimida a los hombres, la verdadera razón de que no se interesen en ellas suele ser que muchas mujeres de ese tipo reprimen sus cualidades femeninas.

Equilibrada con su lado femenino, la creciente expresión de las cualidades masculinas de una mujer, como independencia, contundencia, seguridad y energía, puede ayudar a un hombre a sentirse más exitoso en su relación. El apoyo que él le brinda para que recupere su lado femenino luego de un día de trabajo vuelve más probable que ella lo aprecie, lo que lo hará sentir más exitoso.

Pero a menos que ella combine la expresión de esas cualidades masculinas con la plena expresión de su lado femenino, con cualidades como afecto, receptividad, cooperación e interdependencia, quizás él la amará, pero ella no le atraerá. Aunque al principio le haya atraído mucho, la pasión se disipará pronto, porque él no se sentirá necesitado.

Un nuevo aprecio de nuestras diferencias

La oportunidad reciente de confluir en relaciones de igualdad que promuevan la plena pero única expresión de nuestros lados masculino y femenino —al tiempo que apreciamos nuestras diferencias— puede contribuir a crear una pasión duradera. Aunque la novedad de una relación es reemplazada finalmente por la comodidad de saber qué esperar, si mantenemos y apreciamos nuestras diferencias auténticas y naturales podremos experimentar una atracción duradera.

En el mundo de la música, ciertas superestrellas son capaces de mantener la atracción que la gente siente por su música mucho después de que ellas han sido una sensación. El interés y pasión sostenidos por su música se deriva no sólo de que sea nueva, ¡sino también de que es diferente!

Lo que vuelve inolvidable a un músico no es únicamente su talento y habilidad, sino, además, su singular expresión de ese talento y habilidad. Considera la siguiente lista de músicos y grupos musicales famosos que han vendido más de setenta y cinco millones de discos y cuya popularidad perdura aún. Repara en el hecho de que el sonido y expresión de cada uno de ellos es único y diferente:

Luciano Pavarotti	Pink Floyd
The Beatles	Ludwig van Beethoven
Dolly Parton	The Bee Gees
Michael Jackson	Neil Diamond
Diana Ross	Madonna
Sting	Johann Sebastian Bach
Prince	Whitney Houston
Bob Dylan	Queen
Barbra Streisand	ABBA
Wolfgang Amadeus Mozart	U2
The Rolling Stones	Bob Marley
Elton John	Elvis Presley

Reconoces a estos artistas tan pronto como oyes su voz o instrumentos. Son únicos, auténticos y diferentes.

Del mismo modo, si una relación puede promover la expresión única de nuestras cualidades masculinas y femeninas, seremos capaces de mantener o hasta reanimar en ella la pasión y la atracción.

Comprensión de la polaridad masculina y femenina

Gran parte de lo que crea y mantiene la atracción en una relación son nuestras diferencias masculinas y femeninas. Estas diferencias naturales entre hombres y mujeres son la base física y hormonal de la química romántica. Hombres y mujeres somos como imanes: nos atraemos porque nuestras polaridades son distintas. Si fuéramos iguales, nos pareceríamos tanto que nos repeleríamos.

Visualizar el comportamiento y movimientos de un imán nos ayudará a comprender nuestra polaridad masculina y femenina. Los polos opuestos de un imán se atraen, mientras que los polos iguales se repelen.

Si el lado masculino es el polo norte y el lado femenino el polo sur, cuando un hombre está en su lado masculino y una mujer en su lado femenino se atraerán. Esta atracción es lo que mantiene viva la pasión en su relación. Pero si ambos están fijos en el mismo lado, se repelerán. Como en el diagrama siguiente, los polos opuestos se atraen y los polos iguales se repelen.

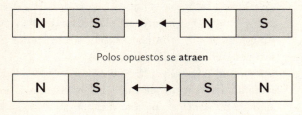

Polos opuestos se **atraen**

Polos iguales se **repelen**

Esta analogía se despliega de seis formas:

1. Cuando un hombre expresa sus cualidades masculinas, será sumamente atractivo para una mujer que expresa sus cualidades femeninas. El lado masculino de él y el lado femenino de ella son polos opuestos y se atraen.

2. Cuando una mujer expresa sus cualidades femeninas, se sentirá sumamente atraída por un hombre que expresa sus cualidades masculinas. El lado femenino de ella y el lado masculino de él son polos opuestos y se atraen.

3. Cuando un hombre expresa en exceso sus cualidades femeninas y reprime su lado masculino, será muy poco atractivo para una mujer que expresa sus cualidades femeninas. Entre más se asemejen, más se repelerán sus lados femeninos. Ellos podrán ser grandes amigos, pero no habrá pasión en su relación.

4. Cuando una mujer expresa en exceso sus cualidades masculinas y reprime su lado femenino, será muy poco atractiva para un hombre que expresa sus cualidades masculinas. Entre más se asemejen, más se repelerán sus lados masculinos. Él apreciará y respetará a la distancia la competencia masculina de ella y podrán colaborar en armonía, pero no sentirá el deseo de intimar amorosamente con ella.

5. Cuando un hombre expresa en exceso sus cualidades femeninas y reprime sus cualidades masculinas será sumamente atractivo para una mujer que expresa en exceso su lado masculino pero reprime su lado femenino. Entre más se asemejen, más emergerá el lado femenino de ella, ya que, inevitablemente, el amor que compartan la volverá más vulnerable, interdependiente

y receptiva. Cuando la polaridad de ella cambie, perderá respeto o interés en él. Aunque le haya atraído en un principio, empezará a repelerlo.

6. Cuando una mujer expresa en exceso sus cualidades masculinas y reprime sus cualidades femeninas, será sumamente atractiva para un hombre que expresa en exceso su lado femenino pero reprime su lado masculino. Entre más se asemejen, más emergerá el lado femenino de ella, ya que, inevitablemente, el amor que compartan la volverá más vulnerable, interdependiente y receptiva. Cuando la polaridad de ella cambie, él perderá interés amoroso en ella.

La conclusión de estos ejemplos es que para que hombres y mujeres se sientan atraídos a vincularse, debe haber alguna polaridad compatible entre ellos.

**Para que la pasión perdure,
debe haber una polaridad sana.**

Cuando los dos miembros de la pareja llegan a casa en su lado masculino, es importante que busquen formas de que él regenere su testosterona a fin de que pueda mantenerse en contacto con su lado masculino y de que la mujer recupere su lado femenino a fin de que pueda restaurar su nivel de estrógeno.

Si una mujer continúa reprimiendo su lado femenino, su pareja masculina podría sentir una tendencia automática a expresar sus cualidades femeninas. En lugar de tomarse el tiempo de cueva, es probable que desee conversar, quejarse o compartir. El desplazamiento de él a su lado femenino y su deseo de conversar hará que ella se sienta más empujada todavía a su lado masculino, en un afán de escuchar, lo que incrementará su estrés.

Para ayudarle a recuperar su receptivo e interdependiente lado femenino, el hombre, en lugar de compartir sus sentimientos, debe darse tiempo para recuperar a su vez su lado masculino. Entonces, sin experimentar la necesidad de ser oído para sentirse más cerca de ella, la podrá escuchar.

> Cuando un hombre escucha, ayuda a una mujer
> a recuperar su lado femenino.

Por otra parte, cuando una mujer se inclina demasiado a su lado masculino, podría no sentir la necesidad de hablar o compartir, porque reprime su lado femenino. Si aprende a compartir sus sentimientos con su pareja en una forma que él pueda oír con facilidad, ella podrá recuperar su lado femenino al tiempo que apoya a su pareja para que recupere su lado masculino.

Como ya vimos, hoy para la mayoría de las mujeres este desplazamiento de su lado masculino, impulsado por la testosterona, a su lado femenino, impulsado por el estrógeno, no es automático. Es una conducta que debe aprenderse, pero que una vez aprendida les ayudará a encontrar su equilibrio interior. Habiendo reprimido sus sentimientos en el trabajo durante todo el día, compartirlos es una manera eficaz de volver a enlazarse con su lado femenino.

Preservación de la polaridad en las relaciones íntimas

En una relación amorosa íntima, cuando una mujer se inclina demasiado a su lado masculino, puede inclinar demasiado a un hombre a su lado femenino. Esto puede hacerlo sentir pasivo, inerme, sensible o demandante. En forma similar, un hombre que se inclina demasiado a su lado femenino puede inclinar demasiado a una mujer a su lado masculino.

Este efecto se ilustra claramente con imanes cuando se intenta unir dos polos norte o dos polos sur.

Dos polos norte o dos polos sur se repelerán, pero ejercer presión con el propósito de unirlos provocará que uno de ellos gire a la otra polaridad.

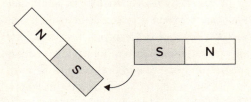

Esto ilustra que hombres en su lado femenino pueden empujar a mujeres a su lado masculino, o que mujeres en su lado masculino pueden empujar a hombres a su lado femenino.

Desde un punto de vista positivo, cuando una mujer está en su lado femenino empujará al hombre a su lado masculino al recibir algún tipo de apoyo de él. De igual modo, un hombre en su lado masculino induce el desplazamiento de una mujer a su lado femenino. Esta tendencia aparece en particular en una relación íntima, en la que es natural que exista un impulso más fuerte a la vinculación.

En la mayoría de las relaciones actuales, cuando la mujer está en su lado masculino, es el hombre quien desea vinculación, mientras que ella está demasiado ocupada para interesarse. Cuando él presiona para acercarse a ella, se inclina más a su lado femenino.

A veces, una mujer en su lado masculino intentará vincularse con un hombre haciendo que se abra y hable de sus sentimientos. Cuando éste es el caso, él será empujado en exceso a su lado femenino y exhibirá a la larga los efectos secundarios de su desequilibrio.

Entre más cerca estamos de nuestra pareja, mayor efecto ejercemos en ella. Pasado un tiempo, y para sentirnos más equilibrados en nuestro interior, si la polaridad de nuestra pareja empuja la nuestra en una dirección insana, podríamos reprimir el impulso a la vinculación. Esto es lo que suele ocurrir cuando las parejas dejan de pasar tiempo romántico en común o pierden interés en el sexo.

Con este entendimiento, ahora podemos comprender mejor por qué un hombre que ya está en su lado femenino y que vive con una mujer desconectada de su lado femenino transita todavía más a su lado femenino cuando vuelve a casa. Visualicemos de nuevo dos imanes y recordemos que dos polos positivos no pueden hacer contacto; uno de los polos deberá volverse al otro lado. Si ella está en su lado masculino y él busca vinculación, se desplazará aún más a su lado femenino.

Si ella está en su lado masculino, él se desplazará
a su lado femenino en busca de vinculación.

El problema de esta tendencia automática a cambiar de lado es que si continuamos reprimiendo nuestro lado masculino o femenino, la atracción mutua decrecerá y las hormonas se desbalancearán aún más. Cuando él se inclina demasiado a su lado femenino, su testosterona disminuye, y cuando ella permanece en su lado masculino, su estrógeno baja.

Adicionalmente, cuanto más lo vea ella como un problema por resolver, aparte de todos los demás asuntos que debe solucionar, más se aferrará a su lado masculino. En respuesta, él se empeñará en resistir los intentos de ella de hacerlo cambiar por medio de sus quejas. Esta resistencia hará que ella tienda a resistirse también, y los problemas de ambos se agravarán.

Lo que genera resistencia en tu pareja persistirá.

Si comprendemos cómo recuperar el equilibrio interior, tendremos la fuerza indispensable para abandonar nuestra resistencia y aplicar nuevas habilidades de comunicación para sacar a relucir lo mejor de nuestra pareja.

Este entendimiento es esencial, porque cuando una mujer reprime e ignora las cualidades receptiva y afectuosa de su lado femenino, su capacidad para apreciar a un hombre decrece. De igual modo, cuando un hombre reprime su lado masculino, su capacidad para apreciar a largo plazo a su pareja disminuye. Él terminará interesándose más en sus sentimientos que en los de ella, y se enojará con facilidad o hará demandas mezquinas. Cuando está en su lado femenino, él podría expresar temporalmente más amor, afecto y cariño, pero será inevitable que se moleste. Sin el apoyo de su lado independiente masculino, se sentirá demasiado inerme y creerá que da más de lo que recibe. Sin embargo, si recupera su lado masculino, su desvalimiento menguará y él será menos demandante. Al dejar atrás sus juicios, será menos crítico y más comprensivo de lo que ella necesita de él.

Inversión de roles en el matrimonio

Cuando en mis seminarios describo las conductas, actitudes y reacciones masculinas más comunes, nunca faltan mujeres que dicen creer ser de Marte, no de Venus. Esta experiencia inversa es más frecuente hoy que hace veinticinco años, cuando publiqué *Los hombres son de Marte, las mujeres son de Venus*, porque ellas tienen ahora más permisividad y oportunidades para expresar y acceder a su lado masculino. Algunas afirman incluso que su esposo es de Venus.

Yo sostengo, por ejemplo, que "es común que las mujeres hablen más que los hombres en su relación íntima" y que "es común que los hombres hablen más que las mujeres en el trabajo", pero hoy en día no todos los hombres y mujeres estarán de acuerdo con ello, porque su experiencia no confirma esos asertos. Yo sostengo que los hombres se refugian en su cueva para reducir su estrés, pero muchos hombres modernos no lo hacen o se toman tiempo de cueva sin notarlo, practicando un pasatiempo, leyendo el periódico, rezando, meditando o viendo eventos deportivos.

> Hoy no todos los hombres y mujeres se identifican
> con las diferencias masculinas y femeninas
> tradicionales que surgen en una relación de pareja.

No obstante, en el nivel hormonal biológico los hombres aún son de Marte y en el nivel hormonal biológico las mujeres aún son de Venus. Si analizamos este asunto un poco más a fondo, veremos que cuando unos y otras no resuelven sus necesidades hormonales, se estresan más. Al final, pierden atractivo para su pareja y la pasión se esfuma.

Cuando una mujer está en su lado masculino, hablará menos en casa que en el trabajo. Esto suele deberse a que cuando habla, su pareja la interrumpe con soluciones. Pero si hablara más de sus sentimientos con su pareja en casa y él la escuchara más, esto estimularía más hormonas femeninas en ella, las que podrían reducir más eficazmente su estrés.

Cuando una mujer está en su lado masculino, hablará menos en casa que en el trabajo.

Cuando un hombre está en su lado femenino, tenderá a hablar más en el trabajo y en casa. Su conversación en el trabajo, sin embargo, se dirigirá más a compartir sentimientos que a resolver problemas, y en casa seguirá hablando de sus sentimientos y problemas más que su pareja. Pero hablar más de sus sentimientos tanto en el trabajo como en casa no reducirá su estrés, e incluso podría distanciarlo de sus compañeros y su pareja femenina. Él reduciría más eficazmente su tensión si hablara menos y dedicara más tiempo a escuchar a su pareja.

Hombres y mujeres solemos hablar en el trabajo para resolver problemas (expresando así nuestro lado masculino) y en casa para generar vinculación e intimidad (expresando nuestro lado femenino). Cuando una mujer está en su lado masculino, hablará menos en casa, pero eso no significa que no tenga un lado femenino que se beneficiaría enormemente de que ella aprendiera a hablar más de sus sentimientos en el hogar, porque su cuerpo aún es de Venus. De igual forma, cuando un hombre está en su lado femenino, hablará más en casa, pero eso no quiere decir que no tenga un lado masculino que se beneficiaría enormemente de que él aprendiera a hablar menos y a escuchar más, porque su cuerpo es de Marte todavía.

Para una mujer, hablar de sentimientos es una de las formas más efectivas de recuperar su lado femenino y regenerar las hormonas femeninas que aminoran su estrés.

Para un hombre, una de las mejores maneras de afrontar el estrés es dejar de hablar tanto y tomarse tiempo de cueva para que su cuerpo produzca la hormona masculina que aminora su estrés.

Cuando un hombre expresa su lado femenino, habla más y termina más estresado.

Cuando hacemos algo que nos desbalancea, lo más fácil es permitir que la inercia nos desbalancee aún más. Recuperar el equilibrio implica tomar conciencia de que lo hemos perdido y tener la prudencia de saber cómo recobrarlo.

Para los hombres, renunciar a hablar demasiado puede asemejarse en principio a renunciar a una adicción. No es fácil, como no lo es comer una sola papa frita o galleta. Cabe la posibilidad de que se pase temporalmente por el síndrome de abstinencia. Del mismo modo, a las mujeres que hacen demasiadas cosas les resulta difícil detenerse y aprender a relajarse. Esto implica fuerza de voluntad y sabiduría. Pero sin este entendimiento, una mujer no será capaz de sentir plenamente amor en su corazón.

"¿Por qué no me puedo enamorar?"

Cuando las mujeres se inclinan demasiado a su lado masculino, es posible que se pregunten por qué no pueden enamorarse o sentirse atraídas por un hombre.

Stephanie tenía cuarenta años y había salido con gran número de hombres, pero no se enamoraba nunca. Los hombres que le atraían no eran los indicados para ella.

Dijo: "No sé por qué, pero los hombres a los que conozco no me gustan ni me atraen. Pasamos un momento agradable, pero no siento nada especial por ellos. Al parecer, no puedo encontrar al indicado".

Ella no es la única. Las mujeres preguntan a menudo: "¿Dónde puedo encontrar a mi alma gemela?".

Mi respuesta: "Es un hecho que esa persona está en alguna parte, pero para encontrarla o para que ella te encuentre a ti tienes que dejar de preguntarte dónde está. La pregunta no es '¿*Dónde* está mi alma gemela?', sino '¿*Cómo* puedo encontrar al hombre indicado para mí?'".

> La pregunta no es "¿*Dónde* está mi alma gemela?",
> sino "¿*Cómo* puedo encontrar al hombre indicado
> para mí?".

Si una mujer no acepta su lado femenino en equilibrio con su lado masculino, no atraerá ni se sentirá atraída por el hombre indicado. Si se inclina demasiado a su lado masculino, atraerá o se sentirá atraída por hombres muy inclinados a su lado femenino y que "la necesitan" para que cuide de ellos, en vez de que deseen cuidar de ella.

Por otro lado, una mujer podría sentirse atraída por hombres que expresan en exceso su lado masculino y reprimen su lado femenino. Sus firmes cualidades masculinas chocarían tal vez con las cualidades masculinas de ella y la empujarían a su lado femenino. Aunque un hombre hipermasculino podría hacerla "sentir mujer" porque reprime su propio lado femenino, tenderá a ser dominante y no estará dispuesto a cooperar y ceder. No apoyará la necesidad de ella de expresar su lado independiente masculino y le exigirá que dependa de él y obedezca sus deseos.

Aprender a equilibrar en una relación nuestros lados masculino y femenino es el primer paso para atraer a la persona indicada. Es el "cómo" del cortejo exitoso.

Esta idea se aplica no sólo a las mujeres, sino también a los hombres. Si un hombre no aprende a mantener su equilibrio hormonal en una relación, por más que al principio sienta por su pareja una intensa atracción, ésta se disipará rápidamente.

Cuando un hombre se inclina demasiado a su lado femenino, elegirá mujeres muy inclinadas a su lado masculino. Como él está en su lado femenino, al principio podría conseguir un gran avance en sentido romántico y ser muy generoso. Pero en un momento dado tendrá que dar marcha atrás, para recuperar su lado masculino. Si no se aparta cuando debe hacerlo, tenderá a sentirse demasiado inerme, demandante y crítico.

Los hombres que se inclinan demasiado a su lado masculino no suelen tener problemas para iniciar una relación, pero sí grandes dificultades para comprometerse, porque no pueden preservar la pasión. Cuando la atracción desaparece, siguen su camino. Las ideas básicas de *Más allá de Marte y Venus* les ayudarán a comprender las necesidades de una mujer moderna a fin de que puedan mantener la pasión en una forma más satisfactoria. Cuando aprendan a apoyar el lado femenino de su pareja, ella los apreciará más, lo que les permitirá restaurar su pasión.

Lo mismo puede decirse de las mujeres demasiado inclinadas a su lado femenino, aunque esto es hoy menos común. Con un mejor conocimiento de los hombres, ellas podrían volver a equilibrar sus hormonas y conseguir el amor y apoyo que necesitan para crecer en el amor.

No es fácil encontrar el equilibrio

Particularmente ahora que hombres y mujeres tienen más acceso y permisividad para expresar sus lados masculino y femenino, las mujeres pueden desplazarse más fácilmente a su lado masculino y los hombres a su lado femenino, perdiendo en consecuencia su atractivo para la otra parte. Sin esta comprensión, ni unas ni otros tendrán idea de por qué se distancian cada vez más. Pero aun con esta nueva comprensión, ¡no es fácil recuperar el equilibrio!

Martha y Tom son ejemplo de una pareja que, cuando llegó a mi seminario de relaciones de un fin de semana, ya estaba más allá de Marte y Venus pero carecía aún del entendimiento y las habilidades indispensables para satisfacer sus nuevas necesidades. Martha es directora general de una gran compañía internacional fabricante de ropa. Como muchas otras mujeres de hoy, pasa todo el día en su lado masculino. Pero a pesar de su éxito financiero, le es difícil relajarse en casa y disfrutar de su vida y su relación. Toma antidepresivos, tiene una libido baja e ingiere pastillas para dormir.

Dijo en terapia: "Después de escucharlo a usted, sentí que soy de Marte. Usted afirma que las mujeres hablan más en sus relaciones, pero cuando yo llego a casa tengo mucho que hacer; no tengo tiempo para hablar de mis sentimientos, ni quiero hacerlo".

En este ejemplo, Martha, como muchas otras mujeres en la actualidad, está obviamente en su lado masculino en el hogar, y esto no sólo aumenta su estrés, sino que también la hace sentirse menos atraída y atractiva para su pareja. Debe recuperar el equilibrio identificando primero y expresando después su lado femenino. Esto estimulará efectivamente sus hormonas femeninas y ayudará a restaurar la pasión en su matrimonio, así como a reducir las hormonas del estrés que no le permiten dormir.

El problema es que se siente falsa al hablar de sus sentimientos o experimentar vulnerabilidad. Toda su vida se ha enorgullecido de ser categórica, segura e independiente. Para ella, los sentimientos o la necesidad de ayuda son señales de debilidad.

Cuando está en su lado masculino, lo único que desea es prescindir de sus sentimientos y llevar a cabo tareas. Hacer lo contrario de lo que quiere y lo que debe hacer para hallar el equilibrio implica un drástico acto de voluntad. Y como en el caso de cualquier otra nueva habilidad que supone práctica, ella podría no sentirse bien de inmediato.

El esposo de Martha, Tom, es agente de bienes raíces. Su trabajo no es con mucho tan exigente y lucrativo como el de ella. Así, trabaja medio tiempo, de modo que su horario es lo bastante flexible para que pueda asumir la mayoría de las responsabilidades familiares y del hogar.

Cuando Martha llega a casa, él está impaciente por irse a su cueva a pasar tiempo con sus amigos jugando basquetbol o yendo al cine. A diferencia de otros hombres con más cualidades femeninas, Tom está decididamente en contacto con su necesidad de retornar a su lado masculino.

Pero a Martha le incomoda que él no quiera pasar tiempo con ella cuando llega a casa. Como dijo durante la sesión: "Me molesta ser el principal sostén de la familia y que él salga a divertirse cuando yo llego a casa".

Tom dijo en respuesta: "Paso el día entero ocupándome de las compras y el aseo, y de llevar a los niños a todas partes. Tú estás fuera todo el día. Cuando llegas a casa, no aprecias todo lo que he hecho. Necesito tiempo para mí".

La necesidad de Tom de alejarse es mayor porque, al igual que muchos otros hombres que ganan menos que su pareja y se hacen cargo del hogar, él no siente que ella aprecie lo que hace. Cuando Martha llega a casa, tiende a concentrarse en lo que falta por hacer, no en lo que Tom *hizo* ya. Cuando ella regresa a casa, no está en su lado femenino, de manera que no puede acceder a su aptitud femenina para apreciar, celebrar y regocijarse de lo que Tom hizo.

Cuando las mujeres son el principal sostén del hogar, los hombres no suelen sentirse apreciados por el trabajo que hacen en casa.

En este ejemplo, Tom podría apoyar a su esposa y reducir incluso su propio estrés, haciendo lo contrario de lo que tiene ganas de hacer. En lugar de tomarse de inmediato tiempo de cueva, podría darse tiempo para ayudar primero a su esposa a recuperar su lado femenino. Si recordamos que hombres y mujeres somos diferentes y comprendemos después nuestras necesidades hormonales distintas para apuntalar esas diferencias, podremos mantener mejor nuestras sensaciones de atracción.

Los hombres son de Marte todavía, las mujeres son de Venus todavía

Cuando los hombres y mujeres modernos pasan de tener roles separados y diferentes a compartir de pronto los mismos roles, en particular en el mundo del trabajo, sus diferencias se vuelven menos obvias. Los antiguos estereotipos de aquello para lo que los hombres y las mujeres son buenos o suscita su interés ya no se aplican en la actualidad. Algunas mujeres son excelentes para las matemáticas, y algunos hombres terribles para ellas. A algunos les interesan la ópera y la moda, mientras que algunas gustan de la caza y los deportes.

Los estereotipos antiguos se desarrollaron a causa de que los roles tradicionales sofocaban las características femeninas de los hombres y las características masculinas de las mujeres. Habiendo trascendido nuestros roles masculinos y femeninos tradicionales, ahora podemos acceder con más facilidad a nuestros lados masculino y femenino. Todos los hombres (tengan conciencia de ello o no) están ahora más en contacto con su lado femenino, y todas las mujeres más en contacto con su lado masculino. Con este cambio, la línea entre los sexos se ha atenuado.

Pero aun con esta nueva libertad para expresar todas las partes que nos componen, un hombre que expresa su lado femenino es todavía un hombre, y muy diferente a un mujer que expresa su lado femenino. Una mujer que expresa su lado masculino es todavía una mujer, y muy diferente a un hombre que expresa su lado masculino. Aún somos diferentes, porque biológicamente no somos iguales.

Un hombre que expresa su lado femenino es muy diferente a una mujer que expresa su lado femenino.

Cuando olvidamos esta diferencia, lo cual puede ocurrir fácilmente dada la forma en que las líneas entre hombres y mujeres se han desvanecido, resulta complicado discernir nuestras únicas y diferentes necesidades de apoyo. En consecuencia, hombres y mujeres no recibimos el particular apoyo emocional que necesitamos.

Con un mayor número hoy en día de mujeres que expresan su lado masculino, las hormonas masculinas que su cuerpo produce pueden inhibir sus hormonas femeninas, lo que podría aniquilar la pasión. Pero cuando los hombres no apoyan la necesidad de una mujer de expresar su lado masculino, sus propias hormonas masculinas pueden reducirse y aumentar sus hormonas femeninas, lo que también podría aniquilar la pasión.

Si comenzamos por aceptar que hombres y mujeres somos biológicamente diferentes, podremos entender nuevas formas de ayudar a las mujeres a mantenerse en contacto con su lado femenino al tiempo que expresan sus cualidades masculinas. De igual manera, podremos aprender nuevas formas de ayudar a los hombres a mantenerse en contacto con su lado masculino: cuando un varón expresa las cualidades afectuosas, asistenciales y cooperativas de su lado femenino, podría tener dificultades para mantenerse plenamente en contacto con su lado masculino. Afianzar nuestras diferencias hormonales es la base para preservar la atracción, pero el primer paso consiste en reconocer y aceptar que hombres y mujeres somos realmente distintos en muchos y muy importantes sentidos.

La incapacidad para sostener en una relación nuestro único y diferente equilibrio hormonal no sólo aniquila la pasión, sino que también impide a las parejas crecer en el amor. Intensifica el desconcierto e insatisfacción en nuestra vida y acrecienta los retos particulares que hombres y mujeres enfrentamos en el complejo y acelerado mundo de hoy.

Cada uno de los conflictos siguientes tiene sin duda muchos otros factores, pero estos problemas externos de la sociedad son en esencia un reflejo de nuestros únicos y diferentes retos masculinos y femeninos. Los roles tradicionales se han desvanecido, pero no hemos alcanzado aún una nueva comprensión de las diferentes necesidades masculinas y femeninas para encontrar el equilibrio, y la brecha entre nuestros problemas se ensancha.

1. *Noventa por ciento más hombres que mujeres van a dar a la cárcel y más hombres que mujeres mueren en accidentes.* Impulsados por la testosterona, ellos corren más riesgos que ellas. El mayor nivel de testosterona en los hombres les confiere tiempos de reacción más rápidos. Aunque esto significa que pueden actuar sin pensar ni sentir antes, también los vuelve más propensos a actuar sin considerar las consecuencias.

2. *Cuatro veces más hombres que mujeres consuman el suicidio, mientras que casi el doble de mujeres que de hombres lo intentan.* Ellas son mucho más proclives a hablar de

sentimientos de suicidio, en tanto que ellos tienden a consumarlo. Impulsadas por el estrógeno, las mujeres desean hablar bajo estrés más que los hombres; impulsados por la testosterona, ellos tienden a actuar de inmediato cuando la vida se les vuelve demasiado penosa. Noventa por ciento de las personas que buscan psicoterapia son mujeres.

3. *Más mujeres piden el divorcio, mientras que más hombres son adictos a la pornografía en línea.* Impulsadas por el estrógeno, ellas son más relacionales; sus renovadas expectativas de relaciones personales les causan mayores desilusiones, que derivan finalmente en divorcio. Impulsados por la testosterona, ellos son más vulnerables a la adicción sexual, para ocultar el dolor que les causa la insatisfacción de sus recientes necesidades de más intimidad física y pasión duradera.

4. *Más hombres son adictos al alcohol y las drogas, en tanto que más mujeres toman antidepresivos y pastillas para dormir.* Como son más independientes, más hombres buscan curar su dolor por su cuenta, bebiendo demasiado o consumiendo drogas adictivas, mientras que más mujeres recurren a la ayuda de médicos y a las sustancias que recetan para eliminar su dolor o escapar de él.

5. *Casi la mitad de hombres que de mujeres concluyen la preparatoria y la universidad, y más graduadas universitarias descubren que no encuentran pareja o no la desean en absoluto.* Como unos y otras somos fundamentalmente distintos, cuando los descendientes de padres divorciados no tienen acceso a su padre, las mujeres se empeñan en ser muy independientes, porque no tienen la experiencia de depender de un hombre, en

tanto que los hombres pierden la motivación de esforzarse por mantener a una familia, pues carecen del modelo de conducta de un hombre que haya hecho feliz a su madre. Impulsados por la testosterona, a ellos los motiva sobre todo la seguridad de que pueden hacer una diferencia. Sin haber visto a un padre seguro de sí mismo hacer feliz a su madre y mantener a su familia, están menos motivados a hacer lo necesario para alcanzar el éxito, lo que incluye continuar sus estudios.

6. *Las mujeres tienen casi el doble de probabilidades de ausentarse de su trabajo por razones de enfermedad, mientras que los hombres tienen muchas más probabilidades de ser adictos al trabajo.* Dado que casi todas las áreas del mundo del trabajo fuera del hogar son generadoras de testosterona, las mujeres llevan más estrés a casa, lo que puede aumentar su susceptibilidad a enfermedades. Los hombres son más vulnerables a trabajar en exceso, en especial si no se sienten exitosos en su vida personal, porque un más alto nivel de testosterona producido por jornadas más largas ayuda a corto plazo a reducir el estrés.

Reflexionar en estas diferencias obvias, establecidas por estadísticas nacionales estadunidenses, hace poco para mejorar directamente nuestras relaciones personales. Pero hace hincapié en que nuestros retos y vulnerabilidades son muy diferentes. Si se enseñara a hombres y mujeres a conseguir el apoyo particular que requieren, esos problemas podrían resolverse. En última instancia, todas las soluciones verdaderas procederán del amor. Cuando las parejas aprendan a mantener en el hogar el amor y la pasión que experimentan, hombres y mujeres podrán superar juntos estos retos de género.

Sin un nuevo entendimiento que afiance nuestras diferencias en las relaciones personales, no podremos revertir la ascendente oleada de problemas sociales globales. Con más hombres y mujeres que habiendo rebasado los roles tradicionales de Marte y Venus acceden ya a sus lados masculino y femenino, hoy es más importante que nunca recordar que somos diferentes, que tenemos necesidades diferentes y que requerimos tipos de apoyo diferentes.

Habiendo rebasado los roles tradicionales de Marte/Venus es muy importante recordar que hombres y mujeres somos diferentes.

Si fuéramos iguales, sería de esperar que, en una época en la que hay más libertad para que las mujeres se comporten como hombres y los hombres estén en contacto con su lado femenino, la lista anterior de retos globales para hombres y mujeres hubiera disminuido. Por el contrario, ha aumentado.

La paradoja noruega

Noruega, la nación más próspera y más rica en petróleo per cápita del mundo, se enorgullece de ser también la de mayor equidad de género, pese a lo cual las parejas de ese país se quejan de que se les ha agotado la pasión. El divorcio es común ahí, y hay cada vez más solteros. Se espera que hombres y mujeres desempeñen, en el trabajo y en el hogar, roles muy parecidos, y que se comporten con ceguera de género. Sugerir que son diferentes se considera culturalmente impropio, salvo en relación con las diferencias físicas obvias.

Esto suele volver un reto presentar en ese país las ideas de Marte/Venus. Cuando yo me entrevisté con el primer ministro en la televisión nacional, hablamos de la idea del tiempo de cueva: la noción de que, a diferencia de las mujeres, los hombres necesitan pasar tiempo a solas para regenerar su testosterona. El primer ministro se negó a admitir que él tomara tiempo de cueva y que hombres y mujeres son diferentes. Consideraba que era una idea sexista obsoleta.

Yo le hice notar que él sacaba a pasear a su perro de veinte a treinta minutos diarios una vez que concluía su trabajo y antes de reunirse a cenar con su esposa y su familia. Ése era su tiempo de cueva, y al tomarlo producía, sin saberlo, las hormonas masculinas antiestrés que le permitían estar más relajado y más atento a su familia al volver a casa. Este comentario se eliminó en la versión definitiva de la entrevista.

Si hombres y mujeres fueran iguales, sería de suponer que en el entorno de más igualdad y más opciones de Noruega habría igual número de hombres y mujeres en todos los campos. Pero no es así. Sorpresivamente, en un país en el que los expertos creen que hombres y mujeres son iguales y en el que la representación equitativa en empleos gubernamentales es obligatoria, más mujeres en el sector privado deciden ocupar puestos tradicionalmente femeninos mientras que más hombres deciden ocupar puestos tradicionalmente masculinos.

Por ejemplo, ellas predominan aún en profesiones asistenciales como educación preescolar y secundaria, limpieza y enfermería, en tanto que más hombres trabajan aún como obreros de la construcción, choferes, técnicos e ingenieros.

En Noruega, con mayor equidad de género,
más mujeres ocupan aún puestos tradicionalmente
femeninos, y más hombres puestos tradicionalmente
masculinos.

A esto se le ha llamado la *paradoja noruega*. Con más libertad social y económica para elegir el empleo de su preferencia sin las limitaciones del rol de pareja, más mujeres ocupan puestos tradicionalmente femeninos y más hombres puestos tradicionalmente masculinos. Este mismo cambio acontece poco a poco en Estados Unidos, donde los hombres son ya muy rebasados en número en las industrias editorial, docente y médica, directamente asociadas con la comunicación, la educación y el cuidado de los enfermos.

Uno se pregunta por qué más mujeres en particular, con la libertad de elegir una profesión masculina o femenina, no deciden ocupar puestos tradicionalmente masculinos y por qué más hombres no deciden ocupar puestos tradicionalmente femeninos.

Compárese esto con la situación que priva en India, donde se espera que hombres y mujeres desempeñen roles tradicionales en el hogar y donde hasta hace poco ellas habían visto muy limitada su posibilidad de integrarse a la fuerza laboral tradicionalmente masculina. Ahí vemos ocurrir algo muy distinto: las mujeres asumen con entusiasmo empleos masculinos. Dada la oportunidad de ocupar un puesto masculino, han aprovechado la ocasión para dejar de reprimir su lado masculino.

En India, con una nueva libertad, más mujeres
expresan ya su lado masculino.

En India, un tercio de los ingenieros son mujeres. En Noruega esa cifra ronda en veinte por ciento, pese a los significativos esfuerzos del gobierno por elevarla. En India, cincuenta y dos por ciento de los educadores de escuelas primarias son hombres; en Noruega sólo lo es veinticinco por ciento. ¿Por qué?

Con más libertad para elegir ¿por qué más mujeres
eligen empleos tradicionalmente femeninos?
¿Por qué, en sociedades tradicionales, las mujeres
se apresuran a asumir empleos tradicionalmente
masculinos?

La respuesta es el *equilibrio*. En Noruega, las mujeres no tienen permitido expresar su lado femenino en el hogar, como no se apoya tampoco la expresión por los hombres de su lado masculino. Dado que no aceptan sus diferencias en el hogar, ellas eligen empleos tradicionalmente femeninos y ellos empleos tradicionalmente masculinos, en busca de cierto equilibrio en su vida. Si ellas no pueden expresar su lado femenino en casa, al menos pueden hacerlo en el trabajo. Lo mismo puede decirse de ellos y la expresión de su lado masculino.

En India, lo cierto es lo contrario. A las mujeres no se les permite expresar su lado masculino en casa, y por eso asumen con tanto dinamismo puestos tradicionalmente masculinos. De igual manera, muchos hombres asumen empleos feme-

ninos, para consternación a menudo de los líderes gubernamentales. Al menos en un estado de ese país, se canceló el
acceso masculino a la carrera de enfermería, porque los fun-
cionarios juzgaron desmedido el número de hombres intere-
sados en ese campo.

Estos dos ejemplos demuestran por qué, al tiempo que
dejamos atrás los roles tradicionales, debemos aprender a
apreciar y respetar nuestras diferencias.

Noruega y Suecia son dos de los países más progresistas
en lo que se refiere a igualdad de derechos para las mujeres,
y podemos aprender mucho de sus fortalezas y errores. En
esas naciones, aunque mujeres y hombres son libres de elegir
empleos tradicionalmente masculinos y femeninos, se espera
que se comporten igual en casa. Todo debe ser "igual". Deben
participar en igualdad de condiciones en todas las actividades, como si el género no existiera.

Pero aunque los hombres están dispuestos a expresar su
lado femenino adoptando en casa una actitud más asistencial, carecen tanto de comprensión como de respaldo cultural
o permisividad para obtener el apoyo particular que necesitan
para regenerar en primera instancia sus hormonas masculinas
al cabo de un día de trabajo. De la misma forma, las mujeres se
enorgullecen de tener empleo y contribuir económicamente al
sustento de su familia, pero no cuentan con la comprensión,
respaldo cultural o permisividad para conseguir el apoyo que
necesitan con objeto de recuperar su lado femenino.

Equidad de género no significa ceguera de género

El tipo de equidad de género que suele promoverse en Noruega y Suecia es en realidad ceguera de género. En el hogar, esto

provoca que los hombres repriman su lado masculino y las mujeres su lado femenino.

Esta negación de las diferencias no es verdadera equidad. Equidad no significa uniformidad. Significa respetar por igual nuestras diferencias y ponerlas bajo una luz positiva. Cada persona es diferente; cada uno de nosotros posee una combinación única de características masculinas y femeninas. Esperar que todos nos ajustemos a un estándar es lo contrario al respeto.

Si adoptáramos la perspectiva de que todos debemos ser iguales, no podríamos sentir compasión por las vulnerabilidades y necesidades diferentes de los demás ni apreciar sus esfuerzos. Es imposible que haya verdadera equidad de género mientras no aprendamos a comprender, aceptar, apreciar y respetar nuestras diferencias particulares. Con este entendimiento, resulta perfectamente claro que la ceguera de género frustra la equidad de género.

Creer que hombres y mujeres son iguales no sólo es falso y malo para las relaciones en el trabajo, sino que también vuelve más difícil nuestras relaciones amorosas. Con base en mi experiencia en la enseñanza de las diferencias de género en Noruega y Suecia en los últimos treinta años, puedo afirmar que la extendida creencia de que mujeres y hombres no son diferentes aniquila la pasión en sus relaciones. Se vuelven compañeros de cuarto, con escasos sentimientos de amor. Los índices de divorcio de Noruega (cuarenta y cuatro por ciento) y Suecia (cuarenta y siete por ciento) están entre los más altos del mundo.

La ceguera de género frustra la equidad de género.

Al negar nuestras diferencias naturales perdemos acceso a las sensaciones automáticas de química y atracción. La química no es algo que "figuremos" o decidamos crear. Uno no puede decidir que se siente atraído por alguien. Ésta es una reacción hormonal automática surgida en respuesta a niveles diferentes pero complementarios de hormonas masculinas y femeninas, junto con diferencias complementarias en los propios genes, la cual se comunica a través de las feromonas por vía olfativa, táctil o del beso.

La química física es una reacción hormonal automática surgida en respuesta a niveles diferentes pero complementarios de hormonas masculinas y femeninas.

Nos es imposible preservar las sensaciones de atracción o química física si la sociedad nos pide reprimir nuestras cualidades masculinas y femeninas auténticas. En un sentido básico, cuando el nivel de testosterona de un hombre disminuye porque él reprime su lado masculino o cuando genera demasiado estrógeno porque expresa en exceso su lado femenino, una mujer termina por sentir poca atracción sexual por él. De igual forma, cuando en una relación una mujer reprime su lado femenino y expresa en exceso su lado masculino, con el tiempo un hombre dejará de sentirse atraído e interesado en ella. Es muy común que los casados pierdan su pasión y atracción física mutua por reprimir sus cualidades masculinas y femeninas auténticas, lo que a su vez inhibe sus hormonas masculinas y femeninas.

Al negar nuestras diferencias naturales, perdemos
acceso a nuestras sensaciones intuitivas de química
y atracción.

En las relaciones de pareja tradicionales, la pasión se perdía
por otras razones. Como las mujeres debían reprimir su lado
masculino y los hombres su lado femenino para ajustarse a
los limitados roles masculino y femenino de la sociedad, las
parejas no podían desarrollar su expresión personal.

Pero en las relaciones modernas de alma gemela, a diferencia de las relaciones de roles, la pasión se agota porque las
parejas no están satisfechas y sienten intuitivamente que es
posible conseguir más. Y es posible más. Para obtenerlo, sin
embargo, primero debemos aprender a aceptar nuestras diferencias, al tiempo que apoyamos la libre expresión de nuestros lados masculino y femenino.

Sólo si aceptamos nuestras diferencias, abandonando al
mismo tiempo los limitados estereotipos y roles masculino
y femenino, podremos preservar la pasión en nuestras relaciones.

Sólo si aceptamos nuestras diferencias
podremos preservar la pasión en nuestras
relaciones.

En los capítulos siguientes se presentarán ideas y técnicas conductuales para que puedas poner en equilibrio tus hormonas.
Es vital tener en mente que las conductas que recomendaré no

son sólo psicológicas, generan en el cuerpo importantes respuestas físicas que mejoran el bienestar. Esta más profunda comprensión de cómo usar la conducta para afectar nuestras hormonas constituye la base para mantener viva la pasión y crear una exitosa relación de alma gemela.

5. La testosterona es de Marte

Cuando escribí *Los hombres son de Marte, las mujeres son de Venus*, el principal reto de la mayoría de las relaciones era aprender a aceptar y comprender nuestras comunes diferencias de género con objeto de mejorar la comunicación y recuperar el romanticismo. Aunque los lectores hallaron muy útiles esas ideas en aquel entonces (y ahora), hoy el mayor reto es equilibrar la expresión de nuestros lados masculino y femenino para reducir el estrés. La forma en que nos relacionamos en casa puede mermar nuestra capacidad para enfrentar el estrés o ser un instrumento relevante para alcanzar ese equilibrio y aliviar la tensión.

Hoy nuestro mayor reto es equilibrar la expresión de nuestros lados masculino y femenino.

Cuando las mujeres se vuelven decisoras y líderes, expresan cualidades masculinas como resolución de problemas, racionalidad e independencia. Esta libertad para manifestar su lado masculino es valiosa e importante, pero sin el apoyo que necesitan para recuperar su lado femenino con fines de equilibrio, su nivel de estrés aumenta, junto con sensaciones de insatisfacción con su pareja o su vida en general.

De la misma manera, cuando los hombres expresan su lado femenino en el trabajo y el hogar, su nivel de estrés sube. En el trabajo, muchos de ellos expresan cualidades femeninas como cooperación, actitud asistencial e interdependencia. Igualmente, en los últimos cincuenta años los centros de trabajo han integrado en forma drástica una amplia gama de cualidades femeninas: establecimiento de equipos, para generar más cooperación e interdependencia; mejores habilidades de comunicación, para brindar más atención y apoyo al cliente; favorables condiciones de trabajo y horarios flexibles, para asistir mejor a los empleados, y mayor inclusividad, respeto y aprecio por las contribuciones de las mujeres.

Cuanto más expresan los hombres su lado femenino en el trabajo, mejores se vuelven para todos los centros laborales; pero sin el entendimiento y apoyo para que los varones recuperen su lado masculino, su nivel de estrés se elevará y tendrán menos que dar en su relación en casa. Incapaces de hallar el equilibrio, sentirán más insatisfacción con su pareja o su vida en general.

Los hombres ya expresan más su lado femenino tanto en el trabajo como en el hogar y su nivel de estrés va en ascenso.

Los hombres ya emplean en casa su lado femenino, a fin de ofrecer a su pareja más amor y apoyo del que su padre dio en su momento. Aún más significativo es el hecho de que hoy más de un padre participa en el cuidado de los hijos en el hogar. Su apoyo extra, en particular con tantas mujeres que trabajan fuera de casa, contribuye a reducir la presión y la sensación de agobio que muchas de ellas experimentan al volver a su hogar. Pero aunque este tiempo dedicado a actividades asistenciales es valioso e importante para un hombre, su esposa y sus hijos, lo cierto es que también disminuye el nivel de testosterona de él.

Con esta mayor expresión de su lado femenino, los hombres tienen más necesidad de encontrar el equilibrio. Sin él, su nivel de energía decae y su sensación de insatisfacción y estrés aumenta gradualmente. En las relaciones de pareja tradicionales, la mayoría de los hombres se recuperaban de un estresante día de trabajo tomándose tiempo para reducir su estrés, ya fuera leyendo el periódico o viendo la televisión. Se relajaban, tomaban una copa y se olvidaban de los problemas de su día. Pero en nuestro complejo mundo moderno, si tanto los hombres como las mujeres han de hallar el equilibrio, no basta con que ellos se tomen tiempo para relajarse. Se requieren novedosas habilidades de comunicación que promuevan su lado masculino al tiempo que ayudan a su pareja a recuperar su lado femenino.

Cuando una mujer vuelve a casa, necesita un nuevo tipo de apoyo para volver a ponerse en contacto con su lado femenino a fin de reducir su nivel de estrés y ser feliz. Del mismo modo, también un hombre necesita un nuevo tipo de apoyo para volver a ponerse en contacto con su lado masculino a fin de reducir su estrés y ser feliz. Con frescas ideas de Marte/Venus es posible resolver ambas necesidades.

Nuestras diferentes hormonas reductoras del estrés

Una de las formas más sencillas para comprender y analizar las diferencias entre hombres y mujeres, así como para aprender a equilibrar nuestros lados masculino y femenino, es entender la diferencia hormonal entre nuestras reacciones al estrés. Ya hemos mencionado esta diferencia, pero ahora la exploraremos un poco más a fondo.

Cada par de años los medios de comunicación sufren una sacudida cuando un estudio revela que hombres y mujeres no son tan diferentes, con encabezados como "El mito de Marte y Venus" o "Los hombres no son de Marte". Tales estudios son sumamente engañosos, porque se limitan a establecer que los hombres pueden desarrollar características femeninas y viceversa. Esos informes confirman la noción de que cada hombre y cada mujer tiene un lado masculino y uno femenino, pero ignoran el hecho de que nuestras hormonas son muy distintas y afectan directamente el estado de ánimo, la conducta y la salud en incontables formas.

Como ya se dijo, cuando el nivel de testosterona de un hombre baja en forma significativa o sus hormonas femeninas se elevan demasiado, o cuando el nivel de estrógeno y otras hormonas femeninas de una mujer es demasiado bajo o alto, el estrés sube. Un hombre requiere al menos diez veces más testosterona que una mujer sana para experimentar salud y bienestar. Por su parte, una mujer requiere al menos diez veces más estrógeno que un hombre sano para experimentar salud y bienestar. Esta impresionante diferencia es universal para todos los hombres y mujeres.

La gran diferencia entre hombres y mujeres
Hombres: diez veces más testosterona.
Mujeres: diez veces más estrógeno.

A todo lo largo de *Más allá de Marte y Venus* volveremos una y otra vez a esta diferencia hormonal básica. Será útil para recordarnos que nuestras diferencias son reales pese a lo semejantes que podamos parecer en ocasiones.

De hecho, comprender esta diferencia nos procura el entendimiento necesario para hacer cambios conscientes de conducta y actitud a fin de mantener nuestro equilibrio hormonal. El balance hormonal por medio de cambios específicos nos concede una nueva energía para bajar el nivel de estrés e incrementar la capacidad de expresar todo nuestro potencial en el hogar y el trabajo.

Nuestros cambios conductuales y emocionales se reflejan siempre en nuestras hormonas.

El efecto del estrés en el cerebro

Nuestro cuerpo, lo mismo el masculino que el femenino, responde al estrés liberando una hormona llamada cortisol. Cuando nos sentimos defensivos, no amados o amenazados, el cortisol inunda el cerebro, donde activa el centro de pelear o huir y desvía el torrente sanguíneo de la parte frontal, que aloja la sabiduría y compasión, a la parte posterior, la cual reacciona en automático de acuerdo con nuestra programación infantil e instintos más primitivos.

En hombres y mujeres, el cortisol y sus efectos nos impiden acceder al potencial superior para amar. Pero el cortisol disminuye en cada sexo con algo distinto. En los hombres, el nivel de cortisol baja con un aumento de testosterona; en las mujeres, baja cuando se equilibran las hormonas que ellas producen, en especial estrógeno y progesterona.

Testosterona y agresividad

La reposición de testosterona en hombres está hoy muy presente en las noticias, porque un nivel saludable de testosterona se ha asociado con la juventud, salud, pérdida de peso, energía, concentración, memoria, estado anímico, fuerza y libido de un hombre. Menciona lo que se te ocurra; si es bueno para los varones, tiene que ver con un sano nivel de testosterona.

Antes se creía que demasiada testosterona era la responsable de la agresividad y la cólera masculinas. En la última década se descubrió al fin que lo cierto es lo contrario: los hombres tienden a ser agresivos cuando su nivel de *estrógeno* se dispara y desequilibra.

Los hombres tienden a ser agresivos cuando su nivel de estrógeno se dispara y desequilibra.

La testosterona es crucial en ellos para regular el estrés, porque es la que mantiene bajo control el nivel del cortisol. Cuando un hombre está estresado, cansado o hasta deprimido, la causa suele ser que su nivel de testosterona es muy bajo. Si su estrógeno es demasiado alto, tenderá a ser más impulsivo y propenso a sentimientos de cólera, defensa y agresividad.

Si el estrógeno de un hombre es demasiado alto,
él será más impulsivo y propenso a sentimientos
de cólera, de estar a la defensiva y agresividad.

La testosterona es importante para la auténtica expresión de los lados masculino y femenino de un hombre. Si es demasiado alta, puede inhibir el acceso a su lado femenino; si es demasiado baja, puede inhibir el acceso a sus cualidades masculinas.

Cuando es demasiado baja, si él no hace un cambio y se toma tiempo para cultivar y expresar su lado masculino, su lado femenino se sobreexpresará de modo disfuncional hasta sofocar su lado masculino.

Si un hombre no mantiene una testosterona sana,
su lado femenino se sobreexpresará de modo
disfuncional.

Cuando un hombre enfrenta un reto o amenaza, su primera reacción automática es un incremento de testosterona. Sin embargo, si pierde seguridad en su aptitud para enfrentar esa amenaza, su nivel de cortisol aumenta y él libera una enzima llamada aromatasa, la que causa que su testosterona se convierta en estrógeno. Desde una perspectiva evolutiva, este ascenso de estrógeno le da mayor acceso a sus sentimientos de enojo o temor, los que intensifican su disposición a pelear o —como último recurso para sobrevivir— huir.

Pero dado el incremento de testosterona y su conversión en estrógeno, lo cual activa su lado femenino, su acceso a su lado masculino decrece gradualmente. Él pierde su cualidad masculina de racionalidad o independencia, y se vuelve demasiado dominante, demandante, sentimental, sensible, sumiso o inerme.

Cólera y estar a la defensiva

Hoy, el problema número uno en las relaciones es la tendencia de un hombre a expresar su cólera discutiendo con su pareja. Esto genera a la larga falta de seguridad emocional en la relación. Cuando una mujer no se siente segura, se endurece y cierra su corazón en lugar de sentirse confiada y vulnerable. Es incapaz de crear suficientes hormonas femeninas para abrir su corazón con sentimientos de amor y pasión.

Un hombre no se da cuenta de lo destructiva que puede ser la expresión de su enojo. Después de todo, muchos expertos en el campo de la psicología siguen alentado a los hombres a sentir y expresar su ira, más que a aprender a sentirla pero transformarla después en amor, paciencia, comprensión, generosidad y bondad.

> **Cuando un hombre se enoja con su pareja,**
> **ella se endurece y cierra su corazón.**

Sentir enojo y no reprimirlo es bueno, pero expresar enojo y lastimar con palabras o acciones a tu pareja es muy malo. A lo largo de la historia, la cólera masculina ha causado la muerte o el castigo de muchas personas. Los hombres no se percatan del efecto que su enojo tiene en las mujeres, porque cuando ellas se enfadan lo que suele suceder es que el hombre duerme solo en un sillón.

> Cuando ellos se enojan, gente muere. Cuando ellas
> se enojan, un hombre duerme solo en el sofá.

Durante miles de años, las mujeres han reprimido sus auténticos sentimientos en presencia de los hombres para evitar que se enojen. De una mujer se esperaba que estuviera de acuerdo con su hombre, siguiese sus pasos y fuera feliz siempre. Y aunque es indudable que esto evitaba que ellos se encolerizaran, impedía también que ellas manifestaran su yo auténtico.

Para crear verdadera igualdad en las relaciones entre hombres y mujeres, ellos deben aprender a controlar su enojo y estar a la defensiva. (En capítulos posteriores exploraremos asimismo cómo pueden comunicarse las mujeres de otra forma para ayudar a un hombre a controlar su cólera. Ésta es una nueva destreza para que ellas se expresen con autenticidad sin provocar la actitud defensiva de un hombre.)

Para que una mujer pueda expresar gradualmente su yo auténtico en una relación personal debe sentir que no corre peligro si expresa sus sentimientos. Cuando un hombre es capaz de ejercer su lado masculino para serenarse en vez de reaccionar con enojo desde su lado femenino, ella recibe la certeza de que está a salvo y de que él no la abandonará ni lastimará por haberse enfadado con algo que ella dijo o hizo.

El papel de los hombres a lo largo de la historia ha sido hacer sentir seguras a las mujeres, y hoy esto es más necesario que nunca, aunque con un giro distinto. En el pasado, ellos las protegían del peligro físico; ahora las mujeres requieren que den seguridad emocional para que ellas puedan expresarse y expresar sus sentimientos de manera auténtica.

Esto no quiere decir que un hombre debe reprimir su enojo. No expresarlo no es lo mismo que reprimirlo. El mayor problema en las relaciones no es si un hombre siente enojo, sino que lo manifiesta a su pareja. (En capítulos posteriores exploraremos cómo puede un hombre sentir su enojo y librarse de él con el sencillo recurso de no hablar temporalmente de ello con su pareja, sino recuperar su lado masculino para regenerar su testosterona.)

El mayor problema en las relaciones no es si un hombre siente enojo, sino que lo manifiesta a su pareja.

La mayoría de los hombres no comprenden que expresar enojo en las relaciones amorosas siempre empeora la situación. Cuando un hombre manifiesta directamente su enojo a su pareja, provoca no sólo que ella se ponga a la defensiva, sino también que su propio estrés continúe en ascenso, desequilibrándolo más todavía. Desde una perspectiva biológica, cuando él se enoja, su testosterona se convierte en estrógeno; sus hormonas masculinas se vuelven femeninas. Si, por el contrario, aprendiera a aquietar su mente y regenerar su testosterona, recuperaría su lado masculino y se sentiría frío, tranquilo y sosegado, lo que le permitiría abrir su corazón y expresar amor antes que ira.

Mediante la aplicación de nuevas habilidades para escuchar, un hombre puede tener la certeza de que escuchar a una mujer sin enojarse le ayuda a ella a recuperar la parte más amorosa y apreciativa de su personalidad. Esta seguridad inédita puede impedir que se ponga a la defensiva o demasiado sentimental, ya que esta vez su testosterona no se convierte en estrógeno y él puede escuchar pacientemente, con auténtico interés y empatía.

La cólera no es masculina

Cólera y una actitud defensiva son las consecuencias más comunes de la represión del lado masculino de un hombre y de la expresión excesiva de su lado femenino. Tendemos a pensar que un hombre encolerizado es muy masculino porque parece enérgico; usa la amenaza de violencia u otras formas de agresividad para intimidar y controlar a los demás. Sin embargo, su necesidad de manifestar poder sobre otros es en realidad su incapacidad de sentirse poderoso en su interior. En vez de cambiar para conseguir lo que quiere, lo cual sería una expresión de sus cualidades masculinas de confiabilidad y competencia, intenta cambiar o controlar a otros. Cuando está enojado, trata de parecer enérgico, una cualidad masculina, pero lo que en verdad ocurre es un aumento súbito de sus hormonas femeninas (estrógeno).

> Cuando un hombre está enojado, intenta
> parecer enérgico, una cualidad masculina,
> pero lo cierto es que sus hormonas femeninas
> han aumentado.

He aquí algunos ejemplos de cómo la represión de las cualidades masculinas de un hombre puede dar origen a la sobreexpresión disfuncional de su lado femenino:

- Cuando pierde la frialdad de su lado masculino, el calor característico de su lado femenino se agudiza. Se calienta literalmente, y puede ponerse rojo de ira.
- Cuando pierde contacto con la característica *independiente* de su lado masculino, la característica de *interdependencia* de su lado femenino se expresa excesivamente y él se vuelve inerme y demandante. Nada posee valor para él.
- Cuando pierde contacto con la *seguridad* de su lado masculino, la naturaleza *confiada* de su lado femenino se expresa en demasía. Sus necesidades y sensibilidad emocional se convierten en expectativas poco realistas. Cuando éstas no se cumplen, él termina por experimentar sentimientos exagerados de perjuicio e injusticia. Tiene una desproporcionada sensación de privilegios y exigencia de respeto, que puede estallar en forma de enojo.
- Cuando pierde contacto con su lado *analítico* masculino, su lado *intuitivo* femenino se manifiesta en exceso. Escuchar en silencio sin reaccionar es una de las cosas más masculinas que una persona puede hacer. Pero en este caso, en vez de tratar de comprender y validar el punto de vista del otro mediante la escucha, él se apresura a creer que sus sentimientos son hechos consumados. Vencido por ellos y por la necesidad de tener la razón, se apresta a enojarse y ponerse a la defensiva.
- Cuando pierde contacto con su lado *confiable* masculino, el cual le permite reconocer sus errores y discul-

parse, la característica *sensible* de su lado femenino se manifiesta en exceso. En un intento por resolver rápidamente el problema, lo desdeña o minimiza. Podría decir: "¡No es la gran cosa!", o "No te preocupes por eso", o "¡Estás magnificando una nadería!". Si, pese a todo, aún se espera de él que se disculpe, se enojará y se pondrá a la defensiva.

La lista podría continuar. Lo importante es reconocer el patrón: cuando la testosterona de un hombre baja, diversos aspectos de su lado masculino son opacados por las sobreexpresadas características de su lado femenino. Este desequilibrio alienta una extensa gama de reacciones y conductas automáticas generalmente impropias para la situación, irracionales o disfuncionales que no le ayudan a cumplir sus metas.

Síntomas de estrés masculinos

La constante producción de testosterona se asocia con el bienestar de un hombre. Cuando éste enfrenta fuentes de estrés externo, su nivel de testosterona acaba por agotarse. Esto sucede en mayor medida aun cuando diversos aspectos de su lado masculino son eclipsados por características sobreexpresadas de su lado femenino. Cuando su testosterona baja o su estrógeno sube, es más vulnerable a una amplia variedad de síntomas de estrés.

Los siguientes son algunos de los síntomas de estrés crónico más comunes en un hombre. Muy a menudo siguen cronológicamente el mismo orden en que aparecen aquí, a menos que él sea incapaz de recuperar su lado masculino.

1. Baja motivación
2. Apatía
3. Rigidez u obstinación
4. Mal humor
5. Enojo e irritabilidad
6. Resistencia al cambio
7. Baja libido con su esposa (probabilidad de ser adicto a la pornografía)
8. Melancolía
9. Ansiedad
10. Desesperación
11. Agresividad

Sin duda existen otros posibles síntomas, pero éstos son los más comunes. La presencia de cualquiera de ellos es señal de que un hombre debe apartarse temporalmente de actividades que estimulan su lado femenino y dedicarse a actividades que induzcan la producción de sus hormonas masculinas.

ACTIVIDADES COMUNES GENERADORAS DE TESTOSTERONA

Conducir un automóvil
Tomar decisiones
Hacer un esfuerzo y trabajar con ahínco
Resolver problemas (en lugar de quejarse)
Trabajar en proyectos
Ser eficiente
Prestar un servicio desinteresado
Hacer la diferencia
Sacrificarse por una causa noble
Orar, meditar o guardar silencio

Ayunar

Adquirir y desarrollar habilidades

Ganar dinero

Correr riesgos

Enfrentar desafíos con seguridad en uno mismo

Tener éxito

Ganar

Participar en una competencia

Practicar deportes

Realizar ejercicio físico (como correr)

Tener intimidad física

Vivir un momento romántico

Escuchar

Investigar

Bromear o restar importancia a problemas con otros hombres

Dado que los hombres modernos transitan ya hacia una mayor autenticidad, su principal reto es mantenerse en contacto con su lado masculino mientras aceptan y expresan sus cualidades femeninas.

Cuando los hombres reprimen su lado femenino

En el pasado era más común que los hombres reprimieran su lado femenino y expresaran en demasía su lado masculino. Esta tendencia es menos común en el mundo moderno, pero aún ocurre, en particular en países del segundo y tercer mundo.

La mayoría de los hombres ignoran lo diferentes que son de los de generaciones pasadas. El simple apoyo que prestan a su esposa para que trabaje fuera de casa es una expresión del lado interdependiente femenino de un varón. En las relaciones tradicionales, las mujeres dependían del apoyo económico de los hombres y ellos eran mucho más independientes, pues su rol de proveedores los hacía no dependientes. Ahora que una mujer expresa más su lado independiente, un hombre se vuelve más interdependiente.

Pero ellos pueden retornar todavía a su desequilibrio histórico. Cuando reprimen su lado femenino y expresan en exceso su lado masculino, crean otro tipo de estrés, que los vuelve demasiado independientes y racionales y reduce su necesidad de intimidad emocional.

Con alta testosterona y bajo estrógeno, un hombre tiene menos necesidad de intimidad emocional.

La excesiva expresión del lado masculino de un hombre resulta en una especie de narcisismo que lo vuelve incapaz de sentir empatía. Esta sobreexpresión de su lado masculino puede ser moderada o extrema.

Cuando es moderada, los hombres son más egocéntricos y menos conscientes de las necesidades ajenas. Pueden ser bienintencionados pero comportarse como un elefante en cristalería y destrozar inadvertidamente todo a su paso. Carecen de sensibilidad o empatía para ser considerados con los demás. Se desentienden en diversos grados de las cualidades de su lado femenino, como vulnerabilidad, interdependencia y actitud asistencial.

A estos hombres los describe inmejorablemente el término "macho". UrbanDictionary.com define "macho" como un "hombre que no puede 'quedar mal' ante una mujer. La mayoría de los machos poseen el repertorio emocional de una cucharada cafetera y suficiente empatía para llenar el cartucho de tinta de una pluma fuente". Una definición más estándar es un hombre con una sensación de poder intensa o exagerada o que cree tener el derecho de dominar o controlar a los demás.

Cuando la sobreexposición del lado masculino es extrema, un hombre se vuelve un sociópata que sólo ve por él mismo y con escasa capacidad para pensar más allá de sus necesidades y considerar e interesarse en las ajenas. Ha reprimido por completo su lado de sensaciones femeninas. A lo largo de la historia, estos hombres han asumido con frecuencia las más poderosas posiciones de liderazgo o se han convertido en criminales, pues están desprovistos de conciencia y no los detiene el temor a lastimar a los demás, quienes simple y sencillamente no les importan. Como han perdido contacto con su lado femenino, lastimarán, engañarán, robarán y matarán sin escrúpulos.

Cuando el lado masculino de un hombre
se sobreexpresa en extremo, él lastimará, robará
y matará sin escrúpulos.

Regeneración de la testosterona para reducir el estrés

Participar en actividades masculinas como las de la lista reproducida páginas atrás genera testosterona, pero el estrés interno que un hombre experimenta en respuesta al externo producido por sus desafíos diarios agota esa testosterona. Por eso, después de un día estresante, él debe recuperar su nivel de testosterona. Además, si su trabajo le pide expresar su lado femenino, su nivel de testosterona bajará y él tendrá que recuperarlo.

Los cuatro escenarios básicos siguientes muestran cómo se crea y agota la testosterona en el curso de un día:

1. En la medida en que se ve desafiado a expresar sus cualidades masculinas, un hombre producirá testosterona al mismo ritmo en que la consume. Al cabo del día, no necesitará recuperarla, porque consumió la misma que producía.

2. En la medida en que encara fuentes de estrés externo mientras expresa cualidades masculinas como seguridad y competencia, un hombre consumirá más testosterona de la que produce. Por ejemplo, cuando yo manejo, me siento seguro; pero si encaro fuentes de estrés externo como embotellamientos de tránsito, consumiré más testosterona de la que produzco. Esto quiere decir que usaré una parte de mis reservas, y por tanto tendré que recuperar mi nivel de testosterona al cabo del día.

3. En la medida en que un hombre encara fuentes de estrés externo sin sentir cualidades masculinas como seguridad y competencia, su cortisol aumentará y su testosterona se convertirá en estrógeno. Para regresar al ejemplo del automóvil, si yo manejo y el tráfico me retrasa cuando ya se me ha hecho tarde para llegar a una reunión importante, consumiré mucha más testosterona de la que produzco. Esto quiere decir que tendré mayor necesidad aún de recuperar mi nivel de testosterona al cabo del día.

4. En la medida en que un hombre expresa durante el día

sus cualidades femeninas y no sus cualidades masculinas, su nivel de estrógeno se elevará mucho y el de testosterona bajará. Yo puedo experimentar este descenso cuando paso un sábado entero cuidando a mis nietos, lo que expresa mi lado asistencial femenino antes que mi lado racional, competente y seguro masculino. Esto quiere decir que, al término del día, una vez que mis nietos se hayan ido, tendré la urgente necesidad de recuperar mi nivel de testosterona.

Los hombres se refugian en su cueva

Para recuperar su nivel de testosterona, un hombre debe distanciarse temporalmente de su lado femenino y darse tiempo para recuperar su lado masculino. Yo llamo a esto *tiempo de cueva*, término que empleé en *Los hombres son de Marte, las mujeres son de Venus*. Esta idea ha ayudado a millones de mujeres a interpretar de manera correcta la necesidad de su esposo de estar solo durante cierto lapso. Cuando él está en su cueva, ella comprende que ésa es su forma de recuperarse del estrés. Gracias a este concepto, ella no se toma personalmente esa conducta, sintiendo la necesidad de interrumpirlo o tratando de relacionarse con él en ese periodo.

Tomé ese término de una tradición amerindia. Cuando una mujer se casaba, su madre le informaba que, después del matrimonio, al cabo del día, un hombre se retiraba a su cueva. "No entres a su cueva entonces, o de lo contrario su dragón te quemará." Se refería, desde luego, a la cólera masculina.

"No entres a la cueva de un hombre,
o su dragón te quemará."

Cuando un hombre no se toma el tiempo necesario para regenerar su testosterona, saboteará sin saberlo su facultad para sentirse desinteresado, generoso y paciente. Si no es capaz de regenerar su testosterona, fácilmente se pondrá irritable, egoísta o demandante y menos atento en general a su familia o su pareja.

Durante el tiempo de cueva, un hombre se desconecta temporalmente de toda actividad asistencial generadora de estrógeno y se concentra en actividades que estimulan su producción de testosterona.

Durante el tiempo de cueva, un hombre
se desconecta temporalmente de toda actividad
generadora de estrógeno para recuperar
su testosterona.

En tanto estas actividades se realicen en un contexto de muy bajo estrés, él regenerará sus reservas de testosterona y tendrá más energía que dar en su relación, su familia y el trabajo del día siguiente. Para que las actividades del tiempo de cueva puedan regenerar su testosterona, él debe hallarse en un contexto libre de estrés.

**Para que las actividades del tiempo de cueva
regeneren su testosterona, él debe hallarse
en un contexto libre de estrés.**

Por ejemplo, manejar es una actividad que estimula la testosterona. Si un hombre maneja en medio de un tráfico intenso cuando ya va retrasado, este estrés externo agotará sus reservas. Pero si le gusta manejar y no siente urgencia ni frustración, producirá mientras maneja más testosterona de la que consume. En este contexto sin estrés, manejar mientras escucha espléndida música puede constituir el tiempo de cueva.

Las actividades que producen testosterona ayudarán a un hombre a regenerarla sólo si es capaz de mantener sensaciones de seguridad o competencia. En la medida en que sea desafiado en cada actividad, su cuerpo producirá testosterona. Sin embargo, si al mismo tiempo se estresa, consumirá la testosterona que produzca.

**Cuando un hombre es desafiado pero está estresado,
consumirá su testosterona.**

Por ejemplo, una forma en que un hombre puede recuperar su nivel de testosterona es ver un partido de futbol, lo que activa su lado masculino competitivo y de resolución de problemas. Pero si apostó mucho dinero al resultado, ver ese partido podría causarle más estrés y consumir la testosterona que produzca en lugar de recuperar su nivel. De modo similar, si ve un partido para olvidarse de sus problemas pero su esposa reprueba sus acciones, la sensación de que la ha defraudado podría impedirle recuperar su testosterona. En ambos casos, sentirá la necesidad de tomar más tiempo de cueva del que habría consumido en otras circunstancias.

En general, con veinte a treinta minutos de actividades estimuladoras de testosterona en un contexto relajado y sin estrés, un hombre puede recuperar un nivel suficiente de testosterona. No obstante, si experimenta mucho estrés externo durante el día o su nivel de estrógeno es demasiado alto por cualquier otra razón, requerirá más tiempo de cueva para regenerar su testosterona. Además, un hombre con más cualidades masculinas precisará de más tiempo de cueva que uno con menos cualidades masculinas.

Si no la usas, la pierdes

Es comprensible entonces que para los hombres sea crucial disponer del tiempo de cueva libre de estrés a fin de recuperar y generar sanos niveles de testosterona. Lo que pocas personas advierten es que un hombre debe consumir la testosterona que produce, por efecto de su trabajo y desafíos, antes de que le sea posible reabastecerse de ella; si no lo hace, perderá la capacidad de producirla. Tras enfrentar retos que agotan su nivel de testosterona, si un hombre puede darse tiempo para expresar sus cualidades masculinas en un contexto relajado y sin estrés, su cuerpo reaccionará automáticamente y recuperará ese nivel.

Un elocuente ejemplo de esto es bien conocido por los levantadores de pesas. Cuando ellos retan a su cuerpo por medio del ejercicio, agotan su testosterona. Para regenerarla, deben darse tiempo para relajarse. Esto significa que levantan pesas un día y dejan descansar sus músculos uno o dos. Dan de este modo a su cuerpo la oportunidad de generar más testosterona para reforzar y aumentar su masa muscular.

Del mismo modo, si un hombre trabaja todo el día pero no equilibra su trabajo con relajación, su cuerpo agotará sus reservas de testosterona. Pero si se relaja sin haber consumido antes su testosterona, su cuerpo no producirá más. Se requiere tanto acción como descanso.

De hecho, con el paso del tiempo, si él no consume la testosterona que su cuerpo produce, éste comenzará a cancelar por completo la producción de esa hormona. Esto es lo que suele ocurrir cuando los señores se retiran y su nivel de testosterona baja de súbito. El hombre estadunidense promedio tiene a los cincuenta años la mitad del nivel de testosterona que poseía cuando joven. En tribus indígenas, en contraste, hombres sanos de noventa años tienen el nivel de un joven. Mi nivel a los sesenta y cinco es mayor que cuando era un muchacho.

La capacidad de un hombre para producir testosterona disminuirá también si ingiere esteroides para compensar la reducción de esa hormona. Los esteroides son un tipo sintético de testosterona. Pueden aumentar la masa muscular, incrementar la libido y hacernos sentir como Supermán, pero hay efectos secundarios.

El hombre estadunidense promedio tiene
a los cincuenta años la mitad del nivel
de testosterona que poseía cuando joven.

Acudir a la reposición de testosterona o tomar esteroides atrofia y encoge literalmente los testículos, porque el cuerpo ya no tiene necesidad de producir testosterona. Tras años de consumir esteroides, aun con las soluciones naturales que yo exploro en mi blog de salud en MarsVenus.com para elevar la testosterona de un hombre, la producción normal de esta hormona podría tardar muchos meses o años en restaurarse.

La reposición de testosterona hace que un hombre se sienta temporalmente joven de nuevo, pero hay efectos secundarios.

Qué pueden hacer las mujeres para apoyar a los hombres

El apoyo de una pareja afectuosa puede hacer mucho por fomentar la testosterona de un hombre. De igual manera, la falta de apoyo de la pareja contribuye mucho por abatirla.

Examinemos las doce cualidades básicas del lado masculino de un hombre y descubramos en qué forma el amor y apoyo de una mujer puede ayudarle a aumentar su testosterona.

LO QUE UN HOMBRE NECESITA PARA EXPRESAR SU LADO MASCULINO Y AUMENTAR SU TESTOSTERONA		
Características de su lado masculino	El apoyo que ella puede darle	Los beneficios recibidos
1. Independiente	Él necesita que ella no le dé consejos no solicitados.	Él siente que se confía en que puede tomar sus propias decisiones y atribuirse sus éxitos. Se siente apreciado por lo que ha hecho solo y desea pasar más tiempo con ella.
2. Racional	Él necesita poder tomarse el tiempo de cueva sin que ella lo repruebe.	Él dispone de tiempo y espacio para reflexionar en sus retos y no hablar de sus sentimientos o pensamientos. Puede acceder entonces a su lucidez y comprensión, lo que le hace sentir más compasión por ella.

3. Solucionador de problemas	Él necesita que ella le recuerde que cuando está estresada, el problema que ella debe resolver es su imperativo; necesita que la escuche, no que le dé soluciones.	Con una mayor comprensión de las necesidades de ella, él está más motivado a ayudarla. Está más relajado cuando ella habla de sus problemas, y ella se siente más apoyada cuando lo hace.
4. Resistente	Él necesita ser admirado por sus sacrificios y trabajo intenso.	Él tiene acceso a su energía y valor internos y ella es libre de expresarse sin temor a ofenderlo o herir sus sentimientos.
5. Competitivo	Él necesita que su esfuerzo sea apreciado aun si fracasa. Necesita que sus éxitos sean causa de gozosa celebración.	Él está más dispuesto a apreciar las fortalezas de otros, e incluso a pedir ayuda de ser necesario.

6. Analítico	Él necesita oír comentarios alentadores sobre su proceso de pensamiento analítico, como "Es lógico", "Buena idea" y "Tienes razón".	Él está más interesado en las opiniones de ella y más dispuesto a reconocer sus errores.
7. Enérgico	Él necesita que se le pida ayuda y se celebre su apoyo.	Él se siente el héroe de ella. Cuando se le necesita, su vida adquiere más significado y él tiene más vigor para apoyarla.
8. Categórico	Él necesita poder expresar sus sueños u orgullo por algo sin que se le corrija con reparos. ¡No hay que "aguarle la fiesta"!	Él se siente más apoyado y apreciado, y que se confía más en él. Esto lo vuelve más comprensivo, atento y respetuoso de los sentimientos y necesidades de ella.

9. Competente	Él necesita que se le aprecie por hacer pequeñas cosas que mejoran el día de ella.	Él se siente exitoso en su relación y capaz de acceder a más amor, respeto, paciencia y aprecio por su pareja.
10. Seguro	Él necesita que ella lo acepte, no que exprese quejas o juicios.	Él está seguro de que puede hacerla feliz y escucharla con más paciencia, lo que le permitirá comprenderla mejor.
11. Confiable	Él necesita que sus errores sean minimizados y sus disculpas aceptadas y apreciadas. A nadie le agrada disculparse y que le digan por qué debería sentirse mal.	Él se disculpa por sus errores y se esfuerza por ser mejor como pareja.
12. Orientado a metas	Él necesita ser capaz de planear. Ella ha de informarle de sus preferencias y permitir que él planee y ejecute.	Él puede atribuirse méritos y ella sentir que importa. Cuando el plan es suyo, él se concentra más y se siente motivado a complacerla.

En suma, cuando las hormonas de un hombre están en equilibrio, no sólo es más feliz, sino que tiene también la motivación y energía indispensables para ser mejor como pareja.

Lo mismo puede decirse de una mujer. En el capítulo siguiente exploraremos a fondo la importancia de que ellas mantengan un nivel saludable de estrógeno para ser felices, sanas y afectuosas.

6. El estrógeno es de Venus

En los últimos veinte años, cada vez más mujeres han recurrido a la reposición de estrógeno para aliviar los síntomas de la menopausia. Algunos investigadores afirman que la reposición de estrógeno puede no sólo detener los bochornos propios de la menopausia, sino también promover un estado de ánimo positivo, aumentar la energía y reducir la ansiedad. La reposición de hormonas en mujeres se ha vuelto común a causa de los daños que un bajo nivel de estrógeno puede provocar.

En las mujeres, la reducción de estrógeno se ha asociado con osteoporosis, pérdida de energía, falta de concentración, inestabilidad anímica, depresión, mala memoria, esterilidad, baja libido y ansiedad.

Con un alto nivel de testosterona y un bajo nivel de estrógeno, el riesgo de demencia senil de las mujeres ya es mayor que el de los hombres. Más de dos tercios de los estadunidenses con mal de Alzheimer son mujeres. Una de cada seis mujeres mayores de sesenta y cinco años padece mal de Alzheimer, contra sólo uno de cada once hombres. Las investigaciones revelan asimismo que cuando el nivel de estrógeno en ellas es demasiado bajo, son más vulnerables a enfermedades del corazón, diabetes y cáncer.

Sin embargo, tomar hormonas no siempre es la respuesta. Hoy se debate acaloradamente a escala mundial sobre los dañinos efectos secundarios de tomar hormonas *versus* sus

posibles beneficios. Aunque algunos estudios revelan que tomar hormonas eleva el riesgo de cáncer de mama, otros sos-
tienen que reduce justamente ese riesgo. Algunos expertos
afirman que las hormonas bioidénticas, hechas con sustancias químicas de origen vegetal, son menos riesgosas, mientras que las hormonas sintéticas o derivadas de animales lo
son totalmente. (Analizaremos más a fondo este tema en el
capítulo siguiente.)

> Cuando el nivel de estrógeno de las mujeres
> es demasiado bajo, su riesgo de enfermedades
> es mayor, pero tomar hormonas no siempre
> es la respuesta.

Lo que se pasa completamente por alto en ese debate es el
potencial de una mujer para crear el equilibrio hormonal correcto sin tomar hormonas. Mediante una buena dieta, ejercicio regular y moderado y, sobre todo, cambios de conducta
y aplicación de nuevas habilidades relacionales, una mujer
puede recuperar el saludable nivel de estrógeno propio de
su edad.

> Si aplica nuevas habilidades relacionales,
> una mujer puede recuperar el sano nivel
> de estrógeno propio de su edad.

Las hormonas en la menopausia

Es normal que el nivel de las hormonas de una mujer baje en la menopausia; pero si no está estresada, sus glándulas adrenales usualmente suministrarán el equilibrio indicado de hormonas, de modo que ella no necesitará someterse a terapia de reemplazo de hormonas.

Sin embargo, dado que tantas mujeres en la actualidad están demasiado inclinadas a su lado masculino, sin un nivel suficiente de hormonas femeninas experimentan en su cuerpo niveles de estrés crónicos. Esto produce a la larga fatiga de las glándulas adrenales, las cuales son la fuente primaria de hormonas femeninas de las mujeres durante y después de la menopausia.

Sin suficientes hormonas femeninas, las mujeres experimentan estrés crónico en su cuerpo, lo que produce fatiga adrenal y más deficiencia hormonal.

Durante la menopausia, si las glándulas adrenales de una mujer se fatigan, ella no puede producir suficiente estrógeno, así que experimenta muchos de los síntomas comunes de la menopausia, como bochorno, cólera, rencor, insomnio, resequedad vaginal, baja libido y escasa energía, junto con mayor vulnerabilidad a las numerosas enfermedades previamente mencionadas.

A medida que cada vez más mujeres jóvenes expresan su lado masculino sin buscar el equilibrio de expresar al mismo tiempo su lado femenino, también ellas experimentan muchos de los síntomas de estrés femeninos asociados con el desequilibrio hormonal. Las quejas más comunes son inestabilidad anímica, síndrome premenstrual, periodos dolorosos, depresión, falta de pasión o atracción sostenida, imposibilidad de disfrutar de tiempo a solas o de tomarse tiempo para sí y (principalmente) sensación de agobio con tantas cosas que hacer sin tiempo suficiente para realizarlas.

Tomar hormonas puede aliviar a veces los síntomas de mujeres tanto jóvenes como menopáusicas, pero eso no trata las causas, que son fatiga adrenal y deficiencia hormonal. Cuando se toman hormonas para aliviar los síntomas, la dosis debe ser perfecta, o de lo contrario habrá efectos secundarios, además de que las necesidades hormonales del cuerpo no cesan de cambiar. Adicionalmente, cuando tomas una hormona, tu cuerpo deja de producirla, como vimos en el caso de los hombres y la testosterona en el capítulo anterior.

Así como suficiente testosterona es importante para los hombres, suficiente estrógeno es importante para la expresión balanceada de los lados femenino y masculino de una mujer. Si su estrógeno es demasiado bajo, esto puede impedir el acceso a sus cualidades femeninas, lo que la llevará a expresar en exceso su lado masculino. Si su estrógeno es demasiado alto, aunque esto no es común, sus cualidades masculinas serán sofocadas. Este desequilibrio eleva asimismo su nivel de estrés.

El estrógeno no es la única hormona cuya función es vital para abatir el nivel de estrés de una mujer. Existe otra hormona, que raramente se menciona al hablar de si una mujer debe obtener o no el reemplazo de hormonas. Esta hormona contribuye a que el cuerpo de una mujer alcance el equilibrio de estrógeno perfecto para ella. Se llama oxitocina, y aprender a producir más de ella mediante cambios mentales y de conducta concederá a una mujer la clave para incrementar en forma natural su nivel de estrógeno... sin negativos efectos secundarios.

Oxitocina, la hormona del amor

En los últimos quince años, nuevas investigaciones han demostrado que las experiencias y actividades que incrementan la hormona oxitocina reducen el estrés en las mujeres. Estas investigaciones constituyen un avance notorio. Nos han ayudado a comprender una de las razones principales de que, en términos biológicos, hombres y mujeres tengan necesidades emocionales diferentes en las relaciones.

Tanto en hombres como en mujeres, la oxitocina se asocia con el amor, el afecto, la confianza y la seguridad, pero un nivel creciente de esta hormona afecta de manera distinta a hombres y mujeres. La oxitocina baja la testosterona en unos y otras. Para un hombre, esto es bueno si su testosterona es muy alta; pero si es baja, la oxitocina tenderá a adormecerlo o incluso a aumentar su nivel de estrés. Por eso los hombres no se sienten tan instintivamente motivados como las mujeres a participar en actividades generadoras de oxitocina.

> La hormona oxitocina se asocia con el amor,
> el afecto, la confianza y la seguridad, ¡pero afecta
> a hombres y mujeres de diferente manera!

Las mujeres necesitan oxitocina para tener un orgasmo, pero alta oxitocina en un hombre puede hacer decrecer su libido. Las investigaciones indican que cuando un hombre se casa o tiene hijos y su nivel de oxitocina sube porque siente mucho amor por su esposa y su familia, su nivel de testosterona baja junto con su libido. Por eso es común que las parejas tengan menos relaciones sexuales después de muchos años de matrimonio (aunque, con las nuevas habilidades relacionales, un hombre puede elevar su testosterona y mantener su libido en el matrimonio conforme se incrementa también su nivel de oxitocina).

La oxitocina reduce las hormonas del estrés de una mujer, pero no puede reducir su estrés por sí sola; precisa de la ayuda del estrógeno. La oxitocina tiene una relación especial con el estrógeno. Cuando el estrógeno de una mujer es bajo, la oxitocina no puede hacer prácticamente nada para aminorar su nivel de estrés. Pero sus efectos reductores del estrés son cada vez más potentes conforme sube el nivel de estrógeno en las mujeres. Por eso es tan importante que ellas equilibren la expresión de su lado masculino en el trabajo con su lado femenino en el hogar. Si deciden expresar sus cualidades femeninas en su vida personal, su nivel de estrógeno aumentará y la oxitocina reducirá más eficazmente su estrés.

Los efectos reductores del estrés de la oxitocina son cada vez más potentes cuando sube el nivel de estrógeno de las mujeres.

Con más oxitocina, la testosterona de una mujer desciende, permitiendo así que su estrógeno suba. Este incremento de estrógeno, como ya se mencionó, aumenta la capacidad de la oxitocina para disminuir el estrés. Esto es particularmente importante para las mujeres en la actualidad, porque la expresión de sus cualidades masculinas durante su jornada de trabajo hace que su testosterona suba, y como ésta se opone a la producción de estrógeno, la originada en el trabajo hace decrecer su nivel de estrógeno. Por fortuna, la estimulación de la oxitocina aminora su alta testosterona, para permitir que actividades generadoras de estrógeno vuelvan a poner su nivel de éste en equilibrio.

Mujeres y tacto

Hablaremos de más formas de estimular la oxitocina en el capítulo ocho, pero una de las más importantes es el tacto. Como el tacto es un destacado productor de oxitocina, la cual complementa la aptitud del estrógeno de menoscabar el estrés en las mujeres, ellas se ven mucho más afectadas por él que los hombres. Lo mismo puede decirse de otros notables generadores de oxitocina, como el afecto y la atención.

Una de las quejas que oigo más comúnmente a las mujeres en sesiones de terapia es que su esposo no es lo bastante afectuoso o atento. ¿Por qué esto es tan común? Porque las mujeres requieren más tacto, atención y afecto para producir la oxitocina que necesitan para afrontar el estrés.

Reparé en esta diferencia hace más de treinta años, cuando en terapia oía a mujeres quejarse de que "Mi esposo sólo me toca cuando quiere sexo".

Antes de que conociera mejor a las mujeres, yo pensaba: "¿Y eso qué tiene de malo?".

Poco a poco terminé por comprender que para las mujeres son muy importantes el tacto no sexual y los abrazos. Si una mujer no está de humor para el sexo, el tacto sexual le molestará. Esto se debe a que el tacto no sexual, los abrazos y el afecto generan mucha más oxitocina que el tacto sexual.

Una vez que aumenta su nivel de oxitocina, ella puede recuperar su lado femenino e incrementar su estrógeno. Este ascenso de estrógeno, junto con el de oxitocina, le permitirá disfrutar plenamente del tacto sexual.

Sin embargo, dado que cada vez más mujeres se desentienden de su lado femenino, porque su nivel de estrógeno es bajo, la oxitocina no mitiga su estrés, y por tanto ellas no echan de menos que se les toque. Cuando esto sucede, suele ser la pareja masculina la que se queja de que su esposa no es lo bastante afectuosa o atenta. Cuando una mujer tiene un bajo nivel de estrógeno, la necesidad de afecto y atención de un hombre, la cual aumenta al incrementarse su nivel de estrógeno, puede ser desagradable para ella.

La relación entre la oxitocina y el estrógeno también explica por qué las mujeres responden diferente al tacto en distintos momentos del mes. Cuando su estrógeno es alto durante la ovulación, aun el tacto más ligero puede tener un intenso efecto beneficioso en su nivel de estrés; pero cuando el estrógeno es bajo durante la menstruación, el tacto tiene un efecto mucho menos beneficioso.

Cuando el nivel de estrógeno de una mujer llega a su punto más alto es cuando ella más necesita tacto y atención. Después de la menopausia, cuando ya no ovula, el funcionamiento de su estrógeno tenderá a su apogeo en torno a la luna llena y descenderá a su punto más bajo alrededor de la luna nueva. Las investigaciones revelan que el nivel de melatonina en el cerebro tanto en hombres como en mujeres decrece treinta por ciento en torno a la luna llena; un decremento similar ocurre en la ovulación, y en las mujeres esto incrementa el funcionamiento del estrógeno.

En los últimos años, más investigaciones sobre las hormonas de las mujeres han revelado que ciertas conductas sociales que estimulan la hormona femenina conocida como progesterona también pueden abatir su nivel de estrés, aunque sólo durante los doce a catorce días posteriores a la ovulación, antes de su periodo. En capítulos posteriores exploraremos con más detalle las diversas conductas que hacen subir el nivel de progesterona, oxitocina y estrógeno, así como los mejores momentos del mes para elevarlo. Comprender estos cambios hormonales puede ayudar a hombres y mujeres a entender la tendencia femenina a tener distintas reacciones emocionales en momentos diferentes de su ciclo hormonal.

Por qué los hombres piensan que las mujeres son más sentimentales

Cada experiencia, desde contemplar un bello atardecer hasta cerrar una venta, provoca una reacción biológica peculiar. Cuando una mujer experimenta el moderado estrés externo de enfrentar un reto o amenaza, su primera reacción biológica es un aumento de estrógeno. Este incremento intensifica la circulación de la sangre en el sistema límbico, el centro emocional del cerebro.

Los hombres suelen creer que las mujeres son demasiado sentimentales porque la reacción automática de un hombre al estrés externo moderado es muy diferente de la de una mujer. En momentos de estrés externo moderado, el cerebro de un hombre está programado para distanciarse de sus emociones. Al elevarse como respuesta su nivel de testosterona, el torrente sanguíneo en su cerebro es desviado de su centro emocional. Su primera reacción al estrés moderado es, por lo tanto, marcar distancias.

En contraste, la primera reacción de una mujer es sentir

una respuesta emocional más fuerte. Esta intensa respuesta emocional al estrés externo moderado no es una reacción exagerada sino apropiada, que agudiza la conciencia intuitiva de una mujer para que sea capaz de priorizar adecuadamente el problema y de advertir el apoyo a su disposición para resolverlo. La distante reacción de un hombre no es una señal de que no le importa lo que ocurre o de que no tiene corazón, sino una manera de dar un paso atrás y analizar un problema para que pueda evaluar su importancia y considerar cómo resolverlo.

Estas diferentes reacciones basadas en el género están básicamente programadas en el cerebro. Son automáticas. Por eso, cuando las mujeres oponen resistencia a sus reacciones emocionales automáticas mediante el hecho de no compartir sus sentimientos, terminan por crear más estrés interno al reprimir su lado femenino, y cuando los hombres oponen resistencia a sus reacciones no emocionales automáticas mediante el hecho de hablar de inmediato de sus sentimientos terminan por crear más estrés interno al reprimir su lado masculino.

> Una intensa respuesta emocional de una mujer
> no es una reacción exagerada sino adecuada,
> que agudiza su inteligencia intuitiva.

Esta distinción también contribuye a comprender por qué los hombres suelen interrumpir a una mujer cuando habla de un problema. En una relación íntima, esta interrupción ocurre por lo general cuando una mujer no busca resolver un problema, sino que habla para sentirse mejor o más cerca de su pareja.

Frente a un problema, un hombre desea resolverlo, mientras que una mujer tiende a desear hablar primero de él. En las mujeres, hablar y sentirse oídas y comprendidas estimula la oxitocina, lo que permite que su nivel de estrógeno se eleve y su estrés decrezca. Mediante la expresión de sus sentimientos, ellas pueden recuperar su lado femenino, lo cual equilibra sus hormonas y reduce su nivel de estrés. De este modo, se hallan en mejores condiciones para afrontar el inevitable estrés externo de la vida.

> Frente a un problema, un hombre quiere resolverlo, mientras que una mujer suele desear hablar primero de él.

En un hombre, pensar en una solución hace subir su testosterona y bajar su estrés. Si no puede hacer nada de inmediato acerca del problema, su solución será entonces olvidarlo hasta que pueda hacer algo. Por eso para los hombres puede ser difícil al principio oír a una mujer hablar de un problema.

Cuando una mujer se altera por algo, los hombres quieren sugerir una solución (la causa de que la interrumpan) o animarla a olvidarlo, pero mientras ella habla del asunto no puede hacer ninguna de esas dos cosas. Sin embargo, existe otra razón de que los hombres acostumbren interrumpir a las mujeres cuando están alteradas y hablan de un problema: interpretan en forma incorrecta su intensa reacción emocional al estrés externo moderado. Un hombre supone de manera equivocada que si una mujer se altera se debe a que no puede resolver por sí sola sus problemas. Interpreta su fuerte respuesta emocional como una urgente necesidad de ayuda, e intenta dársela.

Cuando los hombres tienen emociones más intensas que las mujeres

Cuando yo señalo que las mujeres tienen intensas reacciones emocionales al estrés, a veces ellas no lo consideran cierto, por dos razones. Primero, si están demasiado inclinadas a su lado masculino, quizá no tengan suficiente estrógeno para sentir sus emociones, de modo que sus reacciones al estrés externo podrían no ser muy emocionales.

Segundo, casi todas las mujeres han visto a un hombre exaltarse demasiado, sobre todo cuando está realmente molesto. Cuando un hombre se siente amenazado por una situación, no se exaltará si tiene confianza en sí mismo. Pero si no la tiene y no sabe qué hacer, su testosterona se convierte en estrógeno, su estrés se eleva y puede exaltarse demasiado.

Los hombres se exaltan demasiado cuando tienen un gran contratiempo.

Con estrés moderado, los hombres guardan la calma, pero si el estrés externo es mayor, pueden alterarse más que una mujer. Cuando una mujer está muy molesta y siente que no puede recibir el apoyo que necesita, tiene la reacción contraria y se tranquiliza. Reprime su lado confiado y vulnerable femenino, porque no se siente segura. Saca la espada de su lado independiente masculino. Mientras levanta murallas alrededor de su corazón para protegerse, su testosterona sube y su nivel de estrógeno decae. Al inhibir su lado sentimental femenino, se vuelve muy racional, fría y autoprotectora. Habiéndose apartado de su lado femenino, no puede ser lastimada, pero tampoco puede dar cabida al amor; está segura, pero sola.

En momentos de gran tensión, los hombres se vuelven más sentimentales, y las mujeres menos.

En momentos de gran tensión, los hombres se vuelven sentimentales y las mujeres racionales.

Esta noción es muy importante, porque a menudo los hombres malinterpretan lo que una mujer necesita cuando muestra sus emociones. Creen que si es sentimental, enfrenta un problema inmenso que no puede resolver. Creen esto porque cuando ellos se alteran, se debe a que no saben qué hacer para resolver un problema. Cuando descubren que el problema que la alteró no es grave, malinterpretan su respuesta como una reacción exagerada, porque bajo estrés moderado ellos no tienen una respuesta emocional. Concluyen entonces que la mujer se ha molestado por nada, porque ellos sólo se molestarían si el problema fuera realmente grave y no supieran qué hacer.

Habiendo dicho esto, también es verdad que tanto hombres como mujeres pueden reaccionar exageradamente a ciertas situaciones. Cuando el estrés interno se acumula, es inevitable que reaccionemos en forma extrema. En vez de sentir una frustración momentánea en respuesta al estrés moderado, nos enojamos o exasperamos; en vez de sentir una decepción momentánea, nos sentimos tristes, heridos o deprimidos; en lugar de experimentar momentáneamente nuestras preocupaciones, nos sentimos temerosos, asustados o ansiosos, o nos cerramos.

Si estas emociones negativas no son transformadas, empezaremos a cerrar nuestro corazón; perderemos nuestra aptitud natural para crecer en el amor, la compasión y la sabiduría.

La respuesta de atender y amistar

En términos psicológicos, la primera reacción de una mujer al estrés es expresar una o más de sus cualidades femeninas, como interdependencia, confianza, sentimentalidad o actitud asistencial. En lugar de reaccionar con una respuesta de pelear o huir, como lo haría un hombre, su primer instinto ha sido denominado por los investigadores como "respuesta de atender y amistar". *Atender* se refiere a cuidar o proteger a quienes necesitan ayuda, y *amistar* a buscar a otra persona para dar y recibir apoyo. Desde una perspectiva biológica, esta respuesta libera oxitocina y aumenta el estrógeno, reduciendo el estrés.

Una de las formas más eficaces en que una mujer puede incrementar su oxitocina es compartir sus sentimientos. Hacer esto, siempre y cuando ella no busque una solución, elevará su estrógeno y disminuirá su estrés. Sin embargo, si busca una solución o expresa sus sentimientos para hacer cambiar a su pareja, su testosterona ascenderá y su estrógeno decrecerá. En lugar de abatir su estrés, hablar de sus sentimientos sólo la agotará o lo hará sentir mal a él.

Muchas mujeres demasiado inclinadas a su lado masculino desconocen por entero su potencial interno para aminorar el estrés y sentirse muy bien mediante el solo hecho de compartir los sentimientos que deben reprimir durante su jornada de trabajo, o incluso en casa, en su relación personal.

Cuando una mujer comparte sus sentimientos,
positivos o negativos, siempre que no busque
una solución, aumentará su estrógeno y reducirá
su estrés.

En el trabajo, cuando su deber consiste en resolver un problema, su nivel de testosterona se ve estimulado y ella reacciona al estrés externo moderado desconectándose de su centro emocional para poder hallar soluciones rápidas. Hablar de sus sentimientos respecto a los problemas de su día, sin buscar soluciones, es una especie de terapia que permite a las mujeres recuperar su lado femenino luego de haber estado en el masculino todo el día. Esto tiene un efecto restaurador similar al que siente un hombre que se toma el tiempo de cueva.

Pero cuando una mujer enfrenta una amenaza o desafío y no se siente apoyada, pierde su facultad para acceder a su lado femenino. Cualidades generadoras de estrógeno como confianza, interdependencia y actitud asistencial se ven reprimidas. Cuando su nivel de estrógeno empieza a declinar, el de testosterona va en aumento. Este desequilibrio saca a relucir su lado masculino, para resolver por sí sola el problema, pero reprime su receptivo lado femenino, el cual reconoce el valor de buscar ayuda.

Con el nivel de testosterona al alza, si su lado femenino se inhibe, ella se vuelve muy independiente, racional y orientada a cumplir con metas. Tiene dificultades para pedir ayuda. Solicitar ayuda expresa nuestra vulnerabilidad y receptividad femeninas. En el campo de la medicina se sabe que las mujeres son mucho más diligentes que los hombres para pedir la ayuda de médicos. Cuando ellos reprimen su lado femenino, se resisten a pedir ayuda. Por ejemplo, cuando manejan, evitan solicitar indicaciones. De igual modo, cuando ellas reprimen su lado femenino, se resisten a pedir ayuda.

Muy a menudo en las relaciones, cuando una mujer con más cualidades femeninas se inclina demasiado a su lado masculino, no pide directamente apoyo a un hombre. En cambio, espera que él le "lea la mente" y ofrezca apoyo de manera automática. Esto es frustrante para ella, porque cree que él debería haber ofrecido su asistencia, y ahora piensa que no está dispuesto a ayudar. Ella no percibe instintivamente la tendencia de un hombre a esperar hasta que se le pida ayuda en vez de ofrecer ayuda no solicitada. Por otro lado, cuando una mujer está más inclinada a su lado masculino o tiene más cualidades masculinas, podría no tomarse personalmente el hecho de que no se le ofrezca asistencia, pero decidirá que es más fácil que resuelva ella sola el asunto que pedir ayuda. Es cierto que las mujeres pueden hacer todo, pero cuando lo hacen no duermen bien, porque están demasiado agobiadas y estresadas.

Las mujeres pueden hacer todo, pero cuando lo hacen no duermen bien, porque están demasiado agobiadas y estresadas.

La consecuencia más común de la represión del lado femenino de una mujer y de la sobreexpresión de su lado masculino es la sensación de agobio. Tendemos a creer que una mujer que se siente agobiada es muy femenina, porque se empeña en complacer a todos, pero en esos momentos sufre en realidad una descarga de su hormona masculina, la testosterona.

Cuando una mujer reprime diversas cualidades de su lado femenino, el resultado es siempre más estrés, lo que comúnmente adopta ahora la forma de "escasez de tiempo". Las mujeres se agobian con demasiadas cosas que hacer, y sienten que no tienen tiempo suficiente para hacerlas. He aquí algunos ejemplos de cómo y por qué sucede esto:

- Cuando una mujer pierde la *calidez emocional* de su lado femenino, la *fría racionalidad* de su lado masculino se vuelve demasiado glacial. En vez de aflojar el paso para relajarse y gozar de la vida poniéndose en contacto con sus sentimientos asistenciales femeninos de amor, receptividad y vulnerabilidad, se distancia y desconecta de sus sentimientos. En consecuencia, se orienta demasiado a sus tareas, ocupándose principalmente de resolver problemas. Después, esto la hace sentir angustiada y agobiada.

- Cuando una mujer pierde contacto con el rasgo *interdependiente* de su lado femenino, la característica de *independencia* de su lado masculino se expresa en demasía y ella se convierte en mártir. Tiene que hacer todo por sí sola; se resiste a recibir apoyo, y todo el que se le ofrece carece de valor para ella.

- Cuando una mujer pierde contacto con la *naturaleza confiada* de su lado femenino, la *naturaleza segura de sí misma* de su lado masculino se expresa en exceso. Siente que es la única capaz de hacer bien las cosas. Rechaza la ayuda ajena, y luego se molesta por tener que "hacerlo todo".

- Cuando una mujer pierde contacto con su *lado vulnerable* y deja de comunicar cómo se siente, sobreexpresa su cualidad masculina de *resistencia* ignorando

sus propias necesidades. Escucha las necesidades de
los demás, pero las suyas ocupan el fondo de su interminable lista de pendientes.

Esta lista podría continuar indefinidamente. Lo que importa
es reconocer el patrón: cuando la testosterona de una mujer
es más alta que su estrógeno, diversos aspectos de su lado femenino son opacados por las características sobreexpresadas
de su lado masculino. Este desequilibrio alienta una extensa
gama de reacciones y conductas automáticas usualmente impropias para la situación y que le impiden cumplir sus metas.

Síntomas de estrés femeninos

En una mujer, el siempre variable equilibrio hormonal durante su ciclo menstrual se asocia directamente con su bienestar.
Su cuerpo tiene la sabiduría de equilibrar su estrógeno, progesterona, oxitocina y testosterona cuando ella es capaz de
aceptar su lado femenino y recibir el apoyo que necesita para
expresar en pleno equilibrio sus lados masculino y femenino.

Como ya vimos, las hormonas de una mujer se desbalancean cuando diversos aspectos de su lado femenino son
eclipsados por características sobreexpresadas de su lado
masculino. Cuando esto sucede, ella se vuelve más vulnerable
a una amplia variedad de síntomas de estrés.

Enseguida aparecen los diez síntomas de estrés crónico más comunes en las mujeres. Muy a menudo se presentan
cronológicamente en el mismo orden en que aparecen aquí, a
menos que una mujer sea capaz de recuperar su lado femenino para encontrar su equilibrio hormonal:

1. Sensación de agobio

2. Tener pensamientos negativos cíclicos

3. Agotamiento

4. Dificultad para dormir

5. Rencor

6. Insatisfacción

7. Baja libido

8. Rigidez mental

9. Resistencia al cambio

10. Depresión

Es indudable que existen otros posibles síntomas, pero éstos son los más comunes en las mujeres cuando la expresión excesiva de su lado masculino reprime su lado femenino.

Cuando el estrógeno sube demasiado

Por otra parte, cuando la libertad de una mujer de expresar su lado masculino es restringida, aspectos de su lado femenino pueden sobreexpresarse. Esto crea síntomas de estrés diferentes. Con la inhibición de su lado masculino, ella podría sentirse tan sentimental y vulnerable que bien podría mostrarse indecisa, manipuladora, pasiva-agresiva o ansiosa.

En las generaciones pasadas, las reglas sociales impedían de varias formas a las mujeres expresar con libertad las cualidades de su lado masculino. El desequilibrio que esto creaba se conocía comúnmente como *histeria*.

La histeria fue un diagnóstico médico, alguna vez común, reservado exclusivamente a las mujeres, y que la ciencia médica ya no reconoce. Se decía que sus síntomas incluían desmayos, nerviosismo, deseo sexual, insomnio, irritabilidad, pérdida del apetito y "tendencia a causar dificultades". En casos extremos, una mujer era obligada a ingresar a un manicomio.

El tratamiento médico de la histeria en Europa, y posteriormente en Estados Unidos hasta 1952, consistía en mantener en reposo a una mujer, con lo que se le protegía de responsabilidades serias. Irónicamente, esta represión de su lado masculino no hacía sino agravar el problema. Ella estaba estresada sobre todo porque no se le concedía la libertad de expresar su lado masculino. Una mejor solución para equilibrar sus hormonas y aliviar esa condición de alto nivel de estrógeno y ninguno de testosterona habría sido apoyar la expresión de su lado masculino.

Ciertamente, no a todas las mujeres se les diagnosticaba histeria, pero se le reportaba como frecuente. Hasta una de cuatro mujeres era declarada como víctima, lo cual bastó para que los hombres llegaran a la desacertada conclusión de que las mujeres eran el sexo débil.

No es la feminidad lo que genera debilidad, sino la represión de nuestro lado masculino. Por otra parte, es la represión de nuestro lado femenino y la expresión excesiva del masculino lo que genera el mal y la corrupción en el mundo.

No es la feminidad lo que genera debilidad, sino la represión de nuestro lado masculino.

Históricamente, un tratamiento aliviaba en efecto los síntomas de histeria: masturbar a una mujer dos veces a la semana. Descripciones de este tratamiento aparecen desde el siglo I de nuestra era. Una mujer visitaba a su médico o enfermera dos veces a la semana para que la masturbara. Esto aliviaba temporalmente sus síntomas, porque el acto de masturbar a una mujer en un ambiente clínico no romántico incrementa temporalmente la testosterona y modera el estrógeno.

A una mujer que inhibía su lado masculino, esta no romántica y clínica terapia de masturbación le ayudaba a hallar alivio al equilibrar con testosterona su alto nivel de estrógeno. Ahora sabemos que ella habría podido recibir el mismo beneficio si hubiese tenido un empleo o estilo de vida que promoviera la expresión de su lado masculino.

Cabría preguntarse por qué, si tal era el caso, las mujeres sencillamente no se masturbaban solas en busca de alivio. Es indudable que algunas lo hacían en privado, pero en los últimos dos mil años las mujeres fueron avergonzadas por la sociedad si se daban placer a sí mismas o, incluso, si disfrutaban del sexo.

Este concepto de que la masturbación incrementa la testosterona es particularmente importante, porque podría ayudar a las mujeres cuyo nivel de testosterona es demasiado elevado. Aquellas cuyo principal reto es recuperar su lado femenino deben saber que la masturbación no hace sino estimular su nivel de testosterona. Si, por el contrario, se concentran en conductas generadoras de oxitocina, hallarán más eficazmente su equilibrio hormonal y aliviarán su estrés. Asimismo, pedir a su pareja que las estimule gentilmente durante sus relaciones sexuales puede elevar su oxitocina y estrógeno en forma imposible para la masturbación solitaria.

Cómo reduce la oxitocina el estrés de una mujer

Cuando una mujer está estresada a causa de un exceso de testosterona y la temporal represión de su lado femenino, su cuerpo produce demasiado cortisol, la hormona del estrés, lo que le impide acceder a su potencial amoroso superior. En las mujeres pero no en los hombres, se ha comprobado que la oxitocina disminuye el nivel de cortisol. Lo que la testosterona hace para reducir el estrés en los hombres, lo hace la oxitocina por las mujeres.

> Cuando las mujeres modernas se estresan,
> la oxitocina modera su estrés, medido por
> un decreciente nivel de cortisol.

Como ya se mencionó, las mujeres casadas suelen decirme que su esposo ha dejado de mostrarles afecto. El tacto, los abrazos y los arrumacos son grandes generadores de oxitocina. Si un hombre llega a casa con baja testosterona, lo último que tiene ganas de hacer es mostrarse afectuoso. Hacerlo reduciría aún más su testosterona. Pero si se toma tiempo para recuperar su nivel de esta hormona, podrá volverse más afectuoso, particularmente cuando comprende que es importante para su pareja.

Los arrumacos en la cama antes de dormir ayudan a hombres y mujeres de manera diferente. A ellas, la oxitocina producida por las caricias les ayuda a aminorar su estrés para que puedan olvidarse de sus problemas y preocupaciones y conciliar el sueño. A ellos, la oxitocina los adormece. Sin embargo, en la mayoría de los hombres *demasiados* mimos acentúan su estrés, así que luego no pueden dormir a menos que se desprendan de su pareja.

**Los arrumacos en la cama antes de dormir ayudan
a hombres y mujeres de manera diferente.**

Ciertos tipos de apoyo, como afecto, atención, cuidado, comprensión y respeto, elevan el nivel de oxitocina de una mujer, conteniendo así su estrés y permitiéndole dar amor con más generosidad y de modo equilibrado.

Al principio de una relación, el nivel de oxitocina de las mujeres sube drásticamente. En consecuencia, tienden a invertir mucho tiempo, consideración y energía en la relación. A menudo dan demasiado, más de lo que reciben. Esta generosidad es la expresión pura de su lado femenino y provoca que su estrógeno ascienda demasiado. Este desequilibrio incrementa su estrés.

Dado que hoy las mujeres tienen más oportunidad y autorización social de expresar su lado masculino, cuando su estrógeno se dispara por dar demasiado, ellas pueden aumentar su nivel de testosterona para que el de estrógeno baje.

Pero cuando su testosterona se dispara, precisan de oxitocina para restaurar la producción normal de estrógeno y hallar el equilibrio. La oxitocina reduce su testosterona para que el estrógeno pueda subir al nivel correcto para ellas, con lo que disminuye su estrés.

Qué pueden hacer los hombres para apoyar a las mujeres

Las mujeres producen oxitocina cuando reciben o anticipan el apoyo que necesitan para expresar su lado femenino y aumentar su estrógeno. La oxitocina motiva a una mujer a dar más apoyo, y es producida cuando ella prevé que recibirá el apoyo que requiere o cuando ya lo ha recibido.

Cuando una mujer espera con ansia una cita de amor, se siente más femenina y afectuosa. Da más de sí previendo que recibirá la atención de su pareja. Y cuando recibe de su pareja intenso afecto o empatía, siente el deseo de corresponder.

Examinemos las doce cualidades básicas del lado femenino de una mujer y descubramos cómo puede brindarle su pareja el apoyo que necesita para expresar con libertad su lado femenino.

Lo que una mujer necesita para aumentar su oxitocina y estrógeno y expresar su lado femenino		
Características de su lado femenino	El apoyo que él puede darle	Los beneficios recibidos
1. Interdependiente	Ella necesita abrazos y afecto.	Ella confirma que no está sola y que cuenta con un respaldo. Se siente protegida para amar y es capaz de apreciar mejor el apoyo de él.
2. Sentimental	Ella necesita que la escuchen sin juzgar sus sentimientos.	Se siente comprendida y validada.

3. Asistencial	Ella necesita tiempo y apoyo extra para poder apoyar las necesidades de desarrollo y prosperidad de los demás.	Ella es más capaz de apoyar las necesidades ajenas, incluidas las de su pareja.
4. Vulnerable	Ella necesita que sus sentimientos se consideren con respeto y no sean desdeñados o enfrentados con enojo o conflicto.	Ella está segura para experimentar lo que siente y se halla más en contacto con sus necesidades, lo que le permite sentir dicha y gratitud.
5. Cooperativo	Ella necesita que sus deseos e imperativos sean comprendidos y respetados.	Cuando él se sacrifica por ella, ella está dispuesta a hacer lo mismo. Ayuda a buscar soluciones de beneficio mutuo y está dispuesta a ceder.
6. Intuitivo	Ella necesita que se reconozcan sus ideas intuitivas.	Su intuición puede aumentar su éxito y el de su pareja.

7. Afectuoso	Ella necesita sentir que se conocen sus imperativos y que son una prioridad.	Ella puede amar generosamente. Cuando una mujer ama, es feliz, y él siempre se sentirá más exitoso.
8. Receptivo	Ella necesita que él tenga una actitud atenta.	Ella puede confiar en que él hará su mejor esfuerzo por ella y tendrá más que dar.
9. Sincero	Ella necesita que él se abstenga de expresar quejas o juicios y que reconozca que ella hace siempre todo lo posible por ser una pareja cariñosa.	Ella puede acceder más a su potencial interior de amor. Él es más indulgente con las deficiencias de ella y con las suyas propias.
10. Confiado	Ella necesita que él sea considerado con ella y que se empeñe en darse tiempo cuando está enojado o a la defensiva.	Ella se siente segura en su presencia y puede desarrollar su confianza de que él no la lastimará. Esto aumenta su capacidad de amarlo y aceptarlo como es.

11. Sensible	Ella necesita que él no la censure ni le exija disculpas.	Cuando ella no siente reprobación o censuras de él, se siente menos inclinada a aferrarse a sus sentimientos de censura y reprobación. No tiene que defenderse y puede responder más libremente a las necesidades de él.
12. Orientado a relaciones	Ella necesita que él no descuide ni minimice su imperativo de pasar tiempo juntos.	Ella puede satisfacer sus necesidades sin vergüenza y darle a él todo su afecto y amor. Él logra estar en contacto con su lado femenino, fácilmente reprimible en su búsqueda de éxito. Pueden crecer juntos en el amor en lugar de apartarse.

En capítulos posteriores exploraremos gran número de generadores de oxitocina eficaces pero, en general, el más firme apoyo que un hombre puede darle a una mujer para estimular su oxitocina, reducir su testosterona y aumentar su estrógeno es la buena comunicación, lo que implica principalmente escucharla más y hablar menos.

Por qué funciona la terapia verbal

En terapia, cuando una mujer comparte conmigo sus sentimientos y quejas sobre su esposo, ve reducirse su estrés y experimenta un efecto terapéutico porque yo me limito a escuchar y ella no me culpa de sus problemas. No intenta hacerme cambiar ni espera que yo cambie en ninguna forma. Comparte sus sentimientos para sentirse comprendida, así como para comprenderlos mejor.

Cuando ella comparte esos mismos sentimientos y quejas con su pareja, su intención no es sólo ser oída. Quiere que él cambie. Esto hace que él se sienta criticado y a la defensiva o que transite al modo de solucionador de problemas. Ella no consigue hacerse oír sin resistencia, como le ocurre con un terapeuta.

Sólo una vez que una mujer es oída de lleno, su estrés cede. Y entonces, una vez que ha sido oída, si sigue necesitando la ayuda de él para resolver un problema, lo ideal es que se le acerque en otro momento con el corazón abierto y pida expresamente su apoyo.

Los hombres deben recordar que escuchar no es sólo el primer paso para resolver un problema. Cuando una mujer está estresada, aquélla es también una solución. Sin tener que "hacer" nada, él puede ser el héroe.

Las mujeres deben recordar que es inútil quejarse de su pareja con su pareja. Si aprenden a satisfacer su necesidad de ser oídas compartiendo problemas no asociados con él, descubrirán su poder para sacar a relucir lo mejor de un hombre. Cuando él escucha más sin ponerse a la defensiva, se vuelve automáticamente más empático, compasivo y motivado a ayudarlas. Con la práctica, él descubrirá que sin que él diga ni haga nada, ella pasa de sentirse molesta a sentirse bien por el solo hecho de compartir libremente sus sentimientos. Esto facilita mucho a un hombre escuchar y comprender las diversas susceptibilidades y necesidades de una mujer.

Cuando una mujer se queja sin comprender esto, en la mayoría de los casos no la acerca a su pareja, la cual será incapaz de escuchar. Como ella comparte sus sentimientos para motivarlo a cambiar, procede desde su lado masculino. Este lado habla para resolver problemas, mientras que su lado femenino habla para buscar proximidad y vinculación. Hablar para resolver problemas la devuelve a ella a su lado masculino en un momento en que está estresada y necesita desplazarse a su lado femenino.

En la terapia, ella se siente mejor después de compartir sus sentimientos porque no trata de hacerme cambiar ni yo tengo ninguna necesidad de defenderme o corregirla. Cuando se siente oída, vuelve a su lado femenino, y por tanto se siente mejor. Se siente segura y apoyada en la expresión de su lado femenino, y eso promueve el equilibrio hormonal en su cuerpo.

Al principio es desafiante para las mujeres hablar de sentimientos con su pareja sin quejarse. Yo llamo a este proceso la *charla de Venus*.

Una mujer a la que le expliqué este proceso me dijo: "Si se supone que no me debo quejar para resolver problemas ni hablar de nuestra relación, ¿de qué voy a hablar entonces?".

Con la práctica, siempre hay mucho de qué platicar. Las mujeres tienen un mundo de sentimientos y reacciones emocionales desdeñados o reprimidos durante el día. Para retornar a su vulnerable y sentimental lado femenino, deben iluminar su interior y expresar lo que hay ahí. Si no se dan tiempo para mirar, ni siquiera sabrán que esos sentimientos existen. Sólo se sentirán estresadas, con una urgente lista de problemas precisados de solución.

Práctica de la charla de Venus

La charla de Venus es una fórmula específica para compartir sin quejarse. Su propósito particular no es resolver ningún problema, sino ayudar a una mujer a recuperar su lado femenino y a un hombre a recuperar su lado masculino.

No tiene nada de malo que una mujer exponga y resuelva problemas con su pareja en otro momento, cuando no se sienta estresada. Y no tiene nada de malo que un hombre comparta sus sentimientos u ofrezca ayuda para resolver los problemas de su pareja cuando ella necesita su consejo.

La charla de Venus es una herramienta específica para ayudar a resolver un problema mucho mayor y más general que pende sobre nuestra vida: está hecha para ayudar a la mujer a recuperar su lado femenino y para ayudar al hombre a sentir más empatía por ella, así como para auxiliar a ambos a bajar su nivel de estrés.

Una charla de Venus es sencilla, y cualquiera puede aprender a llevarla a cabo:

1. Ella habla, él escucha.
2. Ella comparte pero no se queja de él. (Habla únicamente

del estrés en su trabajo o de actividades que no tienen nada que ver con él.)

3. Él no intenta corregirla mientras se vuelve totalmente transparente respecto a los sentimientos, pensamientos y emociones que dan origen a su estrés.

4. Luego de un máximo de ocho minutos de compartir sentimientos negativos, aun si ella pudiera seguir hablando, dedica un par de minutos a compartir sentimientos positivos y darle las gracias a él. Luego procede a un abrazo de entre tres y seis segundos. (Al principio, cuando las mujeres llevan casi toda la vida reprimiendo su lado femenino, puede ser que sólo soporten hacerlo dos minutos. Esto está bien, pero la meta son diez minutos.)

5. Después del abrazo, no hablan, sino que toman de inmediato tiempo aparte. Esto lo libra a él de su impulso a ofrecer soluciones, y a ella de comentar lo bien que se siente ser oída sin interrupciones ni discusiones.

Compartir con su pareja los pensamientos, sentimientos, emociones, deseos y anhelos que no expresó en el trabajo por temor a resultar inadecuada, incomprendida o rechazada le permitirá recuperar su lado femenino. Desde una perspectiva emocional, ella se desnuda frente a su pareja. Se sentirá no sólo más femenina, sino también más masculina.

Al compartir sus sentimientos, es como si una mujer se desnudara emocionalmente frente a su pareja.

La forma más sencilla de ser completamente transparente y compartir sentimientos con tu pareja es hablar de problemas que no tienen nada que ver con ella. Esto deja en claro que no esperas que cambie de algún modo o que actúe para resolver el problema al que te refieres.

Sugiero un abrazo de entre tres y seis segundos en el paso 4 porque casi siempre las parejas se abrazan muy brevemente. Contar hasta tres o hasta seis ayudará a un hombre a recordar que debe relajarse mientras abraza. Si una mujer derrama algunas lágrimas, el abrazo debe ser siempre de al menos seis segundos.

He aquí algunos ejemplos de cómo puede una mujer compartir sentimientos *versus* quejarse. Date un momento para reflexionar en lo fácil que sería para un hombre escuchar y sentir compasión por su pareja cuando ella comparte sentimientos no relacionados con él.

Nótese asimismo cuánto más es posible sintonizar con los sentimientos de una mujer cuando ella comparte una emoción y no sólo describe lo que le molesta.

BUENO: HABLAR DE LO QUE LE MOLESTA

1. Hoy llegué tarde a la oficina. Hay mucho tráfico en nuestros días, y demasiada gente.
2. Las computadoras de la oficina volvieron a descomponerse. No pude terminar mi trabajo.
3. Hablé con la maestra de Johnny y resulta que él no está terminando sus proyectos. No hace sus tareas.
4. Hoy tuvimos que repetir todos los cheques de nómina. Olvidé por completo aprobar los nuevos cambios.

---

5. Tengo tanto que hacer que ni siquiera puedo ponerme al corriente en el pago de las cuentas.

6. No dedico tiempo suficiente a crear nuevos productos. Dedico demasiado a las hojas de cálculo financieras.

MEJOR: COMPARTIR SENTIMIENTOS

1. Hoy llegué tarde a la oficina. Me exaspera que haya tanto tráfico en nuestros días. Hay demasiada gente.

2. Las computadoras de la oficina volvieron a descomponerse. Me decepcionó mucho no poder terminar mi trabajo.

3. Hablé con la maestra de Johnny y resulta que él no está terminando sus proyectos. Me preocupa que no haga sus tareas.

4. Hoy tuvimos que repetir todos los cheques de nómina. Me avergüenza haber olvidado por completo aprobar los nuevos cambios.

5. Me gustaría no tener tanto que hacer para poder ponerme al corriente en el pago de las cuentas.

6. Quiero dedicar más tiempo a crear nuevos productos y menos a las hojas de cálculo financieras.

MALO: QUEJARSE

1. Hoy no contestaste tu teléfono cuando te llamé. Me exaspera que no contestes el teléfono. Debo saber que puedo localizarte cuando te necesito.

2. ¿Le llamaste a Richard para que arregle las computadoras? Te lo he pedido tres veces. Me molesta que siempre se te olvide.

3. Hoy hablé con la maestra de Johnny. Me preocupa que lo dejes ver demasiada tele y no esté terminando sus proyectos.

4. La casa está hecha un desastre. Los Brown vendrán a cenar esta noche y tenemos que limpiar. ¡Qué fastidio! Estaba tan estresada que olvidé repetir los cheques de nómina.

5. Me gustaría que recordaras apagar la luz cuando sales de un cuarto. Tengo otras cosas que hacer. Hay cuentas que pagar.

6. No quiero que vuelvas a dejar tu chamarra por ahí, guárdala en el clóset. No tengo tiempo para andar recogiendo tus cosas.

Cuando una mujer está estresada, puede compartir los sentimientos de vulnerabilidad que contuvo durante el día para recuperar su lado femenino. Quejarse de su pareja no hará sino ponerlo a la defensiva y encerrarlo en su lado masculino.

Compartir sentimientos es diferente a quejarse

La charla de Venus es fácil de describir pero puede ser difícil de practicar para una mujer si se aferra a su lado masculino. La mayoría de las mujeres situadas en su lado masculino tienen grandes dificultades para vincularse y para compartir más tarde sus sentimientos de vulnerabilidad. Esto también se les puede complicar a los hombres, porque a la mayoría de ellos les cuesta trabajo escuchar con empatía los sentimientos de una mujer y no interrumpirla con soluciones.

Si una mujer coopera abriéndose y compartiendo sus sentimientos mientras su pareja se limita a escuchar, ésta recuperará su lado masculino y ella su lado femenino. Son pocas las personas que se dan cuenta de que escuchar en silencio permite a un hombre retornar a su lado masculino, mientras que compartir sentimientos permite a una mujer retornar a su lado femenino.

Escuchar nos pone en contacto con nuestro lado
masculino y compartir sentimientos nos pone
en contacto con nuestro lado femenino.

Pero es casi imposible para un hombre dar este nuevo tipo de
apoyo si una mujer no reconoce que necesita su ayuda para
recuperar su lado femenino. Si ella no está dispuesta a cooperar, él no podrá ayudarla. Escuchar los sentimientos de una
mujer sólo le será útil a un hombre si esos sentimientos de estrés, frustración y desconcierto tienen que ver con su día de
trabajo, no con él. Si ella se queja de él de cualquier manera,
él se cerrará.

Las investigaciones son muy claras a este respecto: cuando los hombres se sienten exitosos, su testosterona sube. Por
ejemplo, cuando un hombre ve un evento deportivo, su testosterona aumenta si su equipo gana; si pierde, aquélla bajará. De igual manera, cuando una mujer aprecia el apoyo de un
hombre, la testosterona de él se eleva.

Cuando un hombre se siente exitoso,
su testosterona sube.

Para apreciar su apoyo, una mujer debe reconocer primero que necesita su ayuda para recuperar su lado femenino.
Cuando las mujeres están estresadas o agobiadas por hacer
tantas cosas, lo último que creen tener que hacer es compartir sus sentimientos, a menos que esto pueda resolver algunos problemas. Pero compartir sentimientos con la intención

de resolver un problema —lograr, por ejemplo, que su pareja cambie en algo o que actúe de otro modo— no es compartir, es quejarse. Compartir eleva el estrógeno y aminora el estrés de una mujer, mientras que quejarse eleva su testosterona y no aminora su estrés.

**Compartir sentimientos para resolver un problema
no es compartir, es quejarse.**

Cuando una mujer se inclina más a su lado masculino, tanto ella como su pareja deben comprender las razones e importancia de compartir en una charla de Venus. Sin este nuevo entendimiento, una mujer ocupada se resistirá a hablar, porque tiene demasiadas cosas que hacer. Su pareja se resistirá a escuchar, porque querrá regresar a su cueva.

En una charla de Venus, un hombre puede escuchar sin interrumpir con soluciones porque entiende claramente que escuchando y no ofreciendo soluciones resuelve el problema más importante de ella: que necesita su ayuda para recuperar su lado femenino. Aunque no hace nada por ella mientras la escucha en silencio, en realidad le brinda la solución que más necesita.

Habiendo hecho en poco tiempo algo que realmente hace feliz a su pareja, antes incluso de regresar a su cueva, la sensación de éxito de un hombre estimulará su testosterona. Y como se siente más apreciado por ella, su necesidad de tiempo de cueva para regenerar su testosterona será menor.

Después de mi seminario, una mujer enérgica dijo lo siguiente:

Una vez que aprendí que hablar de mis sentimientos sin tratar de resolver mis problemas estimularía mis hormonas femeninas, hice la prueba y funcionó.

Me implicó un firme acto de voluntad, pero lo hice. Fue como ir al gimnasio; no siempre me gusta hacerlo, pero es bueno para mí. Me sorprendió que pedirle a Tom que escuchara y no intentara resolver mis problemas me produjera una sensación tan agradable.

No recuerdo haber hablado nunca diez minutos seguidos sin que me interrumpieran. Comencé a ablandarme. Ahora cuando llego a casa, puedo relajarme más. Mi urgencia de hacer cosas es mucho menor. ¡Nos sentimos mucho más unidos!

Estas ideas les han dado resultado a miles de hombres y mujeres y podrían darte resultado a ti. Comprendiendo nuestras inéditas necesidades masculinas y femeninas basadas en nuestras diferencias hormonales, los hombres podemos aprender a apoyar más a las mujeres y a despertar sus sensaciones de atracción amorosa. De igual modo, las mujeres pueden aplicar sus recién adquiridas habilidades a abrir el corazón de su pareja y mantener la atracción que siente por ellas.

Cuando un hombre puede preservar un alto nivel de testosterona, de al menos diez veces más que el de su pareja, y una mujer puede preservar un alto nivel de estrógeno, de al menos diez veces más que el de su pareja, estas diferencias crean la atracción capaz de mantener la pasión toda la vida.

Un hombre sólo puede ayudar

Mientras hombres y mujeres aplicamos ideas que reafirman nuestras diferencias biológicas para reducir el estrés, somos libres de expresar nuestros lados masculino y femenino en momentos en que no estamos estresados. Todos somos responsables de nuestra propia felicidad, pero una relación amorosa puede avanzar un largo trecho en esa dirección.

Comprender la necesidad de apoyo de una mujer para ayudarla a afrontar el estrés no basta para crear una relación de alma gemela. Un hombre puede generar seguridad para que una mujer busque la felicidad, pero no puede hacerla feliz por sí solo. Las necesidades hormonales de una mujer con objeto de ser feliz y realizada van más allá de lo que cualquier hombre le puede ofrecer.

A diferencia de un hombre, que requiere en particular un empleo u otra actividad generadora de testosterona fuera de su relación para sostener su equilibrio hormonal, una mujer requiere una rica vida social, así como mucho tiempo para hacer lo que le gusta.

7. El riesgo de tomar hormonas

Las hormonas son sustancias muy poderosas. Incluso canti-dades minúsculas o fluctuaciones reducidas producen efectos profundos en el cuerpo. Diversas hormonas tienen funcio-nes muy específicas y limitadas, y comprender esas funciones variadas y complementarias explica por qué nos estresamos tanto y "tronamos" cuando nuestras hormonas no están ade-cuadamente equilibradas.

La mayoría de la gente coincidiría en que nuestro estado de ánimo se ve afectado por muchos factores, como relacio-nes sociales, entorno físico, dieta, ejercicio y patrones diarios de sueño, por mencionar unos cuantos. Pero una realidad más profunda es que esos mismos factores afectan significativamen-te nuestras hormonas, las cuales regulan el sistema de respues-ta del cerebro y determinan por tanto nuestro estado anímico, lo que incluye nivel de estrés, claridad mental y memoria.

Las hormonas son las señales químicas más potentes que afectan al cerebro, masculino o femenino. Cambios en ellas regulan la producción de neurotransmisores en el cerebro, como dopamina, serotonina y ácido gamma-aminobutírico.

Nuestras diversas hormonas regulan el sistema de respuesta del cerebro y determinan por tanto nuestro estado anímico.

La dopamina es responsable de las sensaciones de placer, motivación, interés y concentración. La serotonina produce sensaciones de optimismo, gratitud y aprecio. El ácido gamma-aminobutírico produce sensaciones de felicidad, euforia y amor. Niveles declinantes y desequilibrios de estrógeno, testosterona y progesterona tienen profundos efectos en el balance y producción de sustancias químicas cerebrales. Un desequilibrio en estas sustancias da origen a depresión, ansiedad y todos los demás síntomas del estrés crónico. (En mi libro *Staying Focused in a Hyper World* exploré la forma en que equilibrar estas sustancias químicas cerebrales a través de la dieta, la higiene y la nutrición complementaria puede mejorar las relaciones.)

Así como millones de hombres son alentados ahora a tomar testosterona para corregir su desequilibrio hormonal, a millones de mujeres se les recetan hormonas femeninas para regular su humor, nivel de energía y bienestar. Este experimento social, que algunos consideran un milagroso avance para la salud y la felicidad, en realidad puede ser un factor importante de descomposición social y relacional.

Tomar hormonas es como ingerir cualquier medicamento: en algunos casos hay beneficios inmediatos, pero éstos se derivan solamente del alivio de síntomas, no de atacar las causas de fondo. Si las causas de fondo no son atacadas, la condición no hace más que agravarse y otros sistemas del cuerpo empiezan a colapsarse.

Si aprenden a expresar y no a reprimir sus lados masculino y femenino, las mujeres pueden atacar la causa de fondo del desequilibrio hormonal ajustando sus actitudes, creencias y conductas para que apoyen la producción por su cuerpo del balance de hormonas correcto. Si aprende a producir sus propias hormonas, una mujer quizá no necesite tomarlas.

> Si aprende a estimular la producción de sus
> propias hormonas, una mujer quizá no necesite
> tomarlas.

El problema de tomar hormonas

Aunque algunas mujeres han recibido grandes beneficios de tomar hormonas, para otras puede ser una pesadilla, en especial si no pueden alcanzar el equilibrio correcto. Algunos estudios han demostrado que la reposición de hormonas aumenta el riesgo de desarrollar cáncer cervicouterino, enfermedades del corazón, derrame cerebral y coágulos.

> Aunque algunas mujeres han recibido grandes
> beneficios de tomar hormonas, para otras puede
> ser una pesadilla.

Tomar hormonas, en especial las sintéticas, tiene efectos secundarios. En particular, muchos expertos creen que cuando se hace durante cierto tiempo, el cuerpo pierde gradualmente su capacidad de producirlas. Por eso los médicos holísticos recetan el reemplazo de hormonas sólo como último recurso, después de recomendar un programa de buena dieta, ejercicio y soporte adicional de minerales, vitaminas y hierbas. Sólo si esto falla, recomiendan tomar hormonas. Por lo general, un médico holístico recetará únicamente hormonas bioidénticas, consideradas menos tóxicas que las sintéticas.

Una de las principales razones de que hoy las mujeres tomen hormonas no es recuperar su equilibrio hormonal perdido, sino no concebir. La "píldora" es una mezcla de hormonas sintéticas que interrumpe el ciclo hormonal natural de una mujer para impedir la ovulación, y en la actualidad la toman más de la mitad de las mujeres en edad reproductiva.

Aunque la píldora ha sido un instrumento sumamente valioso para la liberación de las mujeres, los beneficios de poner bajo su absoluto control y de manera accesible la posibilidad de impedir el embarazo no invalidan la seriedad de sus efectos secundarios. Desde su lanzamiento en 1960, los índices de enfermedades cardiacas, depresión, trastornos del sueño, cáncer de mama, osteoporosis y demencia senil en las mujeres se han disparado, incrementándose a un ritmo mucho mayor que los de los hombres. Dado que todos esos trastornos se asocian directamente con el desequilibrio hormonal, tomar la píldora es sin duda un factor importante en esta creciente crisis de salud.

Muchas mujeres han reportado sensaciones de depresión, y aun suicidas, como efecto secundario de la ingestión de la píldora. En 2016, en uno de los estudios más grandes hasta la fecha, investigadores de la Universidad de Copenhague examinaron los expedientes médicos de más de un millón de mujeres danesas de entre quince y treinta y cuatro años de edad. Descubrieron que las que tomaban la píldora combinada, la cual contiene versiones artificiales de estrógeno y progesterona, tenían veintitrés por ciento más probabilidades de ser tratadas con antidepresivos que las que no recurrían a la anticoncepción hormonal. Para las que ingerían la píldora con contenido exclusivo de progestina, la cifra correspondiente aumentaba a treinta y cuatro por ciento. Esta cifra era aún mayor para las jóvenes de entre quince y diecinueve años bajo la píldora combinada: tenían ochenta por ciento más probabilidades de necesitar antidepresivos.

La píldora es un factor destacado en la dificultad de una mujer para recuperar su lado femenino. Contiene estrógeno y progesterona. Cuando una mujer toma estas hormonas, su cuerpo ya no necesita producirlas. Cuando su cuerpo no necesita generar esas hormonas, ella deja de sentir profundamente sus instintos, deseos y necesidades naturales de participar en actividades sociales generadoras de progesterona, lo mismo que en relaciones de apoyo e interdependientes, generadoras de oxitocina y estrógeno.

Tomar píldoras para el control de la natalidad se ha asociado con depresión.

Durante la ovulación, un óvulo es liberado por uno de los ovarios, y durante los siguientes doce a catorce días el cuerpo lúteo de ese ovario produce progesterona. Como una mujer no ovula cuando toma la píldora, no puede producir un nivel suficiente de la hormona femenina progesterona.

En el capítulo siguiente exploraremos la totalidad de las actividades que promueven la producción de progesterona en los doce a catorce días posteriores a la ovulación. Examinaremos asimismo los muchos beneficios de la progesterona. Sin embargo, el mayor beneficio de ésta, al igual que de la oxitocina, es que reduce el estrés de una mujer. Apacigua su mente y aumenta su capacidad para apreciar quién es, qué tiene y qué puede hacer.

Cuando una mujer se somete a la píldora, ésta le proporciona la progesterona extra que de lo contrario su cuerpo lúteo produciría, pero como ella no ovula y por tanto no la produce, no siente las mismas motivaciones instintivas y automáticas que normalmente serían necesarias para estimular la producción de progesterona. Durante las dos semanas posteriores a la ovulación, su creciente nivel de progesterona debería motivarla a crear vínculos sociales que estimulan adicionalmente la producción de esta hormona; este incremento en progesterona aminora su estrés y crea una sensación de bienestar.

El establecimiento de vínculos sociales ocurre cuando las mujeres apoyan en otros las necesidades que éstos apoyan en ellas, en un toma y daca someramente equitativo. (Esto es diferente a establecer vínculos en relaciones sexuales íntimas, lo que se conoce como "establecimiento de vínculos duales". También exploraremos más a fondo esta distinción en el capítulo siguiente.) Por ejemplo, jugar cartas o cocinar en común es establecimiento de vínculos sociales. Cuando una mujer se siente motivada a crear y mantener relaciones sociales fuera del trabajo o más allá de su pareja íntima, la mayor realización que experimenta por ello alivia la presión que pesa sobre otras áreas de su vida.

Aunque la progesterona suministrada por la píldora puede apaciguar la mente de una mujer, es probable que ella ya no sienta en plenitud su necesidad de establecer vínculos sociales. Sin esta motivación natural a crear lazos sociales, la socialización es menos satisfactoria, así que es fácil que ella se vuelva demasiado dependiente de su relación para su realización. Esta dependencia hace que se sienta menos satisfecha de lo normal con su pareja, insatisfacción que, más que ayudarla a resolver su necesidad de apoyo, tiende a distanciarla de su compañero.

> Cuando una mujer toma progesterona en lugar
> de producirla, ya no siente a plenitud su necesidad
> de vínculos sociales.

Cuando el cuerpo recibe hormonas, éstas inhiben los deseos que en condiciones normales nos motivarían a buscar la estimulación necesaria para producir tales hormonas. Cuando tú tienes hambre y sientes tu auténtica necesidad de alimento, te sientes motivado a consumir una buena comida. En consecuencia, experimentas satisfacción con los alimentos. Pero si ingieres una píldora de dieta para no sentir la necesidad de comida, puede ser que no te dé hambre, pero tampoco te sentirás satisfecho. Lo mismo sucede cuando tomas hormonas en vez de producirlas. Tomar algo que se supone que tu cuerpo debería producir por su cuenta trastorna no sólo tu cuerpo, sino también tu aptitud para sentirte satisfecho.

Éste es también el caso de la ingestión de antidepresivos. Los antidepresivos pueden evitar que nos sintamos tristes, ansiosos o deprimidos, pero eso no significa que nos sintamos automáticamente felices, confiados y realizados. Sólo dejamos de sentir, y por tanto perdemos nuestra motivación natural a buscar experiencias gratificantes. Perdemos nuestra capacidad de apreciar a los demás y el mundo en que vivimos.

No es ningún secreto que los antidepresivos inhiben nuestro impulso sexual. Lo que la mayoría de la gente no sabe es que cuando toma un antidepresivo, su nivel de cortisol se duplica. Ya dijimos que un alto nivel de cortisol no sólo inhibe nuestra facultad de experimentar amor, felicidad y realización, sino que además debilita nuestro sistema inmunológico

y nos vuelve más vulnerables a cosas como cáncer y enfermedades del corazón.

En emergencias, los antidepresivos pueden dar a una
persona la oportunidad de poner en orden su vida instándola
a adoptar hábitos y relaciones positivos, pero la mayoría de la
gente se vuelve dependiente de ellos. En MarsVenus.com exploro varias soluciones totalmente naturales para curar la depresión sin antidepresivos.

El equilibrio de la progesterona y el estrógeno

La felicidad y bienestar de una mujer procede principalmente
del equilibrio entre el amor y aprecio a los demás y a sí misma.
El estrógeno es en gran medida lo que permite a las mujeres
apreciar a los demás, mientras que la progesterona les permite apreciarse a ellas mismas y lo que pueden hacer por otros.

No cabe duda de que estos dos tipos de amor están relacionados y son interdependientes. Si yo puedo apreciar lo
que hago, me será mucho más fácil apreciar lo que tú haces
por mí. Por otro lado, si me exijo perfección, lo que mi pareja pueda hacer por mí nunca será suficiente. Cuando las mujeres no pueden producir su propia progesterona, son mucho
más duras consigo mismas y su pareja. Sus expectativas poco
realistas para sí mismas y los demás derivan en insatisfacción.

**El estrógeno ayuda a las mujeres a apreciar a los
demás, mientras que la progesterona les permite
apreciarse a sí mismas.**

La función biológica de la progesterona es regular el estrógeno y viceversa. Cada una de estas hormonas impide que el nivel de la otra se dispare. El efecto psicológico de ambas es similar: la capacidad de amar de una mujer, y de ser feliz consigo misma y sus contribuciones (progesterona), le impide sentirse desvalida o ser *demasiado dependiente* de los demás (estrógeno). A su vez, su capacidad para depender de los demás a fin de obtener lo que necesita (estrógeno) le impide ser *demasiado independiente* (progesterona).

Cuando las hormonas de una mujer se desbalancean, las necesidades ajenas se vuelven más importantes que las suyas. Sintiéndose estresada y acelerada, es incapaz de disfrutar algunos de los simples placeres de cosas como cocinar o pasar tiempo con sus hijos. Estas actividades, que antes eran edificantes y relajantes, pueden convertirse en responsabilidades desagradables o aburridas, obligaciones indispensables o hasta cargas, más que en momentos tranquilizantes de servicio desinteresado y generoso a aquellos a quienes ella ama.

Cuando el nivel de progesterona de una mujer es bajo, ella tendrá siempre la impresión de que no recibe lo suficiente (así como cuando el nivel de testosterona de un hombre es bajo él tendrá siempre la impresión de que da mucho). En esos momentos, en los que ella da demasiado y no recibe lo suficiente, seguirá dando más, pensando que recibirá más.

Si busca más realización en su vida social que en su pareja, puede dar menos y obtener más. Si eleva su progesterona por medio de más lazos sociales y la pone en equilibrio con su estrógeno, puede ser simultáneamente menos demandante y apreciar más a su pareja.

La importancia de sentir nuestras necesidades

Como ya se analizó, cuando una mujer no produce su propia progesterona porque toma la píldora o acude al reemplazo de hormonas, ya no se siente plenamente motivada por su necesidad innata de perseguir felicidad y realización a través del establecimiento de vínculos sociales. Este mismo fenómeno ocurre cuando ella produce demasiada testosterona en una jornada laboral estresante.

Cuando una mujer expresa en exceso sus cualidades masculinas y reprime su lado femenino, su cuerpo convierte la progesterona en testosterona. El resultado final es no sólo más estrés derivado de un bajo nivel de progesterona, sino también que su necesidad de expresar sus cualidades masculinas opaca su auténtica necesidad de establecer más lazos sociales.

> Una alta testosterona en las mujeres consume
> su progesterona.

Cuando ella es incapaz de sentir sus necesidades auténticas, pierde motivación y dirección en su vida, las que podrían conferirle más realización en lugar de más insatisfacción y estrés. En cambio, se vuelve más vulnerable a las indicaciones de su trabajo, familia y sociedad respecto a lo que debería hacer con su existencia.

En última instancia, gran parte del sufrimiento en la vida tanto de hombres como de mujeres resulta de dar a lo no relevante más importancia que a las cosas realmente significativas. Así, muchas personas lamentan en su lecho de muerte haber perdido tiempo preocupándose por el dinero y por ganarlo o quejándose de no tener lo bastante en lugar de haber creado más amor en su vida. Lamentan las mezquinas quejas y rencores que les impidieron dar y recibir más amor y apoyo en su existencia. Es una lástima que adquiramos esta sabiduría en nuestro lecho de muerte y no antes, cuando podríamos hacer algo bueno.

> **Personas en su lecho de muerte lamentan el tiempo perdido en rencores mezquinos en lugar de haber dado y recibido amor.**

Es la incapacidad de sentir nuestras necesidades verdaderas lo que ahoga esa sabiduría interior acerca de qué es lo más importante. Nuestras necesidades determinan nuestras prioridades y motivaciones. Comemos porque sentimos la necesidad de hacerlo y dormimos de noche porque sentimos una necesidad de sueño. Queremos amar y ser amados por otros porque sentimos una necesidad de amor. Deseamos tener éxito porque tenemos la necesidad de hacer una diferencia. Nuestras necesidades básicas nos ayudan a orientarnos y motivarnos hacia actividades que promueven la salud, la felicidad y el amor.

> **Sentir nuestras necesidades básicas en la vida nos ayuda a orientarnos y motivarnos hacia actividades que promueven la salud, la felicidad y el amor.**

Cuando comemos alimentos chatarra, no sentimos por un tiempo la sana necesidad de comida de verdad. A la larga, la

comida de verdad ni siquiera nos sabe bien. Cuando nos des-
velamos viendo la tele, perdemos contacto con la necesidad
de acostarnos a una hora razonable y levantarnos al salir el
sol. A la larga, tenemos que arrastrarnos fuera de la cama en
vez de sentirnos emocionados y motivados. En forma similar,
cuando las mujeres dependen de la progesterona sintética, se
desentienden de su necesidad de establecer vínculos sociales.
A la larga, se vuelven demasiado independientes, lo que las inclina todavía más a su lado masculino.

En suma, tomar hormonas es un experimento social con
consecuencias a largo plazo aún no confirmadas, y nunca debería hacerse a la ligera.

Optar por tomar hormonas es siempre decisión de una mujer. Yo no
recomiendo en absoluto la reposición de hormonas, pero si una mujer decide someterse a una terapia de reemplazo hormonal o tomar
píldoras para el control de la natalidad (en vez de usar otras formas
no hormonales de anticoncepción) debe ser diligente y tomar tiempo extra a su trabajo y a su pareja íntima para crear una rica vida social, junto con la cautela de reservar mucho tiempo para ella misma
a fin de que pueda hacer las cosas que más le gustan.

Si tú tomas hormonas por recomendación de tu doctor, busca
asesoría médica antes de interrumpir su consumo. Si tu doctor se
muestra reacio a otros métodos para tratar el desequilibrio hormonal, consulta a un médico más holístico. Aun después de una histerectomía, existen medios naturales para ayudar al cuerpo de una
mujer a alcanzar su equilibrio hormonal. Ni una histerectomía ni la
menopausia impiden que las glándulas adrenales de una mujer pro-
duzcan las hormonas que necesita, siempre y cuando ella también
reciba el apoyo nutricional extra que su cuerpo requiere.

Tomar hormonas es un experimento social
con efectos secundarios aún no confirmados,
y nunca debería hacerse a la ligera.

Evita agentes perturbadores de las hormonas

Las hormonas también pueden desbalancearse de otra manera, por efecto de agentes perturbadores conocidos. Estos agentes son sustancias químicas sintéticas comúnmente presentes en el aire, el agua y los alimentos. Tales sustancias tóxicas se "asocian con" o activan receptores de estrógeno en el cuerpo igual que como lo hace el estrógeno sintético. La exposición externa a esas sustancias similares al estrógeno reduce el nivel de progesterona en las mujeres y la testosterona en los hombres.

El bisfenol A y los ftalatos en los plásticos son importantes agentes perturbadores de las hormonas, lo mismo que los plaguicidas y los alimentos no orgánicos. Los peores alimentos no orgánicos son los llamados organismos genéticamente modificados (OGM). Los OGM son alimentos a los que se altera genéticamente para que sean resistentes al glifosato, eficaz herbicida empleado para aniquilar la maleza y la hierba que compite con los cultivos. La mayoría de los OGM han sido tratados con glifosatos. Éstos permanecen en los alimentos, y cuando se les ingiere destruyen bacterias beneficiosas en el intestino.

Estas bacterias son necesarias no sólo para digerir los alimentos, sino también para producir los precursores de los aminoácidos requeridos por el cerebro para generar neurotransmisores de sensaciones agradables como la dopamina, el

ácido gamma-aminobutírico y la serotonina. Los neurotransmisores cerebrales y las hormonas son interdependientes. El
equilibrio hormonal estimula la producción de neurotransmisores, los que a su vez afectan directamente el balance de
nuestras hormonas. Además, cuando no podemos digerir del
todo los alimentos, el intestino se inflama. Esta inflamación
eleva el nivel del cortisol, lo que, por su parte, inhibe la producción de hormonas beneficiosas.

Los productos derivados del trigo no orgánico, aunque
no son OGM, crecen de cualquier modo en suelos rociados
con glifosato, lo que podría contribuir a explicar por qué más
de diez por ciento de los estadunidenses se consideran ahora "intolerantes al gluten". El pan, alguna vez nutritivo para la
mayoría, es ahora tóxico para muchos.

Mi experiencia de ayuda a niños y adultos con síntomas
de trastorno por déficit de atención (TDA), autismo, ansiedad
y depresión indica que la exclusión de la dieta del pan y otros
productos con gluten ha eliminado muchas quejas digestivas,
anímicas y de energía. Síntomas comunes excluidos o mode-
rados por una dieta sin gluten son hinchazón, aumento de
peso, diarrea, fatiga, náusea, migrañas, ofuscación, irritabilidad, inestabilidad emocional, depresión, dolor muscular,
inflamación de las articulaciones, dilatación de los glóbulos
rojos, vértigo y acné.

Los agentes perturbadores de las hormonas afectan incluso a quienes no los ingerimos en forma directa. Plaguicidas, junto con las hormonas de las píldoras anticonceptivas,
pueden hallarse ahora en agua de la llave sin filtrar. La leche
materna de mujeres que no consumen alimentos orgánicos
posee cierto rastro mensurable de plaguicidas similares al estrógeno.

Plaguicidas, junto con las hormonas de las
píldoras anticonceptivas, pueden hallarse
ahora en agua de la llave
sin filtrar.

Estos agentes perturbadores de las hormonas también afectan el proceso normal de maduración sexual de los menores de edad. El incremento de plaguicidas similares al estrógeno en algunas partes de Estados Unidos provoca que los chicos tarden dos años más en llegar a la pubertad y que las chicas la inicien dos años antes.

Con tantos perturbadores de hormonas en la vida actual, es aún más importante que usemos nuestra relación como un medio para expresar a plenitud nuestras auténticas cualidades masculinas y femeninas y para recuperar nuestro equilibrio hormonal cuando estamos estresados.

**VITAMINAS, MINERALES, HIERBAS
Y SUPERALIMENTOS PARA UN SOPORTE
HORMONAL ADICIONAL**

Medicamentos y hormonas se apropian y controlan diversas funciones del cuerpo independientemente del cambio de conductas. Por eso tienen efectos secundarios. El soporte nutricional natural no es un remedio rápido, pero vuelve más eficaces los cambios positivos de conducta y estilo de vida para el equilibrio hormonal.

Existen muchas soluciones naturales para contribuir a la recuperación de tu equilibrio hormonal. He aquí algunas de ellas:

- El mineral orotato de litio, combinado con los cofactores calcio, magnesio, cinc y potasio en dosis reducidas no tóxicas, se vende sin receta médica y puede ayudar a incrementar la oxitocina.
- La hierba pimiento silvestre puede aumentar la progesterona en las mujeres y, al elevar la dopamina en los hombres, también promueve la producción de testosterona.
- Cortos protocolos de ayuno ayudan a eliminar del cuerpo agentes perturbadores de las hormonas para restaurar el equilibrio de la testosterona y el estrógeno.
- La hierba ginseng de Malasia o el superalimento maca contribuyen a incrementar la testosterona tanto en hombres como en mujeres.
- El yogur Bravo, de factura suiza, con cuarenta y dos variedades de probióticos, si se consume más de tres meses contribuye a restaurar la flora intestinal para mejorar drásticamente la digestión y promover el óptimo funcionamiento cerebral. Esto aminora directamente el estrés, permitiendo al cuerpo producir más hormonas.

Para obtener más información sobre soporte nutricional hormonal y conocer mis recomendaciones —lo mismo para hombres que para mujeres—, consulta mis blogs de salud en MarsVenus.com.

Los síntomas del SPM

El desequilibrio hormonal en las mujeres se manifiesta de varias formas a lo largo del mes: mediante estrés crónico, fatiga, depresión, ansiedad, insomnio e insatisfacción. Pero la afección clásica de este desequilibrio es el síndrome premenstrual (SPM). Esta afección se describe por lo general como una notable tensión física y emocional días antes de la menstruación, y desaparece en cuanto ésta inicia. Aunque hoy es muy común en las mujeres, el SPM no tendría por qué serlo. Si aprenden a mantener equilibradas sus hormonas, las mujeres pueden evitar la mayoría, si no es que todos los síntomas de esta afección.

Para algunas, el lapso previo a sus periodos puede ser extenuante, lo que afecta seriamente su capacidad de afrontar la vida cotidiana. La doctora Katharina Dalton, pionera en el tratamiento del SPM desde hace más de cuarenta años, informa que alrededor de la mitad de los intentos de suicidio de mujeres ocurren en los cuatro días previos a la menstruación y en los cuatro primeros días de ésta.

El SPM suele implicar una combinación de cansancio intenso, irritabilidad y depresión, todo lo cual se agrava fácilmente con cualquier otra fuente de estrés. Durante este lapso, muchas mujeres lloran a la menor provocación, tienen dificultad para tomar decisiones y reaccionan con brusquedad a quienes las rodean.

Con el SPM, muchas mujeres lloran sin motivo, tienen dificultad para tomar decisiones y reaccionan con brusquedad a quienes las rodean.

Comprender que el SPM es resultado del desequilibrio hormonal puede ayudar a los hombres a ser más pacientes, tolerantes y no actuar a la defensiva en esta fase. Sin este entendimiento, un hombre tenderá a tomárselo personalmente y a sentirse defensivo, crítico o enojado, lo que no hace más que complicar los síntomas de una mujer.

Las mujeres suelen resistirse a hablar del SPM porque muchas veces éste se utiliza para sugerir que ellas son inferiores a los hombres y no se puede confiar ni depender de ellas en esos momentos. Sin embargo, es totalmente inexacto. Con el apoyo adecuado en su vida personal para equilibrar sus hormonas, una mujer podrá operar en forma coherente y competente en su vida tanto laboral como doméstica. Lo mismo que los hombres, también las mujeres tienen vulnerabilidades y dificultades emocionales particulares, sólo que estas dificultades asumen apariencias distintas. Por ejemplo, mientras que la mayoría de las mujeres experimentan depresión, más hombres que mujeres tienen graves problemas de adicción que afectan su capacidad para operar.

Mientras que la mayoría de las mujeres experimentan depresión, más hombres que mujeres tienen graves problemas de adicción que afectan su capacidad para operar.

Con un claro entendimiento para expresar y no reprimir sus lados masculino y femenino en diferentes momentos del mes, una mujer puede descubrir su poder interior para determinar sus respuestas a los desafíos de la vida. Es indudable que el estrés externo puede provocar desequilibrio hormonal, pero a ella le corresponde recuperar el equilibrio para poder afrontar sus retos con energía, optimismo y amor. El estrés externo y los retos de nuestras relaciones no tienen por qué controlar nuestro estado de ánimo.

El estrés externo y los retos de nuestras relaciones
no tienen por qué controlar nuestro estado
de ánimo.

En el capítulo siguiente estudiaremos con más detalle las cuatro hormonas clave que afectan el estrés y humor de las mujeres, así como los conceptos que una mujer puede utilizar para mantener equilibradas sus hormonas conforme cambian naturalmente a lo largo del mes.

8. Mujeres, hormonas y felicidad

Son cuatro las hormonas clave que ayudan a una mujer a controlar su estrés para elevar su felicidad: oxitocina, estrógeno, progesterona y testosterona. Analicemos más de cerca cada una de ellas, la forma en que afectan el estrés femenino y el modo en que es posible aumentar su producción para promover un sano equilibrio hormonal. Con este nuevo entendimiento para generar balance hormonal, tanto hombres como mujeres pueden experimentar más serenidad, amor, felicidad y realización.

Oxitocina y estrógeno

La oxitocina es la hormona más importante en la reducción del estrés de las mujeres. Se produce cuando una mujer recibe o prevé recibir el apoyo que necesita para expresar su lado femenino.

Gran cantidad de investigaciones y varios libros han expuesto en los últimos quince años los numerosos beneficios de la oxitocina. Ahora sabemos que tiene los siguientes efectos:

- Intensifica los sentimientos de amor, confianza y apego.
- Amplía la memoria emocional.
- Facilita el parto al generar contracciones.

- Promueve la salida de leche en los pezones durante la lactancia.
- Estimula la excitación y sensibilidad sexual para aumentar la posibilidad de que las mujeres tengan un orgasmo.
- Reduce antojos adictivos.
- Incrementa el contacto visual.
- Despierta instintos de protección.
- Mejora el sueño.
- Aumenta el sentido de generosidad de las mujeres.

En colaboración con el estrógeno, la oxitocina reduce también el estrés de una mujer. Cuando ella reprime su lado femenino, su testosterona se dispara, junto con sus hormonas del estrés. La oxitocina modera su testosterona y permite que el estrógeno suba, lo que da sustento a la expresión de su lado femenino.

La oxitocina reduce la testosterona de una mujer y aumenta su estrógeno para afianzar la expresión de su lado femenino.

El estrógeno es la principal hormona sexual femenina, responsable de regular el sistema reproductor femenino. Promueve el desarrollo y mantenimiento de las características físicas de las mujeres. El nivel de estrógeno de una mujer cambia supuestamente a lo largo del mes. En términos aproximados, sube de modo gradual durante los primeros diez a doce días después de su periodo, llega a su máximo en torno a la ovulación y cae en los doce a catorce días siguientes.

Cuando una mujer expresa las cualidades de su lado femenino, su nivel de estrógeno asciende, y entre más lo hace, ella expresa más las cualidades de su lado femenino. Estas cualidades, que enlistamos en el capítulo tres, incluyen la interdependencia, la sensibilidad emocional, la vulnerabilidad, la cooperación, la intuición y la actitud asistencial. Cuando su estrógeno es muy bajo, ella se inclina demasiado a su lado masculino, el cual es más resistente e independiente, racional, competitivo, analítico y enérgico.

Cuando una mujer expresa las cualidades de su lado femenino, su nivel de estrógeno aumenta.

En la segunda parte de su ciclo (los aproximadamente doce días posteriores a la ovulación), si su estrógeno es muy alto, su nivel de progesterona baja en exceso y siente gran necesidad de tener relaciones íntimas. Esto suele llamarse *predominio de estrógeno*, y puede causar menos impulso sexual, periodos menstruales irregulares, hinchazón, dolor y sensibilidad en los senos, dolor de cabeza, inestabilidad anímica, irritabilidad y depresión.

En el caso de algunas mujeres, cuando el estrógeno es muy alto en la segunda parte de su ciclo, pueden inclinarse demasiado a su lado masculino para reducirlo. Aunque esto procura cierto alivio, puede perpetuar el estrés alto, porque el aumento de testosterona podría consumir la progesterona que una mujer necesita en la segunda parte de su ciclo para disminuir el estrés.

Vinculación dual, oxitocina y estrógeno

A todo lo largo del ciclo de una mujer, el equilibrio óptimo y saludable de sus hormonas cambia sin cesar. Apoyar la libre expresión de sus lados tanto masculino como femenino permite a su cuerpo hacer su trabajo y mantener sus hormonas en equilibrio. Cualquier síntoma de estrés es indicación de que ella está reprimiendo su lado masculino o femenino y de que sus hormonas se han desbalanceado.

La oxitocina y el estrógeno aumentan durante lo que los investigadores llaman *establecimiento de vínculos duales*. En este contexto, éste describe el momento en que una mujer da cierto tipo de apoyo pero recibe a cambio otro tipo de apoyo que le ayuda a expresar y acceder a su lado femenino. En una relación de pareja tradicional, por ejemplo, en la que el hombre era el sostén del hogar y la mujer el ama de casa, cuando él prestaba apoyo y seguridad económicos permitía a su esposa expresar libremente las muchas cualidades de su lado femenino. A cambio de ello, ella cuidaba de sus hijos y lo atendía con amor, admiración y aprecio.

El establecimiento de vínculos duales ocurre cuando una mujer da un tipo de apoyo y recibe a cambio otro tipo de apoyo.

El establecimiento de vínculos duales no se limita a las relaciones íntimas. En un aula, una mujer paga una colegiatura y aprende a cambio algo que desconocía. Durante una revisión médica con su doctor, recibe importante asesoría e información de la que depende y necesita mientras paga el tiempo y conocimientos del médico. En una estética, su estilista le lava y corta el cabello, a cambio de lo cual sus servicios son remunerados. En cada uno de estos ejemplos, el apoyo que una mujer da es diferente del que recibe. (El apoyo que una mujer recibe en el establecimiento de vínculos duales es más personal, pero el que el maestro, el médico o el estilista dan y reciben es su trabajo, y estimula por tanto la testosterona en lugar de la oxitocina y el estrógeno.)

El establecimiento de lazos duales en una relación amorosa es mucho más personal, y es en consecuencia un muy eficaz estimulador de la oxitocina y el estrógeno. Cuando un hombre tiene una relación amorosa y romántica, también él establece lazos duales. Como esta vinculación dual hace que se eleven sus niveles de oxitocina y estrógeno, él debe tener igualmente el cuidado de confirmar que satisface las necesidades emocionales específicas que aumentan su testosterona, como se explicó en el capítulo cinco.

Para una mujer, el establecimiento de vínculos duales requiere asimismo que reciba el apoyo específico que necesita para desplegar su lado femenino. Esta vinculación dual está en contraste con la social, en la que ella obtiene el apoyo que necesita para expresar su lado masculino junto con su lado femenino, y la cual estimula la producción de progesterona. (En un ambiente de trabajo, ella recibe el apoyo que requiere para expresar más su lado masculino que el femenino.)

Éstos son dos ejemplos comunes de lazos duales y la forma en que elevan el nivel de oxitocina y estrógeno de una mujer:

- En una relación de pareja, la oxitocina y el estrógeno de una mujer ascienden cuando ella depende del apoyo económico de un hombre. Su lado asistencial femenino emerge para sustentar sus necesidades en el

hogar mientras él sustenta sus necesidades de supervivencia y seguridad.

- En una relación de alma gemela, la oxitocina y el estrógeno de una mujer ascienden cuando ella depende del
apoyo emocional personal de un hombre. Cuando él
muestra atención, comprensión y respeto al escuchar
y ofrecer afecto amoroso, el lado asistencial femenino de ella emerge para apoyarlo con sentimientos de
aprecio, confianza y aceptación.

Sin embargo, este establecimiento de vínculos duales generador de oxitocina y estrógeno no se limita a una relación de
pareja o de alma gemela. Cada vez que una mujer no obtiene
la vinculación dual que necesita en su relación íntima, puede
encontrarla en sus otras relaciones de vinculación dual. He
aquí algunos ejemplos:

- Con un hijo, porque éste le da amor incondicional
mientras ella expresa a cambio sus cualidades asistenciales femeninas.
- Con su mascota, porque, al igual que un hijo, una
mascota cariñosa puede despertar en ella sus instintos asistenciales maternos.
- Con sus padres u otros miembros de su familia, si cree
poder compartir sus desafíos y que ellos la escucharán
con compasión y respeto.
- Dependiendo de sus creencias espirituales, con Dios,
cuando puede abrir libremente su corazón en la oración o la alabanza.
- Con una autoridad religiosa o espiritual, si se siente protegida al hablar de sus errores y compartirlos
abiertamente.

- Con su terapeuta o coach, cuando éste la apoya emocionalmente en momentos de estrés o durante retos en su vida o relaciones.
- Con un maestro, gurú o guía espiritual que inspire en ella sentimientos superiores de amor y motivación para superarse.
- Con su médico, trabajador físico o consultor de salud, cuando ella depende de su orientación o servicios para su salud o supervivencia.
- Con su jefe en el trabajo, si siente que la apoya en lo personal o si su sueldo es responsable de su seguridad y supervivencia.
- Con su abogado, cuando ella depende de su protección para que la defienda o salvaguarde sus derechos.
- Con su planificador o consultor financiero, cuando él le ayuda a proteger sus finanzas y a ahorrar para el futuro.
- Con cualquier obrero de la construcción u operario, cuando él le ayuda a resolver problemas de impermeabilización, plomería y equipo en el hogar.
- Con una trabajadora doméstica, cuya labor le permite ocuparse de sus demás responsabilidades.
- Con un consultor informático, quien le ayuda a arreglar su computadora para que ella pueda terminar su trabajo y estar en contacto con sus amigos.

Revisar esta lista puede ayudar a recordarle a una mujer que nunca debe convertir a un hombre (o cualquier otro vínculo dual) en el plato fuerte de oxitocina de su vida. Su alma gemela debe ser sólo el postre.

Cuarenta maneras de incrementar
la oxitocina y el estrógeno

Aunque todas las mujeres precisan del establecimiento de
vínculos duales para equilibrar sus hormonas, cada una de ellas
tendrá sus propias preferencias en cuanto a qué experiencias
de vinculación dual le brindan mejores resultados. A continuación aparece una lista de cuarenta posibles actividades
que generarán estrógeno y oxitocina siempre que sean actividades que ella disfrute.

Cada una de estas actividades generará grados diferentes de oxitocina y estrógeno, dependiendo del apoyo que una
mujer recibe. Se produce oxitocina en respuesta a la obtención del apoyo que ella necesita para expresar su lado femenino. El estrógeno producido se deriva de la expresión de su
lado femenino. Si ella ya genera mucho estrógeno expresando
su lado femenino de otras formas, no será tan importante que
realice estas actividades, las cuales ayudan particularmente a
las mujeres a recuperar su lado femenino, algo muy importante en los diez primeros días después de su periodo.

Se produce oxitocina en respuesta a la obtención
del apoyo que una mujer necesita para expresar
su lado femenino. Se produce estrógeno en
respuesta a la expresión de su lado femenino.

En cada uno de estos ejemplos de establecimiento de vínculos duales, una mujer recibe un tipo particular de apoyo para
que emerja su lado femenino o hace algo para expresar su
lado femenino previendo recibir apoyo a cambio. La previsión

de recepción de apoyo produce tanta oxitocina y estrógeno como la efectiva recepción de ese apoyo.

Muchas de las actividades de esta lista también pueden desembocar en vinculación social si una mujer las lleva a cabo con un amigo o amiga. La diferencia es el tipo de hormona producida: con un amigo, ella generaría una combinación de progesterona, oxitocina y estrógeno, mientras que con una pareja amorosa, o con un médico, estilista u otro profesional, generaría sobre todo oxitocina y estrógeno.

RECEPCIÓN DE APOYO DE OTROS

1. Hablar de problemas
2. Hablar de relaciones
3. Abrazar
4. Expresar sentimientos y sentirse oída
5. Obtener un corte de cabello
6. Obtener un pedicure
7. Obtener un masaje
8. Cooperar
9. Colaborar
10. Recibir cumplidos
11. Recibir ayuda
12. Disponer de mucho tiempo para hacer lo que le gusta
13. Obtener apoyo extra para tomarse tiempo para ella misma
14. Sentirse protegida
15. Orar
16. Expresar gratitud
17. Salir a citas amorosas
18. Vivir un momento romántico
19. Ser tocada en forma no sexual

20. Recibir afecto

21. Recibir atención a sus sentimientos y necesidades

22. Recibir disculpas

23. Recibir flores

24. Recibir ayuda o apoyo no solicitado

25. Recibir mensajes o tarjetas de felicitación

26. Asistir a conciertos o eventos sociales o culturales

27. Recibir seguridad

28. Sentirse vista

29. Sentirse respetada u honrada

30. Sentirse amada

Previsión de apoyo de otros

1. Hacer muchas preguntas en una cita, porque ella prevé que, de este modo, un hombre se interesará más en ella. (*Nota*: en realidad los hombres se interesarán más en ella si hace pocas preguntas y habla más; véase mi libro *Mars and Venus on a Date*.)

2. Ir de compras, porque ella prevé tener nuevas adquisiciones para impresionar, complacer o apoyar a los demás

3. Comprar o usar zapatos u otros accesorios, porque ella prevé recibir más atención, consideración e interés de los demás.

4. Aplicarse maquillaje que la haga ver más joven y perfecta, porque ella prevé atraer atención favorable, así como protección del escrutinio crítico.

5. Vestirse de un modo que la haga sentir especial y hermosa, porque ella prevé que será vista y adorada.

6. Usar lencería sexy que la haga sentir más deseable,

porque ella prevé que su pareja sentirá más atracción
por ella.

7. Dar regalos, porque ella prevé que los demás la in-
cluirán y apreciarán más.

8. Ayudar a los demás, porque ella prevé que será in-
cluida y valorada en su comunidad y posteriormente
apoyada cuando lo necesite.

9. Hacer de comer o realizar cualquier otra actividad
asistencial para su pareja, porque ella prevé que,
cuando él salga de su cueva, le brindará más atención
y afecto, y que hará cosas por ella que ella no quería
(más sobre este tema en el capítulo nueve).

10. Cuidar de sus hijos, porque ella prevé recibir apoyo
extra de su pareja y amor incondicional de sus hijos.

También a los hombres pueden agradarles las actividades anteriores, que incrementan sus niveles de estrógeno y oxitocina. La diferencia entre hombres y mujeres es que aunque
estas actividades pueden parecerles buenas para ellos, no reducen su estrés. Demasiada oxitocina y estrógeno pueden en
realidad hacer decrecer su testosterona y menguar su energía y sensación de vitalidad, incrementando de este modo su
estrés.

Sin embargo, cuando un hombre brinda de modo satisfactorio el apoyo que una mujer necesita para experimentar
el establecimiento de vínculos duales, el hecho de que él haya
contribuido a aumentar su felicidad estimulará su propia testosterona y aminorará su estrés. Con más testosterona procedente del éxito anticipado de una mayor felicidad de ella,
él puede disfrutar también de un mayor nivel de oxitocina
producida en su cuerpo sin elevar su estrés. He aquí algunos
ejemplos:

- No me entusiasma la idea de ir a una exposición de pintura, pero si esto hace feliz a mi esposa, ese éxito incrementará mi testosterona y mi felicidad.
- No necesito un abrazo para reducir mi estrés, pero cuando le doy un abrazo a mi esposa porque ella necesita la oxitocina resultante, mi éxito en el ofrecimiento del apoyo indicado para ella eleva mi testosterona y modera mi estrés. Disfruto asimismo de la mayor vinculación derivada de la liberación de oxitocina.
- Preferiría quedarme en casa a ver la tele en la noche, pero si salir a un evento social o cultural o a una cita amorosa hace feliz a mi esposa, esto incrementará mi testosterona y reducirá mi estrés.

Sin la descarga de testosterona resultante de hacerla feliz, el aumento de oxitocina durante estas actividades normalmente sólo abatiría la testosterona de un hombre, lo que le causaría aburrimiento y cansancio. Sin embargo, cuando un hombre sabe que está satisfaciendo una importante necesidad de su pareja, esto puede darle energía y contener su estrés. Se siente particularmente satisfecho si ella verbaliza su aprecio, lo que elevará aún más su testosterona y contendrá en mayor medida su estrés.

Estrógeno, oxitocina y estrés en el trabajo

Todo lo que a una mujer le gusta hacer y que expresa sus cualidades femeninas, en caso de hacerse sin presiones de tiempo, incrementa su oxitocina y reduce su estrés. El solo hecho de disponer de tiempo en abundancia y sin prisas, mientras a ella se le permita expresar cualquiera de sus cualidades femeninas, eleva su nivel de oxitocina y apuntala el incremento de estrógeno. Cuando ella se siente apresurada por no tener tiempo suficiente, su nivel de testosterona sube, haciendo bajar el de estrógeno.

Sentirse apurada en todas las áreas de su vida es la condición número uno que contribuye a que una mujer se sienta estresada y agobiada. He aquí doce ejemplos de cómo sentirse apresurada u organizar un día con demasiadas cosas por hacer expresa en exceso el lado masculino de una mujer al tiempo que inhibe su aptitud para expresar y acceder a sus cualidades femeninas.

EJEMPLOS COMUNES DE FORMAS EN QUE LAS MUJERES SE SIENTEN APRESURADAS Y AGOBIADAS	CAMBIO RESULTANTE EN CUALIDADES MASCULINAS/ FEMENINAS
1. Sin tiempo suficiente para depender de la ayuda de otros	Más independencia (masculina) Menos interdependencia (femenina)
2. Sin tiempo suficiente para compartir sus sentimientos	Más racionalidad (masculina) Menos sentimentalidad (femenina)
3. Sin tiempo suficiente para apoyar a su esposo y a su familia	Más resolución de problemas (masculina) Menos actitud asistencial (femenina)
4. Sin tiempo suficiente para abrirse y pedir ayuda	Más resistencia (masculina) Menos vulnerabilidad (femenina)

5. Sin tiempo suficiente para trabajar en común con otros	Más competitividad (masculina) Menos cooperación (femenina)
6. Sin tiempo suficiente para explorar sus sentimientos antes de tomar decisiones	Más análisis (masculina) Menos intuición (femenina)
7. Sin tiempo suficiente para considerar los sentimientos y necesidades de los demás	Más energía (masculina) Menos afecto (femenina)
8. Sin tiempo suficiente para relajarse y recibir apoyo	Más contundencia (masculina) Menos receptividad (femenina)
9. Sin tiempo suficiente para pedir ayuda o reconocer el apoyo que tiene	Más competencia (masculina) Menos sinceridad (femenina)
10. Sin tiempo suficiente para depender pacientemente del apoyo de otros	Más seguridad en ella misma (masculina) Menos confianza en los demás (femenina)
11. Sin tiempo suficiente para recibir más apoyo	Más confiabilidad (masculina) Menos sensibilidad (femenina)
12. Sin tiempo suficiente para su vida personal	Más orientación a metas (masculina) Menos orientación a relaciones (femenina)

Cuando una mujer hace algo que no quiere pero debe hacer, su nivel de testosterona asciende, el de estrógeno empieza a bajar y ella es incapaz de producir oxitocina. Es indudable que todos tenemos que hacer cosas que no queremos, pero, a diferencia de los hombres, quienes prosperan con más testosterona, las mujeres se estresan más cuando su nivel de testosterona es excesivo.

Al revisar estas listas de generadores de estrógeno y oxitocina, resulta claro que el trabajo no es el lugar ideal para que las mujeres aumenten su oxitocina, ni tiene por qué serlo. Ahora que tantas mujeres trabajan, los centros laborales son, poco a poco, cada vez más sustentadores de las necesidades de las mujeres, pero, entretanto, una mujer puede controlar eficazmente su estrés en el trabajo teniendo una vida personal fuera de su empleo que satisfaga sus necesidades de oxitocina y estrógeno.

Un creciente número de expertos hablan de la importancia del equilibrio entre el trabajo y la vida, pero a menos que comprendamos la relevancia de la oxitocina y el estrógeno, el equilibrio entre el trabajo y la vida será inalcanzable. Se convertirá en una cosa más por incluir en la interminable lista de pendientes de una mujer.

Si no se comprende la oxitocina, alcanzar el equilibrio entre el trabajo y la vida se convierte en otra carga.

No obstante, una mujer puede producir oxitocina durante su jornada laboral si prevé un suceso generador de oxitocina y estrógeno. Si espera regresar a casa a una vida personal rica en actividades generadoras de oxitocina y estrógeno, su estrés permanecerá en un nivel bajo todo el día.

Cuando ella aguarda con ansia una cita amorosa, desde varios días antes producirá gran cantidad de oxitocina y estrógeno. Cuando prevé que su esposo o un amigo se interesará en oír sus frustraciones, desconciertos y preocupaciones del día, su nivel de oxitocina y estrógeno será alto antes incluso de que ella llegue a casa.

Prever un suceso generador de oxitocina produce en realidad oxitocina con anticipación.

Investigaciones realizadas en la última década revelan que las mujeres que trabajan fuera de casa y que reciben una compensación monetaria a cambio suelen estar más estresadas en el hogar que en el trabajo. En una investigación sobre el estrés efectuada por Frankenhaeuser y Lunberg en 1999 se descubrieron similares niveles de estrés en hombres y mujeres en el trabajo, pero que el de las mujeres se mantenía alto después del trabajo. Para ellas y no para ellos, la exposición a estrés en el trabajo se desbordaba hasta cubrir situaciones no laborales.

Las mujeres con un alto nivel de estrés en el trabajo suelen tener un alto nivel de estrés después del trabajo, y las que laboran tiempo extra tienen incluso más estrés en la noche en el hogar y durante el fin de semana. Sin embargo, el nivel de estrés de los hombres que laboran tiempo extra no aumenta en comparación con el de aquellos que no trabajan tiempo extra.

Las mujeres con un alto nivel de estrés en el trabajo
suelen tener un alto nivel de estrés después
del trabajo.

Uno de los beneficios de la testosterona lo mismo para hombres que para mujeres es una mayor capacidad para posponer la gratificación. Es sólo cuando un hombre pierde la seguridad de que puede alcanzar un resultado deseado que su alta testosterona lo vuelve más impulsivo. El alto nivel de testosterona de los hombres les permite soportar más fácilmente las penalidades y el estrés del trabajo pesado o de empleos peligrosos. Saber que será recompensado después le permite a un hombre abstraerse en forma temporal de toda incomodidad o aflicción que pueda sentir en un momento dado.

Mientras trabaja todo el día en un entorno estimulador de testosterona, una mujer también es capaz de afrontar el estrés posponiendo la gratificación. Para un hombre, la gratificación que busca es cierto tiempo de cueva de calidad y una esposa feliz, y ambos promueven la expresión de su lado masculino; la gratificación que una mujer necesita es una vida personal que sustente la expresión de su lado femenino. Si ella no obtiene el apoyo que requiere para reducir su estrés cuando llega a casa, éste se disparará.

Aunque hoy en día es más común un alto nivel de estrés de las mujeres en el hogar, esto no tiene por qué ser así. Si comprende cómo incrementar la oxitocina y el estrógeno para hacer decrecer su estrés, una mujer puede ser más productiva en el trabajo y más feliz en casa.

Progesterona

La progesterona, al igual que el estrógeno, desempeña varios papeles de importancia en el ciclo menstrual de una mujer y en el mantenimiento de las primeras etapas del embarazo. Como ya se explicó, se produce progesterona después de la ovulación, y contrarresta el nivel de estrógeno en la segunda mitad del ciclo menstrual (doce a catorce días después de la ovulación), al tiempo que cumple un papel relevante en la reducción del estrés.

La progesterona se opone al estrógeno para preservar el equilibrio correcto de hormonas que permite mantener la capacidad del cuerpo de embarazarse. Esta importante hormona tiene también un destacado efecto en el estado de ánimo. El estrógeno activa al cerebro y la progesterona lo calma. Aunque se requiere de ambos en la segunda mitad del ciclo de una mujer, la progesterona debe ser más alta, pues de lo contrario los síntomas de estrés femeninos se agudizarán.

El estrógeno activa al cerebro y la progesterona
lo calma.

La progesterona es responsable de la conducta afectuosa y amigable. Las investigaciones revelan que se produce cuando experimentamos el "establecimiento de vínculos sociales", el cual analizamos brevemente en el capítulo siete; el nivel de progesterona aumenta cuando las mujeres tienen estrechas, armoniosas y amigables interacciones sociales con otras mujeres u hombres que son "sólo amigos".

Como ya vimos, existe una menor pero significativa diferencia entre establecimiento de vínculos sociales y duales.

La vinculación social genera progesterona y la dual genera estrógeno y oxitocina. Una misma situación podría generar progesterona o estrógeno, y podría considerarse vinculación social o dual dependiendo de si la actividad promueve sobre todo la expresión de los lados tanto masculino como femenino de una mujer (vinculación social) o sólo de su lado femenino (vinculación dual).

Por ejemplo, si ella participara en una actividad grupal como una clase de yoga o aeróbics, el establecimiento de lazos sociales con los demás miembros del grupo haría ascender su progesterona, pero si se acercara al líder del grupo en busca de instrucción o apoyo especial, esta experiencia de establecimiento de lazos duales generaría oxitocina y estrógeno.

También se produce progesterona cuando una mujer se toma tiempo para cuidar de sus necesidades de diversión, felicidad, amor y placer. Básicamente, siempre que una mujer depende sobre todo de sí misma para su realización durante una actividad no generadora de estrés, produce progesterona.

A continuación aparecen dos listas de actividades comunes que estimulan la progesterona:

ESTABLECIMIENTO DE VÍNCULOS SOCIALES CON OTROS

1. Jugar cartas o juegos de mesa
2. Practicar deportes u otras actividades en equipo
3. Cantar en un coro
4. Tomar clases grupales de yoga u otro tipo
5. Hacer de comer en compañía de otras personas
6. Pasar tiempo con alguno de los padres o un miembro de la familia que piensa o siente en forma similar
7. Compartir en un grupo de apoyo de mujeres u otras reuniones de personas que comparten las mismas experiencias

8. Participar en una actividad de recaudación de fondos para la escuela de los hijos o en otros eventos de beneficencia

9. Sentarse y compartir con amigas en una fiesta o salida nocturna con otras mujeres

10. Asistir a un concierto y bailar con amigos

ACTIVIDADES DE CUIDADO PERSONAL

1. Someterse a una dieta sana o hacer algo para mejorar su salud

2. Tomarse tiempo para adquirir una nueva habilidad

3. Leer un libro por gusto

4. Cocinar una nueva receta que tenía ganas de probar

5. Reservar tiempo para organizar o limpiar la casa

6. Tomarse tiempo para llevar un diario de sus pensamientos, emociones y sentimientos

7. Practicar la meditación

8. Leer libros o ver programas de televisión o películas con cuyos personajes se identifica

9. Realizar actividades de jardinería

10. Hacer ejercicio o pasear en medio de la naturaleza

11. Tomar un baño de burbujas a la luz de una vela

12. Escuchar música sublime y bailar sola

El establecimiento de lazos sociales y el cuidado personal tienen en común que son actividades que una mujer realiza en beneficio propio, sin sacrificarse por los demás.

Cualquiera de estas actividades es particularmente útil en la segunda parte del ciclo de una mujer, cuando ella necesita tener más progesterona que estrógeno a fin de reducir sus hormonas del estrés. Durante la primera parte de su ciclo (diez a doce días después de su periodo), su cuerpo sólo

requiere bajas dosis de progesterona. En este lapso, la oxitocina y el estrógeno son las hormonas más importantes para
su felicidad y bienestar. Las actividades de establecimiento
de lazos sociales generadoras de progesterona no son tan importantes durante esta parte de su ciclo. Aunque los lazos sociales pueden producir algo de oxitocina y estrógeno al grado
de que ella se sienta apoyada para expresar su lado femenino,
no producen tanto de ellos como los lazos duales.

**Se produce progesterona principalmente cuando
una mujer puede expresar su lado masculino
mientras accede asimismo a su lado femenino.**

Durante la segunda parte de su ciclo, cuando la producción
de progesterona es más valiosa, ella da más de lo que recibe,
y por tanto no se produce progesterona. A menudo las mujeres se estresan en sus relaciones porque no se dan tiempo
suficiente para sí mismas o para otras experiencias de vinculación social. Culpan a su pareja y se aferran a sensaciones de
rencor derivadas de sus expectativas. Comprender la importancia del "tiempo para mí" y de los lazos sociales libra a una
mujer de depender en exceso de su pareja.

Especialmente en la segunda parte de su ciclo, cada vez
que una mujer comienza a sentir rencor suele ser señal de que
debe dejar de buscar más en su pareja (mediante los lazos
duales) y darse tiempo para sacar más provecho de la progesterona (mediante los lazos sociales), la cual será más efectiva para aminorar su estrés. Aunque, como ya se vio, su pareja
puede ayudarle a generar estrógeno y oxitocina, le corresponde principalmente a ella generar progesterona.

> Cuando una mujer siente rencor, debe dejar
> de buscar más en su pareja y darse tiempo
> para producir progesterona.

Durante la segunda parte de su ciclo, el apoyo de un hombre es menos eficaz para bajar su estrés o hacerla feliz. Pero aunque él no puede hacerla feliz, su presencia, atención y afecto pueden ayudarla a hacerse feliz a sí misma, contribuyendo a que obtenga el tiempo que necesita para establecer lazos sociales. Sin este entendimiento, sin embargo, él puede hacer mucho para interferir con su felicidad. Si trata de hacerla cambiar de humor dándole consejos o explicándole por qué debería sentirse feliz, sólo logrará hacer que se sienta peor.

Testosterona

Aunque los hombres tienen al menos diez veces más testosterona que las mujeres, ésta es una hormona importante para ellas. Así como la progesterona impide que el nivel de estrógeno se dispare en la segunda parte del ciclo de una mujer, se requiere testosterona para que detenga el aumento del estrógeno en la primera parte de su ciclo.

Los niveles de testosterona y estrógeno de una mujer son como un subibaja: cuando uno sube, el otro desciende. En términos ideales, su estrógeno debería ser siempre mucho más alto que la testosterona. Cuando ésta sube demasiado, ocurre lo mismo con su estrés, y ella no puede ovular ni relajarse mentalmente.

Los niveles de testosterona y estrógeno de una
mujer son como un subibaja: cuando uno sube,
el otro desciende.

En la segunda parte de su ciclo, cuando la progesterona es la principal hormona reductora de estrés, demasiada testosterona puede hacer bajar la progesterona. Como ya se mencionó, el cuerpo de una mujer consume su progesterona para hacer testosterona. Se produce más de esta última en situaciones en las que a ella se le pide expresar sus cualidades masculinas y reprimir temporalmente su lado femenino. Este aumento de testosterona le ayuda a enfrentar sus retos cotidianos sin estrés adicional, siempre que pueda aguardar con ansia la oportunidad de expresar su lado femenino más tarde o en el futuro próximo, como ya vimos.

Se produce testosterona cuando una mujer expresa su lado masculino, particularmente en un ambiente laboral impersonal, mientras que se produce progesterona cuando ella expresa sus lados masculino y femenino en un ambiente más personal. He aquí algunos ejemplos de situaciones que elevan la testosterona pero no la progesterona:

- Cuando una mujer trabaja a cambio de un sueldo y atiende a personas que no son necesariamente sus amigos o familiares. Ella resuelve problemas, pero no necesariamente adopta una actitud asistencial.
- Cuando una mujer ejerce un papel de liderazgo en el que le corresponde tomar decisiones por sí sola sin compartir su responsabilidad con otros.

- Cuando el bienestar de una mujer depende de competir con otros, en lugar de cooperar con ellos.
- Cuando una mujer no puede tomar decisiones con base en sus sentimientos, preferencias o intuición sino que debe seguir requerimientos, reglas o instrucciones de trabajo específicos.
- Cuando una mujer enfrenta una fecha límite y debe posponer sus deseos y anhelos hasta que la meta se cumpla.
- Cuando una mujer debe negar sus necesidades personales para cumplir un requerimiento urgente de su trabajo.
- Cuando una mujer debe ignorar su conciencia porque el fin justifica los medios (estar dispuesta a matar a una persona para proteger a su país, por ejemplo).
- Cuando el trabajo de una mujer consiste en resolver problemas completamente técnicos o impersonales y no requiere amor, intuición ni una actitud asistencial.
- Cuando una mujer siente que no tiene tiempo o apoyo suficiente para cumplir su meta de realizar un trabajo de excelencia (aun ser madre, por ejemplo, y responsable del bienestar de los hijos estimulará su testosterona y no su estrógeno si se siente sola o no cuenta con respaldo o ayuda).

Las situaciones descritas en cada uno de estos ejemplos elevan la testosterona en un hombre o en una mujer. Pero a diferencia de los hombres, que necesitan esta hormona para abatir su estrés, en las mujeres aun un reducido aumento de testosterona puede agudizar su tensión, a menos que la oxitocina la modere.

Ciclo mensual de una mujer

Si comprenden el ciclo hormonal mensual de una mujer, tanto mujeres como hombres podrán entender mejor las necesidades de ellas y la forma en que cambian junto con sus niveles hormonales.

Para ayudarte a visualizar las cambiantes hormonas de una mujer sana y sin estrés durante su ciclo mensual, examina el diagrama que aparece en seguida.

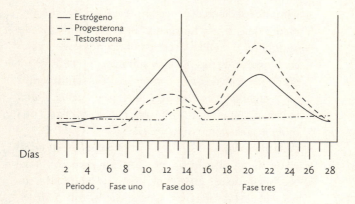

He aquí una visión panorámica de lo que una mujer sana y sin estrés necesita en diferentes momentos durante un ciclo promedio de veintiocho días para afrontar idealmente el estrés:

- Durante los cinco días de su periodo, cuando todas sus hormonas tienen un nivel bajo, ella necesita que él no le exija nada. Precisa de más tiempo de serenidad, cuidado personal o lazos sociales.
- Durante los cinco días siguientes, cuando su estrógeno

conserva aún un bajo nivel pero va en ascenso, ella es capaz de expresar en forma simultánea sus lados masculino y femenino y de aplazar la gratificación. Lo que más necesita en este momento es la oportunidad de expresar su lado masculino en el mundo del trabajo, aunque en un contexto de cooperación y colaboración que también dé sustento a su lado femenino. En este lapso ella es más creativa e independiente y tiene una mayor necesidad de sentirse apreciada y admirada por lo que puede hacer y lograr.

- Durante los cinco días posteriores, alrededor del momento de la ovulación, cuando su nivel de estrógeno se duplica, tiene una necesidad imperiosa de establecer vínculos duales. Éste es su mejor momento para salir a una cita de amor o compartir sus sentimientos más vulnerables con alguien que sepa escuchar. Ahora es cuando un hombre tiene más poder para hacer una diferencia en cómo se siente ella.

- Durante los últimos doce a catorce días de su ciclo, ella necesita principalmente lazos sociales. Un hombre puede hacer la mayor diferencia apoyando sus necesidades de más vínculos sociales, con o sin él, conforme surjan.

Se invita a hombres y mujeres por igual a hacerse de un calendario para diagramar estas fases, a fin de que puedan apoyarse mejor entre sí.

Nota: el mejor momento para *planear* una cita amorosa o una salida es durante los cinco *primeros* días después del periodo de una mujer, pero el mejor momento para *proceder* a la cita son los cinco *segundos* días después de su periodo.

Como mencioné en el capítulo seis, las investigaciones indican que después de la menopausia, aunque los ovarios de una mujer ya no producen hormonas femeninas, sus glándulas adrenales no dejan de hacerlo. Ella continúa su ciclo como antes, pero sus fluctuaciones hormonales ya no son tan pronunciadas, y sí más flexibles. A causa de esto, como pauta general, cuando una mujer ya no tiene su periodo, puede considerar el momento de la luna nueva como equivalente al inicio de su periodo y el de la luna llena como equivalente a la ovulación.

9. Tiempo para ti, tiempo para nosotros y tiempo para mí

En un curso en línea sólo para mujeres impartido por mi hija Lauren Gray, ella revela cómo las mujeres pueden preservar sensaciones de paz, amor, felicidad y realización durante los numerosos cambios hormonales naturales que ocurren en su cuerpo cada mes. La clave es equilibrar en forma óptima el tiempo para ti (vinculación en el trabajo), el tiempo para nosotros (vinculación dual) y el tiempo para mí (vinculación social y cuidado personal). El reto es que, conforme una mujer atraviesa su ciclo menstrual, este equilibrio óptimo no cesa de cambiar.

Comprender las diferentes necesidades hormonales de una mujer durante sus fases menstruales es importante tanto para las mujeres como para los hombres. Les da a las mujeres un nuevo poder para motivar a un hombre a proporcionarles el romanticismo, buena comunicación y ayuda que ellas necesitan para encontrar la felicidad. Y les da a los hombres más seguridad en sus relaciones, porque finalmente entienden los variables estados de ánimo, sentimientos, reacciones y necesidades de su pareja.

Sin este entendimiento, los hombres suelen quejarse de que no comprenden a su esposa. Lo que dicen o hacen un día resulta de maravilla; al día siguiente, no. Esto se debe a que, con cada cambio en el ciclo hormonal de una mujer, sus necesidades en una relación cambian también.

A veces ella requiere el amor y atención de un hombre más que otras. A ella no podría importarle si la ignora en cierto momento, pero se sentirá herida en otro. En determinadas ocasiones él tiene la capacidad de hacerla mucho más feliz, pero en otras sólo puede apoyarla al tiempo que ella se hace feliz a sí misma.

En tanto que exploramos a fondo este fenómeno, ten en mente que la calendarización de los cambios hormonales de una mujer es aproximada. Mientras que en promedio el lapso entre el primer día de un periodo y el primer día del siguiente es de veintiocho días, varía de un mes a otro y de una mujer a otra.

Una nueva comprensión de los cambios hormonales de las mujeres

Durante su ciclo, el equilibrio hormonal óptimo de una mujer cambia sin cesar. Cuando el estrés externo perturba esos cambios, su estrés interno aumenta y sus hormonas se desbalancean.

Cuando el estrés externo perturba los cambios hormonales mensuales de una mujer, su estrés interno aumenta.

Con este nuevo entendimiento de la recuperación de su equilibrio hormonal natural, una mujer puede acallar la respuesta de su estrés interno. Pero este entendimiento también revela la existencia de particulares actividades relacionales, actitudes y conductas que pueden sostener idealmente su equilibrio hormonal en diferentes momentos de su ciclo mensual. A los hombres les servirá conocer los mejores momentos para el amor y el sexo y cuándo pueden apoyarla de manera inmejorable creando un espacio seguro en el que pueda hallar y generar su propia felicidad.

Este fresco entendimiento contribuye a librar a los hombres de pensar que es su responsabilidad hacer feliz a una mujer en todo momento, y libera a las mujeres para buscar con más efectividad su propio apoyo mediante el hecho de ser ellas mismas y perseguir su propia felicidad. El papel de un hombre en las relaciones ha sido siempre y seguirá siendo el de brindar seguridad a su pareja, pero ahora esa seguridad no es física. Es, en cambio, la seguridad que ella necesita para seguir su corazón y encontrar su felicidad. Como adultos, todos somos responsables de nuestra felicidad, pero ciertamente podemos ayudarnos unos a otros en ese proceso actuando con amor.

> El papel de un hombre en las relaciones siempre
> ha sido y seguirá siendo el de proporcionar seguridad
> a una mujer para que encuentre su felicidad.

Un examen de los cambios hormonales de una mujer durante su ciclo revela los mejores momentos del mes para que ella aplique diversas conductas estimuladoras de sus hormonas —de tiempo para ti, tiempo para nosotros y tiempo para mí— con objeto de reducir su estrés. Estas distinciones tan amplias pueden resumirse de la siguiente manera:

1. Durante el **tiempo para ti**, una mujer participa en el establecimiento de vínculos en el trabajo. Está en el trabajo fuera de casa, o en casa cuidando a sus hijos. Produce testosterona junto con estrógeno mientras expresa sus cualidades masculinas, con el apoyo de su lado femenino en beneficio de los demás.

    El tiempo para ti (y la testosterona que naturalmente produce) tiene un inmenso poder para restaurar el equilibrio hormonal de una mujer y aminorar su estrés *en los cinco días posteriores a su periodo*.

    Para mayor claridad y facilidad de referencia, llamaremos a este periodo de cinco días, en el que ella produce naturalmente testosterona y su nivel de estrógeno va al alza, *la primera fase de su ciclo*. Para las mujeres durante y después de la menopausia, estos cinco días comienzan unos cuatro días después de la luna nueva.

2. Durante el **tiempo para nosotros**, una mujer participa en el establecimiento de vínculos duales. Su oxitocina está en ascenso, lo que reduce su testosterona (si es demasiado alta) y aumenta su estrógeno, a medida que expresa sus cualidades femeninas y da cierto tipo de apoyo para recibir otro.

    Durante los días seis a diez después de su periodo, en torno al momento de la ovulación, las hormonas que produce una mujer correspondientes al tiempo para nosotros llegan a su culmen. Su nivel de estrógeno alcanza naturalmente su punto máximo en esta fase, duplicándose en comparación con cualquier otro momento de su ciclo. Su oxitocina también arribará a su nivel máximo, dependiendo del apoyo que ella reciba.

    En estos cinco días, su acrecentada oxitocina está en condiciones óptimas de equilibrar sus hormonas y bajar su estrés. Esta ventana de cinco días correspon-de a la etapa en que los avances y esfuerzos amorosos de un hombre alcanzan su mayor impacto. Ella es muy vulnerable y en este lapso precisa más que nunca del apoyo emocional y afectivo de él.

Para mayor claridad y facilidad de referencia, llama-remos a este periodo de cinco días, cuando el estróge-no y la oxitocina de una mujer están en su apogeo, *la segunda fase de su ciclo*. Para las mujeres durante y des-pués de la menopausia, éstos son los cinco días alrede-dor de la luna llena.

3. Durante el **tiempo para mí**, una mujer participa en ac-tividades de vinculación social o de cuidado personal. Ya sea que pase el tiempo para mí sola o acompañada, expresa sus cualidades masculinas y femeninas. Hace lo que le gusta, sin sacrificarse. Ambos tipos de acti-vidades del tiempo para mí —lazos sociales y cuida-do personal— elevan su progesterona, lo que a su vez aminora su estrógeno si es demasiado alto.

Si su testosterona se agotó durante el tiempo para ti, requerirá más actividades de cuidado personal du-rante el tiempo para mí. Al igual que el tiempo de cue-va de un hombre, las actividades de cuidado personal, aparte de incrementar su progesterona, ayudan a una mujer a recuperar su testosterona, lo que acrecentará su libido y energía.

Si su nivel de estrógeno es muy alto durante el tiempo para mí porque da más de lo que recibe, la vinculación social durante el tiempo para mí puede elevar su pro-gesterona lo bastante para aminorar su estrógeno. Esta descarga de progesterona le dará serenidad, merma-rá su estrés e incrementará sus sentimientos positivos.

Durante los doce a catorce días previos a su periodo (después de la segunda fase de su ciclo), el tiempo para mí y la progesterona que produce están en condiciones óptimas para equilibrar sus hormonas y reducir su estrés. Las actividades del tiempo para mí también pueden servir de gran apoyo durante los tres a cinco días de su periodo.

Para mayor claridad y facilidad de referencia, llamaremos a estos doce a catorce días previos a su periodo y los tres a cinco días de su periodo *la tercera fase de su ciclo*. Estos dieciséis a dieciocho días de la tercera fase corresponden al momento en que su cuerpo requiere más progesterona que estrógeno y muy bajos niveles de testosterona para afrontar el estrés en términos ideales. Para las mujeres durante o después de la menopausia, el tiempo para mí es más eficaz de un par de días después de la luna llena a cinco días después de la luna nueva, alrededor de dieciocho días en total.

Saber cuáles son las hormonas particulares estimuladas en cada una de estas tres fases puede ayudar a diario a una mujer. Cuando pasa el día en el tiempo para ti durante su primera fase, suele mostrarse muy positiva y feliz. Sus necesidades y realización en el trabajo son más importantes que sus necesidades personales en casa. Pero después, en la segunda fase, su imperativo de vinculación dual se vuelve más valioso para permanecer satisfecha. Durante la tercera fase, ella puede disfrutar desde luego del tiempo dedicado a los lazos duales, pero si está estresada precisará de más tiempo para mí a fin de abatir su estrés interno.

Durante el tiempo para mí en la tercera fase de su ciclo, una mujer debe reservar tiempo para sus lazos sociales y tiempo también para su cuidado personal. El tiempo para mí es esencial para que una mujer mantenga abierto su corazón y experimente realización en su vida y en su relación íntima. Durante esta tercera fase, ella podría creer que necesita más de su pareja, pero le corresponde a ella misma, no a él, acceder a su realización interior.

La importancia del tiempo para nosotros

Es durante la segunda fase que una mujer necesita más de las actividades de establecimiento de vínculos duales del tiempo para nosotros. Cuando sus necesidades son satisfechas en este lapso, esto puede tener un impacto positivo perdurable en el resto de su ciclo. En otros momentos de éste, el apoyo de su pareja mediante el tiempo para nosotros no dejará de ser indispensable, ya que le ayudará en la búsqueda de su felicidad durante el tiempo para ti y el tiempo para mí, pero es en esta ventana de amor de cinco días cuando el afecto, tacto, acciones románticas, buena comunicación, pasión y ayuda de un hombre pueden tener la mayor, más positiva y duradera influencia.

La positiva respuesta de una mujer al apoyo que un hombre le da durante esta ventana también ejerce en él la más positiva de las influencias. Es en este momento, cuando ella más necesita su apoyo, que él puede ser su héroe. Durante esta segunda fase, en la que la mujer está más en contacto con su lado femenino debido a su alto nivel de estrógeno, puede apreciar el apoyo que le brinda el hombre de un modo vulnerable y, a la vez, muy amoroso. Si él deja pasar esta ventana, la vinculación entre ambos durante la tercera fase disminuirá o se verá comprometida.

**Si las parejas no cultivan sus lazos en la segunda fase,
su vinculación durante la tercera fase será menor.**

Cuando hombres y mujeres no comprenden la importancia de las necesidades hormonales de ellas durante el tiempo para nosotros de la segunda fase, pelearán mucho en estos cinco días. Al duplicarse naturalmente el estrógeno de una mujer, si ella no obtiene el apoyo emocional que necesita para expresar su lado femenino, esta represión de su yo auténtico estimulará sus hormonas del estrés, lo que incrementará a su vez su testosterona y actitud defensiva. Dependiendo de su temperamento, ella podría experimentar varias reacciones negativas. Éstas son algunas de ellas:

LO QUE ELLA SIENTE CUANDO SE LE DESCUIDA DURANTE LA VENTANA DEL AMOR	LO QUE ELLA PIENSA CUANDO SE LE DESCUIDA DURANTE LA VENTANA DEL AMOR
Resentimiento	"Ya no me quiere."
Enojo	"Me siento abandonada, invisible y no apreciada ni valorada."
Rencor	"Doy más en esta relación de lo que recibo."
Desinterés	"No estoy de humor para el amor o el sexo."

En un sentido muy real, cuando el estrés de ella aumenta a causa de este desequilibrio hormonal, experimentará una especie de amnesia temporal y "olvidará" las cosas buenas que él ha hecho por ella en el pasado, recordando en cambio sus errores.

> Cuando las hormonas del estrés de una mujer son altas, ella olvidará temporalmente las cosas buenas que él ha hecho por ella.

La conclusión es que, durante estos cinco días, una mujer está totalmente abierta a la influencia de su pareja. Si obtiene lo que necesita, será la mujer más feliz del mundo; si no, será desdichada.

Es sólo cuando nuestro corazón está completamente abierto que podemos ser afectados por nuestra pareja. Si estamos resentidos, enojados, a la defensiva o decepcionados, nuestro corazón permanecerá cerrado y nada que nuestra pareja pueda realizar nos hará felices. Sin embargo, si estamos abiertos a su esfuerzo, experimentaremos las mayores alturas del placer y la felicidad.

En la ventana del amor de cinco días de la segunda fase de su pareja, un hombre puede hacer mucho más feliz a una mujer feliz. Pero aun si ella no es feliz, ésta es la etapa en la que el apoyo de él puede ayudarla más a encontrar su felicidad. Además, si él la descuida, puede hacerla mucho más infeliz. Ahora es cuando ella necesita más su apoyo emocional, y si no lo recibe en estos cinco días, en los dieciocho siguientes sentirá que algo falta en su relación y querrá más o sentirá un rencor creciente. No obstante, cuando las necesidades

del tiempo para mí de ella son resueltas durante esta ventana cronológica de cinco días, ella no precisará gran cosa de la
vinculación dual durante el resto de su ciclo.

Durante la ventana de amor de cinco días de ella,
un hombre puede hacer mucho más feliz
a una mujer feliz.

En contraste, durante la primera y tercera fases de su ciclo,
él no puede hacerla más feliz, pero sí brindarle la seguridad
y apoyo de que precisa para expresarse con libertad a fin de
buscar y sentir felicidad, aprecio y realización.

Este entendimiento contribuye a liberar a los hombres
de la ilusión de que son responsables de hacer feliz a una mujer. Librarnos de la falsa idea de que podemos hacer feliz a
nuestra pareja quita muchas culpas y quejas a una relación y
permite que el amor crezca.

Si un hombre puede evitar sentirse responsable de la felicidad de su pareja, cuando ella no es feliz en respuesta a los
muchos motivos de estrés en su vida, él no se lo toma personalmente. No siente que deba "ajustarla" o explicarle por qué
debería sentirse feliz. Sin esta necesidad de controlar los sentimientos de su pareja, no se incomoda cuando ella se molesta o no quiere su consejo.

En cambio, él puede usar su nueva comprensión de las
diferentes necesidades hormonales de las mujeres para escuchar más y crear la seguridad, la compasión sosegada y el interés cariñoso que le permitirán a ella expresarse con libertad.

Del tiempo para ti al tiempo para mí

Al trabajar con miles de mujeres, Lauren Gray ha observado que como ellas pasan tanto tiempo en el tiempo para ti en el trabajo, requieren más tiempo para mí para restaurar el alto nivel de testosterona que produjeron y consumieron en su empleo. En forma similar a la necesidad del tiempo de cueva de un hombre, cuando una mujer expresa su lado masculino en el impersonal mundo del trabajo, también ella necesita la oportunidad de regenerar su testosterona.

Esta idea se me escapó por completo en *Los hombres son de Venus, las mujeres son de Marte*, aunque innumerables mujeres me han dicho durante años: "Tengo muchas cosas que hacer y nada de tiempo para mí. Estoy demasiado exhausta para relajarme y gozar de la vida".

> Cuando una mujer expresa su lado masculino
> en el mundo del trabajo, también ella necesita
> la oportunidad de regenerar su testosterona.

Como ya se mencionó, el aspecto de cuidado personal del tiempo para mí es ideal para regenerar la testosterona. El cuerpo de una mujer produce testosterona a partir de la progesterona. El tiempo dedicado al cuidado personal durante el tiempo para mí regenera las provisiones de progesterona de una mujer a fin de que pueda producir más testosterona con base en esa progesterona extra siempre que lo necesite.

Es la progesterona la que aporta una base biológica para sostener la libido de una mujer. Mientras que la oxitocina y el estrógeno incrementan su aptitud para responder al sexo y disfrutar de él, la progesterona y la testosterona derivada de ella son lo que incrementa su deseo de placer sexual y le ayudan a disfrutar plenamente de sus experiencias sexuales.

El aspecto de cuidado personal del tiempo para mí es ideal para regenerar la testosterona.

Si pasa de generar y consumir simultáneamente testosterona en el tiempo para ti a producir progesterona en abundancia en el tiempo para mí, una mujer puede recuperar su nivel de testosterona. Pero ese paso del tiempo para ti al tiempo para mí es más fácil de decir que de hacer. Por eso, tantos millones de mujeres tienen dificultad para priorizar el tiempo para mí, y por eso muchas de quienes se toman tiempo para mí no se relajan por completo ni lo disfrutan.

Cuando una mujer es incapaz de recargar sus hormonas con tiempo para mí, observará una mayor tendencia a aferrarse al tiempo para ti, pensando únicamente en las necesidades de los demás y no en las suyas. Además, como recuerda la felicidad que sintió antes debido al apoyo de su pareja durante el tiempo para nosotros, cuando esté estresada atribuirá a menudo su infelicidad al supuesto descuido de su pareja, en lugar de dar los pasos necesarios para experimentar la realización y felicidad interiores que proceden del tiempo para mí.

Aunque hoy las mujeres saben de manera instintiva que deberían tomar más tiempo para su cuidado personal, suelen sentir que hacerlo es un reto imposible. Están agobiadas con su interminable lista de pendientes, y sus necesidades están siempre al final de esa lista.

Es por eso que, como señala Lauren en sus enseñanzas,

las mujeres requieren tiempo para nosotros para pasar del tiempo para ti al tiempo para mí.

En términos biológicos, es casi imposible que una mujer pase de producir testosterona (tiempo para ti) a generar de súbito progesterona (tiempo para mí) sin una descarga de oxitocina. Si el nivel de testosterona de una mujer es demasiado alto a resultas del tiempo para ti, esto bloqueará su aptitud para generar progesterona en el tiempo para mí. La oxitocina producida en el tiempo para mí reducirá su testosterona y le permitirá producir más fácilmente la progesterona que necesita para disfrutar de su tiempo para mí.

Para una mujer es más desafiante aún pasar al tiempo para mí si está estresada luego de una jornada de trabajo. Cuando está estresada, su cuerpo consume su progesterona existente para generar la hormona del estrés, cortisol. Mientras siga estresada se producirá cortisol, y mientras se produzca cortisol ella no podrá generar la progesterona indispensable para beneficiarse de tomar tiempo para mí. Aun si intenta hacer esto último, no resultará satisfactorio.

Las mujeres necesitan tiempo para nosotros para pasar del tiempo para ti al tiempo para mí

Fue idea de Lauren que las mujeres necesitan tiempo para nosotros si quieren transitar del tiempo para ti al tiempo para mí, y eso me inspiró después a escribir este libro. Esta comprensión es importante no sólo para las mujeres, sino para los hombres también. Cada uno de ellos quiere que la mujer en su vida sea feliz, y conocer la necesidad de una mujer de tiempo para nosotros a fin de pasar al tiempo para mí es la clave.

Cada hombre quiere que la mujer en su vida sea feliz,
y el tiempo para nosotros es la clave.

Esperar que un hombre sepa lo que una mujer necesita es poco realista, pero también lo es esperar que una mujer cree tiempo para nosotros o se beneficie por completo del tiempo para mí sin nuevas habilidades y nociones relacionales.

Además de analizar las muchas nuevas ideas y descubrimientos vertidos en este libro sobre el equilibrio hormonal, Lauren enseña a las mujeres, durante su curso de ocho semanas, a dominar el arte de crear tiempo para nosotros en su relación haciendo menos y motivando a los hombres a crear más romanticismo, comunicarse mejor y ayudar en las labores del hogar. Ella las ayuda asimismo a descubrir los patrones y limitadas creencias que les impiden poner en práctica lo que han aprendido. Después de leer este libro, buscar un coach, amigo o grupo de apoyo que te ayude a poner en práctica estas concepciones novedosas podría ser sumamente útil. Estas revelaciones te permitirán crear la relación de tus sueños, pero sólo darán resultado si las aplicas.

El poder de la oxitocina

De todas las hormonas femeninas, la oxitocina es la más importante para que una mujer mantenga sus demás hormonas en equilibrio. Durante las tres fases del ciclo de una mujer, ella debe estimular la oxitocina en diversos grados y por diferentes razones. En la fase uno, la oxitocina procura una magnífica sensación, pero no es tan importante para bajar el nivel de estrés. En los cinco días de la fase dos es cuando más necesita estimular la oxitocina, no sólo para aminorar el estrés, sino también experimentar una máxima satisfacción que la sostenga por el resto de su ciclo. En la fase tres, la oxitocina le ayudará a transitar del tiempo para ti al tiempo para mí que ella requiere para reducir su estrés, aunque no tenga la misma gran influencia en su felicidad que experimentó durante la fase dos.

Para mayor claridad, exploremos un poco más estas distinciones en los efectos de la oxitocina durante las diversas fases.

Fase uno: estimular la oxitocina durante la primera fase no suele ser tan importante. Es en esta primera fase cuando el cuerpo de una mujer necesita más de la producción de testosterona a través de su trabajo, momento en que su nivel de estrógeno empieza a subir gradualmente.

Es posible asociar de modo directo la necesidad de vinculación dual de una mujer con su ascendente nivel de estrógeno. Cuando el ciclo natural de su cuerpo requiere más estrógeno, ella necesita más vinculación dual. En esta primera fase, su estrógeno sube poco a poco, así que ella tiene menos necesidad de establecer vínculos duales. Además, tiene menos necesidad de tiempo para mí durante esta primera fase, ya que su cuerpo no genera progesterona.

Aunque tiene escasa necesidad de oxitocina en este lapso, si el estrés externo activa sus hormonas de estrés interno, cierta vinculación dual para elevar la oxitocina le ayudará a bajar la testosterona y promover la producción de estrógeno para reducir el estrés.

Fase dos: en la segunda fase, durante su ventana de amor de cinco días, la oxitocina es más importante que nunca para sostener y balancear su producción de testosterona al tiempo que permite que su nivel de estrógeno llegue a su punto máximo. Con este apoyo, su pasión puede aumentar en oleadas. Su potencial para abrir su corazón y ponerse en contacto con el placer en su cuerpo y sus sentidos se amplifica.

Para sentirse satisfecha, ella necesita más tiempo para nosotros y no tiempo para mí o tiempo para ti; para mantener su creciente nivel de estrógeno durante esta etapa, requiere más oxitocina. Sin lo suficiente de ella, podría enfadarse con facilidad, pero con lo bastante de ella será más sencillo complacerla.

> Sin suficiente oxitocina, una mujer puede enfadarse con facilidad, pero con lo bastante de ella será más sencillo complacerla.

La oxitocina suele aumentar en cortos avances. Pequeñas expresiones de amor, atención, empatía y comprensión pueden crear una serie de avances de ese tipo. El abrazo de tres a seis segundos que sugerí para el final de la charla de Venus, por ejemplo, generará una descarga de oxitocina. Un abrazo más largo podría agradarle a ella, pero no producirá oxitocina adicional, a menos que ella haya anhelado un abrazo durante mucho tiempo.

Aunque es lo más importante durante la segunda fase de su ciclo, un pequeño refuerzo de oxitocina sin duda es bueno para cada día del mes. Por lo general, yo le doy a mi esposa cuatro abrazos diarios durante todo el mes: uno cuando nos levantamos, otro cuando nos vamos a trabajar, uno más cuando regresamos del trabajo y uno último antes de acostarnos. Estas expresiones físicas de amor hacen una gran diferencia para que una mujer se sienta amada y vinculada.

En su segunda fase, un aumento de oxitocina ayuda a una mujer a cambiar de sentirse agobiada de obligaciones y responsabilidades a desentenderse de modo temporal de su interminable lista de pendientes y sentirse relajada, serena, feliz, cariñosa y satisfecha. Puede pasar de estar en su cabeza a estar en su corazón y su cuerpo. Ya no siente la compulsión a hacer cosas. En cambio, puede respirar honda y relajadamente y descansar en su ser.

Como me dijo una mujer: "Cuando me siento tan segura, puedo olvidarme del mundo y sólo ser".

La oxitocina producida por el establecimiento de vínculos duales en la segunda fase ofrece a una mujer la posibilidad de disfrutar más plenamente la sensualidad de la comida, el arte, la música, el tacto, el movimiento, el baile y el sexo que en cualquier otro momento del mes. Es durante esta fase que ella puede llegar más fácilmente al clímax, mientras reciba el apoyo indicado para estimular reducidos pero numerosos estallidos de oxitocina. Las investigaciones han demostrado que para que una mujer llegue al clímax, es preciso que su nivel de oxitocina sea muy alto.

Las investigaciones han demostrado que para que una mujer llegue al clímax, es preciso que su nivel de oxitocina sea muy alto.

La segunda fase es el mejor momento para que una pareja disfrute de una cita de amor, pero debe programarla en la fase uno, a fin de que la mujer pueda aguardar con ansia su tiempo especial juntos en la fase dos.

Todo el sentido del preludio en la alcoba es que, dada la sensibilidad de una mujer al tacto, estimule la liberación de oxitocina, lo que a su vez elevará su potencial de orgasmo. Pero para que una mujer pueda gozar por completo del tacto sexual del preludio, sus niveles de oxitocina y estrógeno ya deben ser altos. El tacto no sexual, junto con el romanticismo fuera de la recámara, acrecentará su oxitocina para que dentro de la recámara ella pueda disfrutar a plenitud del tacto sexual. (En *Mars and Venus in the Bedroom* [Marte y Venus en el dormitorio] exploro con mayor detalle esta dinámica.)

> **El tacto no sexual fuera de la recámara ayuda
> a una mujer a elevar su oxitocina para disfrutar
> del tacto sexual en la recámara.**

Una mujer precisa de gran cantidad de pequeñas descargas de oxitocina antes de una relación sexual para agudizar su placer y sensibilidad. Después del sexo, necesita arrumacos extra para regenerar su oxitocina, liberada y agotada al tener un orgasmo.

Fase tres: en la tercera fase, la oxitocina es muy importante para la realización de una mujer, pero sólo en escasas descargas breves. Durante la tercera fase, una mujer requiere más progesterona, menos estrógeno y casi nada de testosterona para contener sus hormonas del estrés.

Si su nivel de testosterona es demasiado alto, lo cual es su reacción común al estrés externo de su trabajo, basta con unas cuantas breves descargas de oxitocina para que su testosterona baje lo suficiente a fin de que la estimulación hormonal del tiempo para mí ayude a su cuerpo a generar la progesterona que más necesita durante esta fase.

La oxitocina le causará siempre una grata sensación, porque es la hormona del amor y la seguridad, pero en la tercera fase no es suficiente para aminorar su estrés. Todo lo que esta hormona puede hacer es mitigar temporalmente su testosterona y hormonas del estrés para que pueda pasar con más facilidad al tiempo para mí y comenzar a producir la progesterona que reducirá *efectivamente* su nivel de estrés. Este aumento de progesterona no sólo la apacigua, sino que también le permite disfrutar más tanto de las actividades de cuidado personal como de la vinculación social.

Para hacer esta transición del tiempo para ti al tiempo para mí en su tercera fase, ella necesita sólo unas cuantas descargas cortas de oxitocina. En este lapso, si depende demasiado del apoyo de la vinculación dual para sentirse bien, la mayor oxitocina causará que su estrógeno se dispare, lo que abatirá su progesterona.

Demasiada oxitocina en la tercera fase de su ciclo puede elevar demasiado su estrógeno.

Durante la tercera fase, el cuerpo de una mujer requiere que su nivel de progesterona sea más alto que el de estrógeno. En esta fase, si el estrógeno supera a la progesterona puede crear muchos síntomas negativos, conocidos como "predominio de estrógeno". Estos síntomas incluyen menos impulso sexual, periodos menstruales irregulares o anormales, inflamación, dolor y sensibilidad en los senos, dolor de cabeza. irritabilidad, depresión e inestabilidad anímica.

Si una mujer en su tercera fase no se concentra en el cuidado personal o la vinculación social del tiempo para mí a fin de estimular su progesterona, sino que se dedica a la vinculación dual para crear oxitocina, su estrógeno podría elevarse por encima de su progesterona y causar los incómodos síntomas del predominio de estrógeno.

Además, con más estrógeno, en vez de sentirse satisfecha con el apoyo de su pareja, ella querrá más y más. Esta estimulación del estrógeno procura una sensación agradable, pero no controla el estrés.

La mejor manera para que una mujer sepa si pasa demasiado tiempo en el tiempo para nosotros y no lo suficiente en el tiempo para mí es consultar sus sentimientos. Si se siente bien y no estresada, sus hormonas están en equilibrio; pero si en su tercera fase está estresada o se siente infeliz con su pareja, o si experimenta rencor, mezquindad o desamparo, es muy probable que necesite tiempo para mí y no tiempo para nosotros.

Dominar la mente y abrir el corazón con oxitocina

En términos prácticos, una mujer puede evitar demasiada oxitocina si escucha las advertencias del predominio de estrógeno. Siempre que ella percibe que su mente está llena de pensamientos y sentimientos negativos que no cesa de rumiar en su cerebro, es una advertencia de que debe equilibrar sus hormonas para pasar del tiempo para ti al tiempo para mí.

Sin embargo, algunas mujeres se resisten a dar los pasos necesarios para tomarse tiempo para mí, porque al abrir su corazón mediante la vinculación dual, suelen sentir las emociones negativas que han ignorado para no contrariarse. Las mujeres que se enorgullecen de su entereza, cuando se abren al producir oxitocina durante el establecimiento de vínculos duales experimentan de pronto resistencia a ser tan vulnerables.

Con el temporal incremento de estrógeno resultante de un aumento en el nivel de oxitocina, una mujer siente más. Si ha reprimido sus emociones, sentirá que emergen brevemente durante la vinculación dual. Cuando se siente más, no es fácil reprimir lo que se siente de veras. Por eso una mujer podría llorar un instante al momento del orgasmo o al contemplar un hermoso atardecer. Ambas experiencias implican una descarga de oxitocina y estrógeno.

Cuando se siente más, no es fácil reprimir lo que se siente de veras.

Si no sabe cómo liberarse de esas emociones y sentimientos reprimidos cuando aparecen, su única opción es seguir evitándolos, comiendo un refrigerio, viendo la tele, leyendo el Facebook o distrayéndose de cualquier otro modo. La mayoría de las mujeres ignoran o no han experimentado que el simple hecho de poner en palabras sus frustraciones, preocupaciones y desalientos del día y compartirlos después con su pareja, junto con sus anhelos y deseos y lo que aprecian y agradecen, tal como lo hacen en la charla de Venus, en realidad les permite sentirse mucho mejor.

En la mayoría de los casos, una mujer no ha experimentado esto porque no se ha sentido segura para compartir sus sentimientos, dado que, como ya se mencionó, los hombres suelen interrumpir con soluciones; y a menos que ellos aprendan a escuchar en una forma novedosa, podrían pensar que ella reacciona exageradamente o que está siendo negativa. La ironía es que cuando una mujer no puede compartir sus sentimientos, a la larga se vuelve más negativa —en diversos grados— en sus pensamientos y sentimientos. Incapaz de compartir sus sentimientos reprimidos, se vuelve incapaz de dejar de urdir pensamientos y preocupaciones negativos; y mientras sigue tratando de ser una pareja afectuosa, sus rencores no cesan de acumularse.

Al reprimir sus emociones negativas, una mujer se vuelve incapaz de dejar de urdir pensamientos negativos.

Casi todas las mujeres a las que he tratado en mi consultorio o en alguno de mis seminarios rompen a llorar minutos después de hacerles preguntas específicas sobre sus emociones. Cuando una mujer se siente lo bastante segura para recuperar su lado femenino con la intención de mirar en su interior, todos sus sentimientos reprimidos salen en forma automática a la superficie, y son brevemente experimentados mientras emergen.

Una de las razones de que algunas mujeres se mantengan sumamente ocupadas es que quieren evitar la vinculación dual en su relación y no sentir por tanto las emociones que inhiben durante el día. Manteniéndose ocupada mientras expresa su lado masculino, una mujer no tiene que enfrentar las emociones de su lado femenino vulnerable. Sin un entendimiento de cómo lidiar con la acumulación de emociones negativas, ella podría volverse fácilmente adicta a permanecer en su lado masculino. Las charlas de Venus son tan importantes porque le ayudan a hacer emerger esos sentimientos y librarse de ellos al compartirlos.

> Como le permite no sentir que se acumulan
> emociones negativas, una mujer puede volverse
> adicta a permanecer en su lado masculino.

Evitar sus emociones también le impide experimentar el orgasmo en la alcoba con su pareja. Puede ser que lo ame, pero si debe reprimir sus sentimientos, es incapaz de abrir por completo su corazón para acceder a sus sentimientos de amor y entrega, y tener después un orgasmo de verdad. Quizás experimenta algunas oleadas de placer, pero no un orgasmo genuino, integral y arrobador.

Muchas mujeres no han tenido nunca un orgasmo con una pareja. A menudo esto se debe a que un hombre no se ha tomado tiempo suficiente en el preludio para generar bastante oxitocina, pero la otra razón es que ellas han reprimido sentimientos en su interior que no han compartido o resuelto con amor, comprensión y perdón.

Si una mujer se desentiende de su aptitud para sentir emociones negativas, pierde gradualmente su aptitud para sentir también emociones positivas. Pese a que ama mucho a su pareja, podría ya no tener la misma capacidad para sentir amor. Sin duda, si reprime sus sentimientos, aún puede sentir cierto placer, pero terminará por perder su deseo de tener relaciones sexuales. Muchas mujeres empiezan a sentir las relaciones sexuales como un trabajo u obligación.

Cuando su pareja deja de disfrutar del sexo, un hombre pierde a la larga interés en relacionarse sexualmente con ella. Podría seguir teniendo relaciones sexuales como una necesaria liberación de tensión, pero no como una unión arrobadora de dos almas completamente vulnerables y que sienten a plenitud su amor y devoción de una por otra. Si él deja de tener relaciones sexuales por entero, podría hacerse cargo de sus necesidades de otra manera (mediante la pornografía en línea, por ejemplo), porque su esposa ya no lo excita.

Cuando un hombre es incapaz de abrir su corazón a su esposa durante sus relaciones sexuales, puede comenzar fácilmente a desconectarse de su aptitud para sentir amor por su pareja. No cabe duda de que es posible que aún la ame, pero es incapaz de sentir ese amor. En consecuencia, para sentir su vinculación con ella podría tener que inclinarse demasiado a su lado femenino y perder contacto con su lado masculino. Esto les sucede comúnmente a los hombres cuando envejecen si dejan de tener relaciones sexuales. El sexo grandioso con la mujer que un hombre ama es un eficaz estimulador de testosterona, la cual lo mantiene joven y sano.

Liberación de las emociones negativas que la oxitocina saca a la luz

Cuando las reprimidas emociones negativas de una mujer emergen como resultado de la vinculación dual, ella tiene la oportunidad de lidiar con esas emociones en una forma saludable. Si tiene en mente la intención de liberar sus pensamientos y emociones negativos cuando se presenten, podrá sentir brevemente esos pensamientos y emociones y deshacerse de ellos. (Si no se siente segura para expresar sus sentimientos a su pareja, podría ejecutar este proceso escribiendo un diario, orando o hablando con una amiga, coach o terapeuta.)

Al sentir y liberar sus emociones negativas, sus sentimientos positivos brillarán como los cálidos rayos del sol cuando las nubes se abren de repente durante un día nublado. El resplandor de su amor siempre está dentro de sí; las nubes de sus reprimidas emociones negativas lo cubren. Sin oxitocina en abundancia, le será mucho más difícil sentir y soltar esos pensamientos y sentimientos negativos.

He aquí doce ejemplos de reacciones defensivas que pueden aparecer durante la vinculación dual cuando una mujer está estresada y hormonalmente desbalanceada. En la segunda columna se enlistan las emociones de fondo asociadas con las respectivas reacciones al estrés, y en la tercera los sentimientos positivos que pueden emerger si ella los busca después de explorar algunas de sus emociones negativas subyacentes.

REACCIÓN AUTOMÁTICA AL ESTRÉS	EMOCIÓN (POR SENTIR Y LIBERAR CON PERDÓN)	SENTIMIENTO POSITIVO QUE PUEDE EMERGER
Fastidio	Enojo	Paz
Meticulosidad	Tristeza	Amor
Mezquindad	Temor	Felicidad
Actitud exigente	Pesar	Realización
Juicio	Frustración	Paciencia
Crítica	Decepción	Persistencia
Oposición	Preocupación	Compasión

Actitud discutidora	Vergüenza	Humildad
Irritación	Malestar	Afecto
Rencor	Resentimiento	Apreciación
Celos	Miedo	Gratitud
Reprobación	Pena	Inocencia

Cuando sientes una emoción negativa, examinarla un poco más a fondo suele permitirte descubrir una o dos emociones más justo debajo de tu mente consciente. Sentir estas emociones y luego ponerlas en palabras es principalmente lo que te ayuda a disiparlas, mientras te comprometas a desprenderte de ellas con objeto de sentir amor y otras emociones positivas en tu corazón. Compartir tus sentimientos con otra persona vuelve este proceso mucho más eficaz, siempre que te sientas segura.

Por ejemplo, si experimentas frustración, después de sentirla unos minutos exprésala en palabras, y luego pregúntate por qué te sientes así y qué deseabas que no conseguiste, lo que usualmente revelará una emoción más profunda. En este punto, por lo general comenzarás a sentir cierta decepción, resentimiento, tristeza y/o temor. Si experimentas las emociones de fondo asociadas con tus reacciones negativas al estrés, siempre que las sientas con una disposición a olvidarlas por efecto del perdón, podrás ir más allá de tus reacciones defensivas y reemplazarlas por sentimientos de amor y apreciación. (He escrito tres libros sobre este proceso: *What You Feel, You Can Heal*, *How to Get What You Want and Want What You Have*, y *Mars and Venus Starting Over*.)

Un último comentario sobre las reacciones automáticas al estrés y la vinculación dual: si una mujer experimenta reacciones automáticas al estrés como rencor y reprobación durante su ventana de amor de cinco días, no sentirá que recibe apoyo de su pareja. Si esto ocurre, su primer paso debería ser desplazarse a actividades de vinculación dual (no románticas) con una persona distinta a su pareja. Esto puede reducir su estrés lo suficiente para abrirse a iniciar actividades de vinculación dual con su pareja. Sostener una charla de Venus o planear una cita juntos "le ayudará a ayudarla" mediante la creación de más oxitocina. Esto contribuirá a que ella vuelva a abrirle su corazón.

Relajación después de un día de trabajo

Demasiadas mujeres reportan dificultades para pasar, luego de su jornada laboral, de pensar en las necesidades de los demás a pensar en las suyas propias. Los estudios demuestran que, en mucha mayor medida que los hombres, ellas tienden a cavilar sobre los problemas de su día de trabajo o las quejas que tienen contra su pareja, sus hijos o la vida en general.

Cuando una mujer se siente agobiada, se le dificulta expresar su lado femenino para poder relajarse. Si ha expresado mucho su lado masculino, primero necesita una descarga de oxitocina de tiempo para nosotros a fin de cancelar pasajeramente la producción de testosterona. Después le será más fácil relajarse optando por tomar tiempo para mí o, si ya no se siente estresada, permaneciendo en el tiempo para nosotros.

La estimulación hormonal del tiempo para nosotros ayuda a las mujeres a transitar del tiempo para ti en el trabajo al disfrute del tiempo para mí en el hogar.

Si las mujeres no trabajaran durante el día en un empleo esti-mulador de testosterona, se les podría facilitar desplazarse al tiempo para mí, pero a la larga reprimirían su lado masculino. Esta represión desembocaría en más estrés a largo plazo. In-capaz de expresar sus lados masculino y femenino, una mujer acabaría por perder su pasión, en la vida y con su pareja.

Incapaz de expresar sus lados masculino y femenino,
una mujer acaba por perder su capacidad para sentir
pasión por su pareja.

Cuánta vinculación dual necesita una mujer para incremen-tar su oxitocina depende de la fase en que se encuentre y lo estresado que haya sido su día. Podría bastarle con un abrazo de tres segundos, o necesitar una charla de Venus de diez mi-nutos, o planear una cita amorosa.

Durante la fase tres, si está estresada —como ya se expli-có—, demasiada vinculación dual tendrá el efecto opuesto al que ella busca. Como la oxitocina hace que su estrógeno au-mente, demasiada vinculación dual puede en realidad inhibir su progesterona justo cuando su cuerpo más necesita de ella.

En algunas mujeres, más tiempo para nosotros que tiem-po para mí en la fase tres puede causar que piensen necesitar más, porque creen precisar de tiempo para nosotros en vez de reconocer que requieren tiempo para mí. Desear más tiem-po para nosotros en la tercera fase es una advertencia de que en realidad necesitan más tiempo para mí. Mujeres con más cualidades masculinas, en lugar de buscar demasiado tiempo para nosotros lo ignorarán por completo. Permanecerán en el tiempo para ti al llegar a casa e intentarán hacerlo todo por su cuenta. En cualquier caso, la vinculación social o el cuidado personal del tiempo para mí ayudará a una mujer a encontrar el equilibrio.

Hasta cierto punto en la fase tres, siempre que una mujer se siente insatisfecha o estresada debe crear primero cierta vinculación dual a través del tiempo para nosotros y desplazarse después a la vinculación social o a actividades de cuidado personal del tiempo para mí. Obstinarse en culpar a su pareja o quejarse de ella, sea mentalmente o de viva voz, no hará sino elevar su nivel de cortisol, consumiendo su progesterona e inhibiendo su capacidad para disfrutar del tiempo para mí.

Desear más y motivar a los hombres

Una mujer que desea más tiempo para nosotros cuando en realidad necesita tiempo para mí puede impedir que un hombre salga de su cueva. Los hombres se sienten motivados a salir de su cueva cuando perciben que se les necesita y que el apoyo que pueden brindar ayudará a las mujeres a encontrar su felicidad.

Si una mujer desea más tiempo para nosotros cuando en realidad necesita tiempo para mí, impide a un hombre salir de su cueva.

Las mujeres suelen quejarse de que los hombres no ayudan lo bastante en la casa. Es indudable que una mujer que trabaja de tiempo completo pero que también se siente responsable

de cuidar de sus hijos y de procurar un hogar hermoso requerirá más ayuda en casa. Pero para aminorar su estrés, su necesidad más importante durante la tercera fase de su ciclo no es
una casa limpia, sino una descarga de oxitocina que la ayude
a tomar algo de tiempo para mí.

A menos que pueda pasar del tiempo para ti al tiempo
para mí, ni siquiera todo el apoyo doméstico extra de su pareja abatirá su estrés o la hará feliz, y entre más experimente él que sus esfuerzos domésticos por ayudarla no la hacen
feliz, menos dispuesto estará a colaborar. Si sigue ayudando
pero no siente que sus esfuerzos alienten la felicidad de ella,
su testosterona bajará, su estrógeno aumentará y él se molestará con ella o dejará de parecerle atractiva. ¡Vivirán juntos en
una casa limpia sin sexo!

> Cuando una mujer prioriza la ayuda doméstica
> de un hombre sobre sus necesidades emocionales
> para equilibrar sus hormonas, ¡tendrán una casa
> limpia y nada de sexo!

Estos nuevos conocimientos pueden ayudar a una mujer a
motivar a su pareja a participar más en las responsabilidades
rutinarias de cocinar, hacer el aseo, ir de compras y cuidar de
los hijos. Si ella normalmente hace de cenar y se encarga de la
mayor parte de las labores domésticas, pero en ocasiones necesita que él haga esas cosas para que ella pueda seguir estre-
sándose haciendo otras, él tendrá menos energía y motivación
para ayudar. Pero si ella puede identificar con claridad y solicitar el apoyo que le permitirá sentirse feliz, él se sentirá mucho más motivado a salir de su cueva y dar más.

Un hombre se siente siempre más motivado cuando
experimenta que sus esfuerzos para apoyarla
le procuran más felicidad.

Por ejemplo, es mucho más motivador para un hombre que
una mujer diga: "¿Podrías hacer de cenar esta noche? Estoy tan cansada que lo único que quiero es relajarme y tomar un baño. Eso me haría sentir muy bien". Reconocer que
él puede hacer algo que contribuirá a la felicidad de ella lo
motivará.

Es mucho menos motivador que ella diga: "¿Podrías hacer de cenar esta noche? Yo lo hice ayer, y todavía tengo trabajo por completar en línea y la casa es un desastre". En este
caso, la ayuda de él se presenta como un medio para que ella
"haga más" y continúe agobiada. La reacción natural de él
será decir: "Relájate, no tienes por qué trabajar todo el tiempo. ¿Y qué si la casa es un desastre? La arreglaremos mañana.
¿A quién queremos impresionar?". En consecuencia, él no estará motivado a hacer más.

Un hombre que ayuda en el hogar es ciertamente importante, pero mucho más importante es la necesidad de una
mujer de tener una descarga de oxitocina que le ayude a relajarse y gozar de su tiempo para mí. Si aprende a balancear
sus hormonas a través del tiempo para mí, durante esta tercera fase de su ciclo podrá moderar su estrés y sentirse feliz y
relajada, esté limpia la casa o no. Cuando una mujer atina a
tomarse tiempo para mí en la tercera fase, puede permanecer
relajada y feliz aun si el piso está pegajoso, se acumula la ropa
sucia, los platos están sucios y sólo hay sobras para comer
porque no hay tiempo para ir de compras o hacer de cenar.

Obtener más ayuda de un hombre para las responsabilidades habituales de mantener un hogar puede ser muy emocionante al principio, pero pronto se convertirá en rutina. Particularmente durante los dieciocho días de la fase tres del ciclo de una mujer, será el apoyo emocional de él lo que estimule breves descargas de oxitocina en su cuerpo y su aptitud para tomar tiempo para mí con objeto de incrementar su progesterona para mantener un bajo nivel de estrés. Cuando las mujeres quieren el divorcio, se debe poco al desorden del hogar y mucho a la falta de apoyo emocional de un hombre.

Cuando las mujeres quieren el divorcio, se debe más a la falta de apoyo emocional que al desorden del hogar.

Después de todo, ¿qué mujer elige a un hombre para casarse con él hoy en día porque es bueno para cocinar o mantener limpia la casa? Claro que éstos son beneficios adicionales, pero ella elige a un hombre porque prevé que podrá darle el amor, romanticismo y apoyo emocional que necesita para ser feliz. Lo que hoy más necesita una mujer es un hombre que le proporcione apoyo emocional y seguridad para que ella descubra y exprese su yo auténtico, y no sólo para que lave los trastes.

Los hombres y el tiempo para mí

A diferencia de las mujeres, los hombres pueden pasar directamente del tiempo para ti en el trabajo al tiempo para mí (tiempo de cueva) en casa. Una vez que un hombre ha regenerado sus hormonas masculinas a través del tiempo para mí, con el apoyo indicado, está en condiciones de salir de su cueva para disfrutar de tiempo para nosotros o apoyar a su mujer a fin de que tome su tiempo para mí. Pero sin estas nuevas nociones y habilidades relacionales, ellos tienden a permanecer en su cueva mientras ellas se obstinan en sentirse insatisfechas y agobiadas.

Esto se complica con el mayor estrés que experimentamos en nuestros días. Entre más estrés experimenta un hombre, es más probable que permanezca en su cueva y no salga nunca. Pero las nuevas ideas para crear una relación de alma gemela pueden motivarlo a salir de su cueva para pasar más tiempo para nosotros.

Algunos hombres, sin embargo, vuelven a casa y no se toman el tiempo de cueva. Siguen trabajando en línea o pasan al instante a ayudar a su esposa con los problemas inmediatos de la administración del hogar. En el primer caso, un hombre se mantiene en su lado masculino y termina por sentirse extenuado, porque no recupera su nivel de testosterona. En el segundo, se extenúa aún más, porque pasa a su lado asistencial femenino cuando su cuerpo requiere tiempo de cueva para regenerar su testosterona.

Cuando el nivel de estrés de una mujer se incrementa en casa, hombres considerados que no han recibido este entendimiento vital de nuestras diferencias biológicas hormonales intentan ayudar "en igualdad de condiciones", pero sólo terminan extenuándose, sintiéndose tan agobiados y exhaustos como ella. Dado que la lista de pendientes de una mujer es interminable, entre más hacen ellos por su esposa, más responsabilidades asume ella. Así como él, ¡también ella debe tomarse tiempo para mí durante casi todo el mes!

Él puede ayudarla todavía a lidiar con el estrés, pero primero debe obtener su tiempo de cueva; cuando salga, podrá brindarle el apoyo que necesita para hacer bajar su estrés con toda efectividad.

La necesidad del tiempo de cueva de un hombre para regenerar su testosterona después del trabajo constituye un claro desafío para las relaciones modernas. Al cabo del día, las mujeres requieren tiempo para nosotros así como los hombres necesitan tiempo para mí. Por fortuna, con una precisa comprensión de lo que implica crear la vinculación dual del tiempo para nosotros, una mujer puede generar la descarga de oxitocina que requiere para pasar del tiempo para ti al tiempo para mí sin dejar de darle a su pareja el espacio que necesita.

Como se recordará, en el capítulo ocho vimos que una mujer puede generar vinculación dual aun mientras su pareja está en su cueva, haciendo algo que exprese su lado asistencial femenino. Mientras ella prevea que recibirá apoyo de él a cambio cuando salga de su cueva, si hace algo que lo apoye en forma asistencial su cuerpo producirá la oxitocina que precisa.

Una mujer puede generar la descarga de oxitocina que necesita para pasar del tiempo para ti al tiempo para mí sin dejar de darle a su pareja el espacio que requiere.

Por ejemplo, supongamos que él está en su cueva leyendo el periódico y ella está haciendo de cenar. Si ella prevé que recibirá a cambio su apoyo cuando salga de su cueva, mientras cocina su cuerpo producirá una descarga de oxitocina para reducir su estrés.

Cuando él sale de su cueva, ella puede pedirle apoyo para tomar su tiempo para mí o crear más tiempo para nosotros, dependiendo de su ciclo. Para más tiempo para mí, podría pedirle ayuda particular en el hogar o con los hijos a fin de que ella pueda tomar un baño, leer un libro o pasar algo de tiempo con sus amigas.

Si necesita más tiempo para nosotros de calidad durante los cinco días en torno a la ovulación, podría invitarlo a una charla de Venus o a planear juntos una cita amorosa. O bien, podrían simplemente acurrucarse mientras ven uno de sus programas de televisión favoritos (que a ella le guste ver). En el capítulo once exploraremos una amplia variedad de formas en que pueden crear más tiempo para nosotros de calidad.

Si aplican y practican este postulado, un hombre puede estar en su cueva y una mujer disminuir su estrés con oxitocina mientras dobla la ropa o ayuda a sus hijos con sus tareas, porque prevé que recibirá apoyo de él cuando salga de la cueva. Su nueva actitud grata y alentadora hacia el hecho de que su pareja esté en su cueva garantiza que él salga para brindarle el apoyo que necesita.

Un hombre se siente automática y hormonalmente más motivado a salir de su cueva cuando sabe que se le necesita y que puede ayudar a su pareja a tomarse tiempo para mí o a crear el tiempo para nosotros que requiere para ser más feliz. No se siente automáticamente motivado a salir de su cueva cuando su apoyo no parece reducir el estrés de ella o ayudarla a encontrar su felicidad. Peor todavía, si ella es infeliz con él, su nivel de testosterona se desplomará y su necesidad normal de tiempo de cueva se prolongará.

Un hombre se siente más motivado a salir de su
cueva cuando ve que se le necesita para apoyar el
tiempo para nosotros y el tiempo para mí de ella.

Cuando ella es incapaz de hallar su felicidad, él se siente menos
motivado a salir de su cueva. Por otra parte, cuanto más feliz
sea ella gracias a la satisfacción de sus necesidades, ¡más querrá él salir de su cueva y ayudar!

Cuando tanto hombres como mujeres comprenden con
claridad sus recientes necesidades emocionales para crear una
relación de alma gemela, ellos se sienten automáticamente
más motivados a salir de su cueva. Con este nuevo entendimiento, un hombre puede pasar con facilidad de ocuparse de
sus necesidades hormonales mediante la recuperación de su
nivel de testosterona a apoyar las necesidades hormonales de
su pareja de tiempo para ti, tiempo para nosotros y tiempo
para mí que le ayudarán a encontrar su felicidad.

Qué hace que un hombre se sienta más atraído por una mujer

Así como a las mujeres se les dificulta pasar del tiempo para
ti al tiempo para mí, a los hombres se les complica pasar del
tiempo de cueva a disfrutar del tiempo para nosotros. Su imposibilidad para hacer ese cambio es comparable a la de las
mujeres para pasar de cuidar a otros a cuidar de sí mismas.

Como ya se dijo, cuando una mujer está agobiada, es casi
imposible que transite de repente de las preocupaciones del
tiempo para ti a disfrutar de su tiempo para mí sin la ayuda de oxitocina extra para aminorar su testosterona y elevar

su estrógeno. Por esta razón, es inútil e improductivo que un hombre le diga a una mujer abrumada que se relaje y olvide sus preocupaciones. ("No te preocupes por eso", es una frase que los hombres jamás deberían volver a pronunciar frente a una mujer.) De la misma manera, es improductivo e inútil decirle a un hombre lo que *debería* hacer en lugar de satisfacer su necesidad de relajarse en su cueva después de un día de trabajo.

La incapacidad de un hombre para pasar del tiempo
para mí a disfrutar del tiempo para nosotros es
similar a la de una mujer para pasar de cuidar a otros
a cuidarse a sí misma.

Mientras que las mujeres necesitan una descarga de la hormona oxitocina para desplazarse del tiempo para ti al tiempo para mí, los hombres precisan de una descarga de otra hormona, llamada vasopresina, para desplazarse del tiempo de cueva a la vinculación dual del tiempo para nosotros. La vasopresina reduce en los hombres el nivel de estrógeno y aumenta su testosterona. Este incremento de testosterona es lo que motiva a un varón a salir de su cueva y participar en la satisfacción de las necesidades de su esposa y sus hijos. Sin suficiente vasopresina, se requiere un deliberado y agotador acto de voluntad para que él se levante del sillón.

La vasopresina no sólo ayuda a un hombre a emerger de su cueva, sino que también es la hormona que causa que los hombres establezcan vínculos con otras personas. Incrementa su atracción sexual por su pareja, así como su motivación a protegerla. En las mujeres, la vasopresina tiene el efecto contrario. Las situaciones que la elevan hacen que ellas pierdan interés en el sexo y se asocian con más ansiedad y mayor motivación a protegerse o ponerse a la defensiva.

La vasopresina es la hormona que causa que los hombres establezcan vínculos con su pareja.

La mayoría de las investigaciones sobre la vasopresina se derivan del estudio de los topillos de las praderas. Como muchos humanos, estos roedores forman compromisos monógamos y vínculos duales de por vida. Los miembros de una pareja de topillos de las praderas sólo se aparean entre sí, comparten una madriguera e incluso crían juntos a sus descendientes. Los machos son especialmente protectores de su pareja y su madriguera. Únicamente tres por ciento de la totalidad de los mamíferos exhiben esas conductas, así que estos roedores son valiosos modelos para comprender la neurobiología de la vinculación dual durante el tiempo para nosotros.

Un alto nivel de vasopresina es estimulado, lo mismo en hombres que en mujeres, cuando hay una crisis o emergencia y se nos necesita de manera urgente. Por otro lado, un alto nivel de oxitocina es estimulado, lo mismo en hombres que en mujeres, cuando hay una crisis o emergencia y dependemos de la ayuda o protección de otra persona. El establecimiento de vínculos duales en el tiempo para nosotros estimula vasopresina en los hombres y oxitocina en las mujeres, siempre y cuando ellas necesiten y aprecien el apoyo de ellos y ellos les ofrezcan el apoyo que más necesitan. Esto los hace sentirse más atraídos por ellas, y a ellas más sensibles a ellos en términos sexuales y amorosos.

Si, en una emergencia, una mujer brinda a un hombre el apoyo que necesita, la vasopresina de ella se incrementa, lo mismo que la oxitocina de él. Esto puede procurar una grata sensación a ambos en el momento, pero como él tiene menos vasopresina, su atracción por ella decrecerá, y como ella tiene más vasopresina y menos oxitocina, su interés en el sexo y en responder a los esfuerzos románticos de él decrecerá. En lugar de seguir enamorada de él, terminará por sentirse como su madre, no su pareja romántica.

La vinculación dual en el tiempo para nosotros estimula la vasopresina en los hombres y la oxitocina en las mujeres.

A diferencia de la oxitocina, la cual se produce cuando recibimos o prevemos recibir lo que necesitamos, se produce vasopresina cuando se nos necesita o cuando prevemos que satisfaremos exitosamente las necesidades de otra persona. Entre más se requiera de nosotros, más aumentará la vasopresina. De igual forma, entre más sintamos la necesidad de alguien y obtengamos el apoyo que requerimos, más se incrementará la oxitocina.

Situaciones desafiantes o novedosas en las que de cualquier modo confiamos en nuestro éxito pueden estimular particularmente la vasopresina, porque estas situaciones también fomentan el nivel de dopamina. La vasopresina se activa al máximo cuando el nivel de dopamina es alto y el de testosterona no se ha agotado. Por eso un hombre precisa de tiempo suficiente en su cueva para regenerar su testosterona: debe estar motivado para el tiempo para nosotros.

En términos psicológicos, los hombres salen de su cueva cuando se sienten necesitados por sus hijos o su pareja, siempre que prevean salir triunfadores en la satisfacción de los imperativos de su familia.

Uno de los obstáculos que impiden que los varones dejen su cueva es no saber cuánto se les necesita para prestar el nuevo apoyo emocional que las mujeres requieren en una relación de alma gemela. Las novedosas ideas de Lauren Gray, que muestran la importancia para las mujeres de tomarse más tiempo para mí, así como tiempo para ti y tiempo para nosotros, esclarecen de igual forma el flamante rol de un hombre para brindar la ayuda que una mujer necesita a fin de encontrar su felicidad y disminuir su estrés.

Aunque hoy una mujer es más independiente que años atrás, sigue precisando de su pareja, aunque de un modo distinto. Tomar conciencia de esto es particularmente importante en un mundo en el que las mujeres ya no necesitan tanto a los hombres para su seguridad y supervivencia. Si una mujer desconoce sus nuevas necesidades emocionales de recuperar su lado femenino y por tanto se pregunta para qué necesita una pareja, la vasopresina de él decaerá en su presencia y se sentirá menos motivado a salir de su cueva. Si es soltero, se sentirá menos motivado a comprometerse, o incluso a casarse.

La renovada conciencia de una mujer respecto del apoyo emocional que necesita para aminorar su estrés aumenta su capacidad para apreciar el apoyo que su pareja puede brindarle, lo que acrecienta a su vez la motivación de él para salir de su cueva. Cuanto más sienta él que puede triunfar en la satisfacción de las necesidades de una mujer, más vasopresina producirá, y más atraído se sentirá por ella.

**Cuanto más sienta un hombre que puede triunfar
en la satisfacción de las necesidades de su pareja,
más atraído se sentirá por ella.**

Sin comprender la necesidad del tiempo de cueva de un hombre, las mujeres suelen tomarse esto personalmente y sentirse rechazadas. Cuando él se aparta para ocuparse de sus necesidades y recuperar su testosterona, ella se siente descuidada. Pero con esta nueva comprensión de sus propias necesidades de tiempo para mí, puede aceptar más plenamente la necesidad de tiempo de cueva de él y permitirse tomar tiempo para mí.

Con demasiada frecuencia las mujeres sienten que dan más y reciben menos porque esperan que un hombre les dé el apoyo que requieren para el tiempo para nosotros, en vez de reconocer que durante los dieciocho días de su tercera fase en realidad precisarán de menos tiempo para nosotros y más tiempo para mí.

Cuando ellas aprenden a obtener el tiempo para nosotros que requieren durante los cinco días de su segunda fase, pueden disfrutar con más efectividad de su tiempo para mí durante la tercera. Con una mayor apreciación de su tiempo para mí, en lugar de sentarse a esperar que su pareja salga de la cueva, pueden usar ese tiempo para obtener más tiempo para mí.

En vez de sentirse abandonada cuando él sale a jugar basquetbol con sus amigos, una mujer puede dedicar ese tiempo a actividades de cuidado personal o vinculación social. Cuando él está pegado a la televisión viendo el futbol o *Game of Thrones*, si a ella no le interesa ver eso mismo también es libre de tomar tiempo para mí. Este nuevo entendimiento produce en las relaciones una situación de beneficio mutuo.

Cómo apoyar el tiempo para mí de una mujer

El apoyo que una mujer necesita durante su tercera fase será generalmente una forma en que su pareja puede ayudarle a tomar tiempo para mí. Puede ser tan simple como no quejarse cuando ella habla mucho tiempo por teléfono con una amiga o como animarla a tomar un curso de jardinería. Pero aún más eficaces son las cosas que un hombre hace sin quejarse y que liberan tiempo para que ella haga más por sí misma: manejar las emergencias que se presentan.

Aunque mi esposa tiene un empleo fuera de casa, no espera que yo realice un monto igual de las actividades asistenciales de rutina en el hogar, como ir de compras, cocinar, asear y cuidar de los hijos. Es feliz así porque yo no espero a cambio que ella realice un monto igual de las actividades no rutinarias que a la mayoría de los hombres nos suele gustar hacer, siempre que dispongamos de nuestro tiempo de cueva y de la apreciación que requerimos.

A continuación aparece una lista de actividades estimuladoras de testosterona que, siendo prácticas, no debe esperarse que una mujer ejecute a menos que lo desee. Cuando un hombre asume estas acciones generadoras de testosterona, ayuda a su pareja a crear más tiempo para mí en la tercera parte de su ciclo. En su segunda fase, estas mismas actividades brindarán la vinculación dual que ella necesita para sentirse satisfecha, en particular cuando él las lleva a cabo con una actitud positiva y sin quejarse.

Cuando un hombre asume con entusiasmo desafíos de

trabajo que la mayoría de las mujeres no quieren enfrentar, eso estimula mucha oxitocina en las mujeres y vasopresina en los hombres. Entre más sean notadas y reconocidas con aprecio las acciones de él, más vasopresina, y testosterona, producirá.

La mayoría de los ejemplos de esta lista proceden de mi vida en los últimos meses. Mientras me daba tiempo para hacerla, di también en apreciar más lo que hago.

Estos ejemplos de las muchas maneras en que un hombre apoya a su esposa y su familia en casa son una adición a lo que él hace para ganar dinero en el trabajo. Puede ser útil que ella lea esta lista, porque si un esposo relacionara todas las formas en que le ayuda, podría parecer que se queja, y puede provocar desencanto. Aunque él lo dé todo, tenderá a decir cosas como "No es gran cosa" o "Lo hago por gusto".

LAS NUMEROSAS MANERAS EN QUE UN HOMBRE APOYA A SU ESPOSA Y SU FAMILIA EN CASA

1. Maneja cuando salen de viaje.
2. Hace diligencias y lleva a los niños a la escuela y a sus entrenamientos.
3. Entrena a los equipos de sus hijos.
4. Ayuda a sus hijos con sus tareas.
5. Refuerza puertas y ventanas cuando se aproxima una tormenta.
6. Pone cadenas a las llantas en el invierno.
7. Baja a encender el calentador cuando se apaga.
8. Arregla la computadora, la impresora y el teléfono cuando se descomponen.
9. Arregla la cerca cuando se rompe.
10. Elige el refrigerador correcto cuando se descompone.
11. Planea las vacaciones de verano y hace reservaciones.
12. Estudia el mapa para deducir un recorrido.

13. Hace las reservaciones cuando salen a cenar.

14. Sale a comprar algo para cenar si ella está cansada para cocinar.

15. Lava los trastes si ella le pide ayuda, o al menos recoge su plato y lava los trastes que usó.

16. Sale en medio del frío a sacar la basura y los materiales de reciclamiento.

17. Sale en medio de la oscuridad para indagar el origen de un ruido inusual.

18. Carga las bolsas pesadas y las compras del supermercado.

19. Carga la cajuela cuando salen de viaje.

20. Cambia un neumático ponchado o supervisa que alguien lo haga.

21. Va a recogerla al aeropuerto.

22. Arregla las fugas de agua o habla con un plomero si no puede hacerlo.

23. Habla con sus hijos cuando ella está demasiado molesta para hacerlo.

24. Habla con los vecinos cuando hay una queja.

25. Indaga varias opciones para determinar la mejor de ellas cuando piden un préstamo.

26. Busca el mejor precio para reservaciones de avión.

27. Desarma las cajas de las compras en línea.

28. Poda el pasto o barre las hojas de otoño, recorta los setos y transporta cargas pesadas de maleza y bolsas de fertilizante, o contrata a alguien que lo haga.

29. Habla con la compañía de cable (durante horas enteras) cuando el servicio se interrumpe.

30. Compra, instala, ajusta y supervisa la reparación del estéreo, la televisión, cámaras, videograbadoras y aparatos reproductores.

31. Investiga, compra, arma, arregla o supervisa la reparación de cualquier cosa que se descomponga, lo que incluye bicicletas, neumáticos, columpios, tostadores, teléfonos, chapas de puertas, chapas de portones, redes de basquetbol, podadoras,

puertas corredizas, ventanas rotas, fusibles fundidos y sistemas de alarma para el hogar.

32. Baja el asiento de la taza en lugar de pedirle a ella que lo levante por él.

33. Busca y supervisa al contratista cuando se hacen remodelaciones y está al pendiente del trabajo. Es responsable de hacer cambios, quejarse o pedir más.

34. Se toma tiempo para leer las páginas financieras de los diarios a fin de seguir tendencias y confirmar que ellos tomen las mejores decisiones financieras.

35. Limpia la brocha y la cubeta cuando se pinta la casa o el departamento.

36. Pone ratoneras y sepulta a los animales muertos.

37. Es responsable de adquirir y descifrar los planes de seguros. Cuando se hacen reclamaciones, supervisa el proceso para cerciorase de que se les pague correctamente.

38. Registra el ático en busca de los adornos navideños.

39. Cuelga cuadros pesados, tapices, relojes y teléfonos.

40. Supervisa toda compra, limpieza y uso de pistolas o armas de fuego, ya sea para efectos de caza o de protección de la familia.

41. Se hace cargo de los detalles de las vacaciones, como atractivos locales, reservaciones para cenar y alojamiento.

42. Trepa escaleras para cambiar focos y comprobar que no haya salitre en la casa.

43. Ajusta los relojes cuando hay cambio de horario o apagones.

44. Instala sombrillas junto a la piscina en los días soleados.

45. Se mantiene al día en los teléfonos inteligentes más recientes y su operación. Lleva a actualizar sus teléfonos y consigue la mejor compañía telefónica con los mejores precios.

46. Hace todo esto y más sin quejarse ni molestarse por dar demasiado, en tanto pueda comprobar que ayuda a su esposa a encontrar su felicidad.

Todas las actividades *no rutinarias* que acaban de enlistarse, las cuales son comúnmente realizadas por los hombres, procuran una excelente descarga de vinculación dual de oxitocina que ayuda a una mujer a pasar del tiempo para ti a tomar tiempo para mí. A un hombre le agrada asumir estos retos estresantes mientras se percate de que con ello le da a su pareja el apoyo que ella necesita para ser feliz. Si también ejecuta actividades de rutina como cocinar y hacer el aseo, podrá crear para ella una descarga adicional de oxitocina si hace algo que evidentemente ella no desea o no gusta de hacer.

A un hombre le agrada asumir retos estresantes mientras se percate de que con ello le da a su pareja el apoyo que ella necesita para ser feliz.

La idea de que hombres y mujeres deben compartir por igual las responsabilidades rutinarias de cocinar, hacer el aseo y cuidar de los hijos funciona en la teoría, pero rara vez en la práctica, y desde luego no promueve las hormonas de la pasión y la atracción.

Si una mujer no quiere compartir en partes iguales las responsabilidades estimuladoras de testosterona —y la mayoría de las mujeres no lo desean—, es poco realista esperar que un hombre comparta en partes iguales la totalidad de las diversas actividades asistenciales estimuladoras de estrógeno. Es indudable que nuestros roles se pueden empalmar, pero hay que recordar que demasiadas actividades no rutinarias estimuladoras de testosterona incrementan el estrés de una mujer, mientras que demasiadas actividades estimuladoras de estrógeno incrementan el estrés de un hombre.

Cuando él no regresa demasiado estresado del trabajo o se siente apreciado en casa, muchas de las actividades de la lista anterior pueden ser en realidad actividades de tiempo de cueva. Del mismo modo, si una mujer no vuelve demasiado estresada del trabajo o recibe abundante apoyo emocional de su pareja, muchas de las actividades asistenciales de rutina relativas al cuidado del hogar pueden ser para ella un magnífico tiempo para mí y tiempo para nosotros.

Los populares artículos acerca de lo romántico que es que un hombre realice labores domésticas pueden ser engañosos. En Noruega, dos estudios independientes de alrededor de diez mil parejas reportaron que en los matrimonios en que los hombres hacían tanto trabajo doméstico como las mujeres, las parejas tenían más probabilidades de divorciarse. No cabe duda de que, al principio, la novedad de que un hombre use la aspiradora produce más dopamina en el cerebro de una mujer, lo cual puede ser excitante; pero cuando la novedad se agota, lo mismo ocurre con la dopamina. Más sustentador a largo plazo es un hombre que lleva a cabo muchas de las tareas generadoras de testosterona al tiempo que proporciona el nuevo apoyo emocional que la mayoría de las mujeres requieren para recuperar su lado femenino.

Esto no significa que ellos no deban aspirar, cocinar, lavar trastes y demás. Cada pareja resuelve su división de labores rutinarias de acuerdo con sus preferencias, nivel de energía y horario de trabajo. Sólo significa que, para la mayoría de los varones, su principal atención en casa no debe estar en las labores asistenciales de rutina, sino en tomarse tiempo de cueva y asumir las labores no rutinarias generadoras de testosterona. Su tiempo de cueva les da el tiempo y energía extra que necesitan cuando surgen esas emergencias.

Otra razón de que las mujeres se agobien

Un grave problema que puede emerger cuando un hombre es un proveedor particularmente bueno o se esfuerza mucho por hacer feliz a una mujer es que ésta sienta que debe asumir más responsabilidades para compensar todo lo que él hace por ella. Por eso es importante que una mujer sepa que darse tiempo para relajarse y disfrutar de su tiempo para mí es el mayor regalo que puede hacerle a un hombre.

Darse tiempo para relajarse y disfrutar de su tiempo para mí es el mejor regalo que ella puede darle a un hombre.

En síntesis: las mujeres experimentan la vinculación dual del tiempo para nosotros dando a su pareja y recibiendo de ella atención, comprensión y respeto. Los hombres experimentan la vinculación dual del tiempo para nosotros dando a su pareja y recibiendo de ella confianza, aceptación y aprecio. Cuando un hombre hace cosas por una mujer, no necesita que ella haga más por él en respuesta. En cambio, necesita su amor.

Muchos esposos excelentes tienen una esposa agobiada porque asume más deberes con objeto de sentirse digna del apoyo de su marido. ¡Asume más cosas que la estresan porque no sabe lo feliz que hace a su esposo verla beneficiarse de sus esfuerzos e intenso trabajo!

Por otra parte, muchos esposos que hacen demasiadas cosas por su esposa y su familia piensan que debería bastar con que asuman la responsabilidad de todas las actividades no rutinarias, ¡y sabotean sin saberlo sus esfuerzos por complacer a su esposa al no proporcionar el apoyo emocional extra que ella requiere, como afecto, cumplidos, conversación, atención y romanticismo!

> Los hombres dan equivocadamente menos afecto y atención porque creen que esforzarse por la familia ya es apoyo en abundancia.

Este nuevo entendimiento, de que las mujeres precisan del apoyo de la vinculación dual con un hombre, sea para su satisfacción durante su segunda fase o para la transición al tiempo para mí en la tercera, puede inspirar y motivar a los hombres a dar más en su relación. Con una mayor conciencia de cómo logra un hombre ayudar a su pareja a ser más feliz, él deberá pasar menos tiempo en su cueva, y cuando salga tendrá más que dar.

En mi matrimonio, Bonnie aprecia que yo tome tiempo de cueva, porque sabe que esto significa que, cuando salga, generaré tiempo para nosotros de calidad y la apoyaré para que tome su tiempo para mí. Antes, cuando ella no reconocía o no sentía el valor de su tiempo para mí, mi entusiasta disposición a alentarla y apoyar su tiempo para mí no era reconocida como apoyo, y resultaba por tanto en menos vinculación dual. Cuanto más aprecie una mujer su tiempo para mí, más apreciará también la disposición de su pareja a ayudarle a tener más tiempo para mí.

Cuanto más aprecie una mujer su tiempo para mí,
más apreciará también la disposición de su pareja
a ayudarle a tener más tiempo para mí.

Sin este conocimiento, el apoyo de él para su tiempo para mí
podría hacerle sentir que no la desea a su lado. Esta confusión
también puede operar en el sentido opuesto. Algunas mujeres no se toman tiempo para mí porque temen que su pareja
se moleste de que puedan pasarla bien sin él.

Una mujer me dijo: "No puedo tomar tiempo para mí. Si
me divirtiera en ausencia de mi pareja, o le dijera que quiero
quitarle parte del tiempo que le dedico, él podría pensar que
ya no lo amo". Este tipo de actitud puede asfixiar a un hombre e impedir que se sienta motivado a salir de su cueva y pasar más tiempo con su compañera.

Habiendo dicho todo esto, hay hombres que en un principio se sentirán abandonados cuando una mujer disfruta de
su tiempo para mí, pero esto cambiará pronto cuando vean
que la felicidad de su esposa es atribuible a ellos. Estos hombres desvalidos están demasiado inclinados a su lado femenino y, en muy poco tiempo, al experimentar a su pareja en un
estado más feliz y apreciarla más, recuperarán su lado masculino y se sentirán más seguros.

Hombre de emergencias

Dentro de cada hombre hay un rescatista de emergencias.
Su nivel de testosterona sube cuando se le necesita. Cuando
comprende que hoy las mujeres precisan más que nunca de

su ayuda, no sólo en beneficio del tiempo para nosotros sino también en el del tiempo para mí, y que él puede aportar lo que su pareja necesita para ser feliz y sentirse realizada, experimenta de modo automático una renovada motivación.

> Cuando un hombre comprende que hoy las mujeres
> precisan más que nunca de su ayuda, experimenta
> de modo automático una renovada motivación.

En las relaciones de pareja tradicionales, un hombre pasaba la mayor parte de su vida en el tiempo para ti en el trabajo, y después en el tiempo para mí en su vida personal. En diversos grados, experimentaba la realización del tiempo para nosotros atribuyéndose la felicidad de su esposa, y ella gozaba y apreciaba el apoyo que él le confería.

> En diversos grados, un hombre en una relación
> de pareja sentía los beneficios del tiempo para
> nosotros atribuyéndose la felicidad de su esposa.

En una relación de alma gemela, un hombre continúa experimentando las delicias del tiempo para nosotros atribuyéndose sus contribuciones a la felicidad de ella. Pero con novedosas habilidades relacionales y reconociendo las recientes necesidades de búsqueda de equilibrio de su pareja, se siente naturalmente más motivado a salir de su cueva y resolver las necesidades más personales de amor, romanticismo y afecto de ella.

Los hombres siempre se han sentido motivados a hacer

felices a las mujeres. Hoy, sencillamente no comprenden todavía cómo pueden ayudar. Resienten gran número de bienintencionadas pero desatinadas presiones a pensar, reaccionar y responder como mujeres. Este desequilibrio incrementa no sólo su estrés, sino el de las mujeres también.

Los hombres no necesitan ser más femeninos. Cuando un varón está estresado, para equilibrar sus lados masculino y femenino debe tomarse tiempo de cueva a fin de recuperar su lado masculino en vez de pasar más tiempo expresando su lado femenino. Una mejor comprensión de cómo puede tener más éxito respetando y ocupándose de las nuevas necesidades de una mujer aumentará su capacidad para recuperar su testosterona durante su tiempo de cueva de tal forma que tenga más que dar cuando salga.

Con una nueva comprensión de los retos que las mujeres enfrentan a fin de balancear su tiempo para ti con el tiempo para nosotros y el tiempo para mí, así como de la capacidad de un hombre para resolver este inesperado problema, él se sentirá en automático más motivado a ayudar. Tendrá más razones para salir de su cueva. Si le da lo que ella necesita, también satisfará en mayor grado su propia necesidad de tiempo para nosotros.

El equilibrio de las diversas necesidades de ella

Aun con una pareja comprensiva, una mujer puede encarar muchos otros obstáculos, de carácter más interno, para balancear sus variadas necesidades de vinculación dual, vinculación social, cuidado personal y servicio desinteresado en el tiempo para ti, el tiempo para nosotros y el tiempo para mí. He aquí tres ejemplos:

1. **Asuntos relacionados con sus padres:** problemas no resueltos del pasado de una mujer, como los debidos a un padre inaccesible o a una madre infeliz y demasiado dependiente, pueden impedirle depender de una pareja y crear vinculación dual para el tiempo para nosotros que ella requiere. La idea de necesitar a alguien parece debilidad, no simple acceso a una parte de su lado femenino.

    Para evitar la intimidad, ella se volverá adicta al trabajo en el tiempo para ti o a la vinculación social o la privacidad en el tiempo para mí. En ambos casos, evitando la vinculación dual tendrá más estrés.

2. **Asuntos relacionados con sus hermanos o amigos:** problemas no resueltos con hermanos o amigos en la infancia pueden impedir a una mujer vincularse socialmente. Sólo podría atraerle entonces el aspecto de cuidado personal del tiempo para mí. Esto le ayuda a reducir su estrés porque produce progesterona, pero se perderá las delicias y placer de los lazos sociales.

    Ya nos ocupamos de la necesidad de cuidado personal y vinculación social durante el tiempo para mí. El tiempo dedicado al cuidado personal le concede a una mujer más progesterona para restaurar su testosterona y sustentar su lado masculino, y el dedicado a la vinculación social le concede más progesterona para expresar con libertad su lado femenino. Pero si sólo emplea el cuidado personal para aminorar su estrés y evita la vinculación social, con el tiempo su lado femenino podría verse reprimido y su lado masculino sobreexpresado.

3. **Ausencia de modelos de conducta positivos:** cuando una mujer no tiene modelos de conducta de mujeres

fuertes o exitosas que sean también felices y realizadas, será difícil que busque los beneficios del tiempo
para ti. Sin seguridad para expresar su lado independiente masculino, sus cualidades femeninas de interdependencia y vulnerabilidad pueden volverla demasiado
desamparada en el tiempo para nosotros.

En vez de dedicarse al cuidado personal durante el
tiempo para mí, se sentirá tentada a expresar en demasía su lado femenino a través de la vinculación social.
La excesiva expresión de su deseo femenino de cuidar de los demás y experimentar interdependencia en
sus relaciones reprimirá su lado masculino. En consecuencia, se empeñará en complacer a todos y perderá su concepto de sí. Lo que los demás piensen de ella
eclipsará su seguridad interna para expresar su independencia en equilibrio con su interdependencia.

Igualmente, cuando las mujeres no tienen modelos
de conducta positivos para expresar de modo satisfactorio su lado masculino al tiempo que disfrutan de
una vida familiar afectuosa, feliz y sin estrés, pueden
inhibir su lado femenino en su afán de ser económicamente independientes y exitosas. Por tanto, se opon-
drán a la idea de necesitar una pareja en la vida.
Incapaces de sentir las cualidades vulnerables de su
lado femenino, serán incapaces de enamorarse o sentir apego por una pareja.

En estos tres ejemplos, sin el apoyo en su pasado para expresar sus lados masculino y femenino, es más desafiante aunque
posible para una mujer hallar su felicidad y equilibrio hormonal. Con una conciencia creciente de sus distintas necesidades hormonales en momentos diferentes del mes, la práctica

de estas nuevas habilidades le permitirá superar su pasado y crear una vida de amor.

Aunque este libro puede hacer una gran diferencia, igual que en el caso de cualquier otra nueva habilidad cierta asesoría podría facilitarte las cosas. Los blogs en línea de Lauren Gray, en MarsVenus.com, brindan apoyo adicional útil para que las mujeres equilibren su tiempo para ti, tiempo para nosotros y tiempo para mí.

La regla de oro de las almas gemelas

La regla de oro de una relación de alma gemela es que cuando un hombre o una mujer siente que no recibe suficiente atención, amor y apoyo, debe dirigir su atención a darse más tiempo de cueva o tiempo para mí. Hoy los miembros de una pareja se involucran demasiado entre sí, y pierden después su pasión. Aun en la fase dos, durante su ventana de amor de cinco días, si una mujer no obtiene la vinculación social que necesita, existen muchas maneras de obtenerla aparte de su pareja. La danza de la intimidad requiere independencia tanto como interdependencia.

> **La danza de la intimidad requiere independencia
> tanto como interdependencia.**

La felicidad en las relaciones siempre tiene que ver con balancear el tiempo para ti, el tiempo para nosotros y el tiempo para mí. El poeta Gibrán Jalil Gibrán expresa bellamente este concepto de equilibrar el tiempo para nosotros con el tiempo

para mí en su inmortal libro de ensayos poéticos *El profeta*.
Escribió:

> Que haya espacios en su unidad: y que los vientos de la
> danza celeste entre ustedes [...] los mantengan unidos, mas
> no demasiado cerca: porque los pilares del templo se levan-
> tan aparte, y el roble y el ciprés no crecen uno a la sombra
> del otro.

En los últimos cuatro capítulos exploraremos con gran detalle
el particular apoyo que las mujeres precisan de los hombres
para crear tiempo para nosotros de calidad, así como el apoyo
emocional que ellos necesitan para realizarse. He guardado lo
mejor para los cuatro últimos capítulos. Con este nuevo entendimiento, hombres y mujeres podrán dar y recibir el amoroso apoyo que más necesitan y merecen.

10. *Ella necesita que la oigan y él necesita que lo aprecien*

Las principales quejas de hombres y mujeres contra la otra parte se reducen a que ellas no se sienten oídas y ellos no se sienten apreciados. Ellos suelen hablar demasiado y no escuchar lo suficiente, mientras que ellas asumen tantas responsabilidades que es difícil que aprecien por completo el apoyo que los hombres les pueden brindar.

Al leer acerca de la charla de Venus que describí en el capítulo seis, un hombre inclinado a su lado femenino dirá: "¿Y yo qué? ¡También tengo sentimientos de los cuales hablar!". La charla de Venus es un proceso eficaz para que una mujer recupere su lado femenino y un hombre recupere su lado masculino. Pero esto no significa que él no tenga sentimientos o no deba compartirlos jamás.

Hablar de sentimientos es una buena manera de que un hombre se vincule con su pareja, pero no de reducir su estrés. Hay un momento para que él hable y un momento para que escuche. Si se siente estresado, molesto o defensivo en respuesta a algo que su pareja dijo o hizo y cree que debe compartir esos sentimientos para sentirse mejor, hacerlo en ese momento sólo empeorará las cosas para él y para su pareja.

Si está molesto por algo que ocurrió durante su trabajo y siente la urgente necesidad de quejarse, antes de compartir con su pareja deberá confirmar su contacto con su lado masculino para poder moderar su estrés. Hablar de sus

sentimientos con su esposa en momentos turbulentos estimulará su estrógeno, y con él su tensión.

**Cuando un hombre comparte sentimientos
defensivos con su pareja ¡sólo empeora las cosas!**

Después de que se ha tomado tiempo de cueva para regenerar su testosterona y recobrar su equilibrio hormonal, es un
momento ideal para compartir con su pareja sus pensamientos, sentimientos y experiencias. Sin embargo, ella se sentirá
más unida a su esposo si él comparte más sentimientos positivos que emociones negativas. Por ejemplo, cuando yo comparto con Bonnie algo que me molesta, siempre incluyo algo
bueno que he aprendido de la experiencia, para no dar la impresión de que soy una víctima indefensa en busca de compasión (aunque si un problema o conflicto es grave de veras, en
ocasiones es bueno buscar y aceptar un poco de compasión).

Las mujeres dependen de su pareja para consolidarse con
base en la seguridad en sí mismo y competencia de él. Una
mujer dirá a menudo que quiere saber qué siente su compañero, pero en la mayoría de los casos lo que en realidad desea
es la certeza de que él la sigue amando o de que todo marcha adecuadamente. Cuando un hombre calla, si una mujer
se siente un tanto insegura experimentará el impulso a descubrir cuáles son los sentimientos de su compañero, a fin de
sentirse vinculada con él. Pero en esos momentos es mejor
que ella haga contacto dándole a conocer sus propios sentimientos. De este modo se sentirá vinculada al tiempo que recupera su lado femenino y su equilibrio.

Las mujeres suelen decir que quieren saber
qué siente un hombre, pero en la mayoría de
los casos sólo desean certeza de que él no está
molesto con ellas.

Muy a menudo, cuando una mujer habla, un hombre toma distancia y piensa en lo que ella dice. Ellas suelen malinterpretar como enojo esta expresión facial "pensativa".

Durante uno de mis seminarios, en un ejercicio experiencial se pidió a las mujeres que observaran las expresiones faciales de su esposo cuando estaba relajado, pensativo, contento y enojado. A la mayoría de ellas les sorprendió descubrir que había pocas diferencias entre las expresiones de su pareja cuando estaba enojada y cuando estaba relajada o simplemente pensaba.

Por ejemplo, Melanie llevaba doce años casada con Tom. Se asombró cuando ambos hicieron este ejercicio, porque hasta entonces, cuando él estaba relajado o pensando, ella había creído que estaba enojado. Aunque algunos hombres son más expresivos, en realidad muchos de ellos tienen el mismo aspecto cuando se concentran pensando o se relajan que cuando están molestos o estresados.

Dijo Melanie: "Esto cambió por entero mi matrimonio. Muchas veces creí que él estaba enfadado conmigo cuando no era así. Siempre quería saber qué sentía él, o sencillamente me apartaba, sin la menor idea de por qué estaba molesto conmigo. Ahora me siento mucho más relajada y segura a su lado. No siento que deba tratarlo con pinzas, ni que le molestará que le pida ayuda".

Hablar de sentimientos

En hombres y mujeres, hablar de nuestras emociones negativas y sentirnos oídos estimula el estrógeno y reduce la testosterona.

Si una mujer está estresada, debe compartir sus sentimientos para recuperar su lado femenino. Aun si un hombre no se identifica del todo con la experiencia de ella, este episodio puede contribuir a que el estrés de ella disminuya. Asimismo, entre más pueda una mujer compartir sus emociones, más podrá un hombre comprenderla y vincularse con ella, independientemente de si puede identificarse o no directamente con su experiencia.

Pero cuando un hombre está estresado, lo último que debe hacer es compartir sus sentimientos negativos con su esposa, aun si no va a quejarse de ella. Si necesita una caja de resonancia, debe realizar primero alguna actividad de tiempo de cueva para incrementar su testosterona y calmarse. Podría hablar con otro hombre, un coach o terapeuta; orar o meditar, o hacer un ejercicio social como excursionismo, jugar golf o ir a dar un paseo con sus amigos. Si más tarde sigue enfadado, podría repasar sus sentimientos escribiéndolos en un diario.

Si un hombre está enojado y necesita una caja
de resonancia, debe calmarse primero y hablar
después de sus sentimientos con otro hombre,
no con su pareja.

La razón de que el estrés de un hombre descienda cuando habla con otro de sus sentimientos es que cuando los varones comparten experiencias, tienden a reforzar y validar su lado masculino y a aumentar su testosterona. Así, si un hombre habla con otro, elevará su testosterona tanto como su estrógeno.

Si comparte sus pensamientos y sentimientos con un terapeuta, coach o amistad, no es forzoso que esta persona sea un varón. Puede ser mujer, siempre y cuando no dependa ni esté íntimamente relacionada con él. Esta distancia significa que el hombre no tendrá que preocuparse de lo que ella piense de él, ni contenerse.

Cuando un hombre no se queja ni reclama, ayuda a su pareja femenina a sentirse segura y apoyada en su presencia. Éste es el significado de que, en el ejército, un individuo aprenda a "aguantar". Aunque la psicología moderna enseña que los hombres deben compartir sus sentimientos, la verdad es que esto debilita el acceso de un varón a su lado masculino si lo hace al calor del momento. Claro que en ese instante la sensación puede ser agradable, pero inclina demasiado a un hombre a su lado femenino y retarda su retorno a su lado masculino.

Las investigaciones acerca del estrés traumático en el ejército estadunidense han demostrado que obligar a que los hombres hablen de sus sentimientos mientras se encuentran en una zona de combate es improductivo y redunda en más trastorno de estrés postraumático (TEP). Ha resultado mejor que hablen de sus sentimientos después, cuando están lejos del combate. Esperar a que estén seguros y relajados es la manera más efectiva de curar una herida emocional profunda.

Hacer que los hombres hablen de sus sentimientos en la zona de combate es improductivo y genera más TEP.

Esta cuestión es muy controvertida, así que permítaseme repetir: *esto no significa que un hombre deba ignorar o reprimir sus emociones negativas*. Sencillamente no debe expresarlas a su pareja romántica en busca de alivio. En cambio, tiene que hacer algo que aumente su nivel de testosterona con objeto de recuperar su lado masculino. Hará descender drásticamente su estrés.

Hacer esto no es reprimir sus sentimientos, sino darse tiempo para serenarse. Hablar en forma directa con la persona con la que está molesto sólo lo enojará más y hará que esa persona se cierre. Aun si su pareja no es la persona con la que está irritado, para poder recuperar su lado masculino deberá expresar su cualidad masculina de racionalidad e independencia, no vulnerabilidad e interdependencia. Mientras tenga una "carga" emocional negativa, no deberá compartir sus sentimientos con su pareja amorosa.

Además de darle mejores resultados, será mejor para él. Cada vez que una mujer escucha a un hombre compartir sus sentimientos, cuando él necesita su apoyo para sentirse mejor, ella transita a su lado masculino. Si ya está demasiado inclinada a éste, ese hecho no sólo aumentará su estrés, sino que también aniquilará el romanticismo.

Compartir sentimientos puede generar más estrés

Algunas mujeres son expertas en lograr que su esposo "departa y comparta" como si fuera una de sus amigas, y luego se preguntan por qué se agotó la pasión. Una mujer puede sentirse confundida o culpable de que todo lo que él comparte le disguste. Incapaz de dar sentido a esta situación, podría concluir que él es simplemente el hombre equivocado, en lugar de percatarse de que todos resultarán ser el hombre equivocado si los obliga a compartir con ella como ella lo hace con sus amigas.

También él se sentirá frustrado, porque lo que busca es hacerla feliz y hacer lo que ella le pide, y podría experimentar rencor y resentimiento al sentirse rechazado o poco apreciado. Considera el siguiente ejemplo:

June y Alex llevan dos años de casados. Tras rogarle a su esposo que se abriera y compartiese lo que siente en vez de procesar solo sus sentimientos, él comenzó a abrirse y a hablar más de sus sentimientos con ella.

Un par de sesiones más tarde, June me dijo en privado: "Aún lo amo, pero no quiero seguir casada con él. Ahora que me cuenta todos sus problemas y sentimientos, ha dejado de atraerme. Me siento mal por eso, pero no lo puedo evitar. No sé cómo decirle que no quiero oír sus sentimientos. Cuando nos casamos, no advertí que él tuviera tantos problemas. Ahora me siento más responsable de ayudarlo. No quiero sentirme su madre. Quiero un hombre adulto".

En este ejemplo, el deseo de June de oír los sentimientos de él fue un caso de esperar que un hombre satisfaga la necesidad de una mujer de tener una amiga, alguien que comparta con ella las mismas opiniones sobre la vida. Pero cuando él compartió sus sentimientos, y pese a que ella pudo identificarse con algunos de ellos, esto no la hizo sentir mejor.

En retrospectiva, ella vio que su deseo de oír los sentimientos de él se agudizaba cuando él se mostraba más distante. Cuando ella creyó querer que él compartiera sus sentimientos, lo que en realidad buscaba era satisfacer su necesidad femenina de recibir la certeza de que todo marchaba bien y de que él la seguía queriendo.

Cuando un hombre está distante o callado,
las mujeres quieren saber qué siente principalmente
para recibir la certeza de que las sigue amando.

Sin este entendimiento, muchas mujeres, como June, presionan a su pareja para que comparta lo que siente cuando está callada o distante. Entonces, cuando un hombre comparte sus sentimientos, ellas se confunden, porque escuchar lo que él siente no las hace sentir bien. Lo que una mujer no sabe es que la mejor manera de obtener el apoyo que requiere es hacer lo contrario: compartir sus propios sentimientos. En vez de escuchar al lado femenino de él compartir sentimientos, lo cual la inclina a ella a su lado masculino, compartir sus propios sentimientos le permitirá recuperar su lado femenino.

June aprendió al final que era más efectivo para ambos que su pareja procesara en silencio sus sentimientos. Entonces, una vez disminuido su estrés, era momento de oír sus sentimientos positivos y recibir el amor personal que ella buscaba.

Al escuchar los problemas de Alex, en realidad June se preocupó más por él. En lugar de sentir que podía depender de su apoyo, sentía que tenía otra responsabilidad que cumplir. Necesitaba el amor personal de él para que le ayudara a ponerse en contacto con su lado femenino y a estimular sus hormonas femeninas antiestrés; pero cuando él expresaba su lado femenino, ella transitaba a su lado masculino. En vez de reducir su estrés, el hecho de compartir lo elevaba y la alejaba a ella.

Oír el vulnerable lado femenino de un hombre
cuando una mujer debe hallar su propio lado
femenino puede activar su lado masculino
e incrementar su estrés.

Escuchar los sentimientos de Alex tiene en June un efecto diferente a que su amiga Liz comparta iguales sentimientos de inseguridad. Cuando June oye los sentimientos de Liz, se vuelve más femenina, pero cuando escucha los de su esposo se vuelve más masculina.

Esta distinción es cierta por dos grandes razones.

Razón uno: dependencia

June depende de que su esposo, Alex, comparta con ella las responsabilidades financieras y domésticas. No depende de su amiga Liz para conseguir ese mismo apoyo.

Si Liz está insegura y teme perder su empleo o se siente agobiada con tantas cosas que hacer, esto no impacta directamente a June. Al escuchar a su amiga, su nivel de estrés no aumenta, porque no depende de ella.

Pero si el esposo de June teme perder su empleo, esto ciertamente impacta en el bienestar de ella y hace que su estrés suba. Si su esposo se siente agobiado, significa que estará menos disponible para ella si necesita apoyo o ayuda extra. Particularmente en un momento en que June está estresada y requiere ayuda para recuperar su lado femenino, lo último que necesita es sentirse más estresada.

> Para una mujer es difícil escuchar y mantenerse
> serena cuando las inseguridades de él amenazan
> su bienestar.

Cuando Alex comparte sus inseguridades, en vez de sentirse relajada por su amor y apoyo y recuperar su lado femenino, el lado masculino de June responde para darle a él la seguridad y el apoyo que su lado femenino necesita. En lugar de recuperar el equilibrio, ella se desbalancea aún más.

Cuando está estresada, lo mejor es que Alex asuma el rol masculino y la escuche mientras ella se beneficia de recuperar su lado femenino. Como ya se mencionó, escuchar en silencio expresa nuestro lado masculino, mientras que compartir sentimientos expresa nuestro lado femenino.

> Escuchar en silencio expresa nuestro lado masculino,
> mientras que compartir sentimientos expresa
> nuestro lado femenino.

Sin este entendimiento, June seguiría apartándose de Alex, y sintiéndose culpable por no ser una oyente más empática. A la larga, su presión interna para ser una buena oyente la haría perder contacto con su lado femenino. En un momento en que debe recuperar su lado femenino para hallar el equilibrio, que Alex comparta sus sentimientos puede hacerla sentir peor en lugar de mejor.

Razón dos: empatía

Dado que las dos son mujeres, cuando Liz comparte sus sentimientos y experiencias con June, sus sentimientos tienden a estar en sintonía con el tipo de sentimientos que June experimenta. Al escuchar a Liz e identificarse por completo con su situación, los sentimientos de June son validados, lo que estimula sus hormonas antiestrés femeninas. Cuando escucha los sentimientos de Alex, no obtiene la misma validación, porque él y ella son diferentes.

Por otro lado, si Alex tiene más características femeninas, aunque June pudiera tener sentimientos similares, que él comparta sus inseguridades o sensaciones de agobio reduce la posibilidad de que ella sienta que puede depender de su ayuda o apoyo. Si es de suyo difícil que las mujeres pidan ayuda, oír la necesidad de ayuda de él complica más todavía que le pidan más.

Como ella lo ama, instintivamente quiere consolarlo con un amor maternal tranquilizador o ayudarle a resolver sus problemas. En ambos casos, ella sentirá que no puede contar con él.

Puesto que la supervivencia de una mujer depende hasta cierto punto de su pareja, cuando él habla abiertamente de sus errores ella se pone hipervigilante en automático, para recordarle lo que puede hacer a fin de no repetir esos errores en el futuro. Esto no sólo es un constante recordatorio para él de sus errores, sino que además lo hace sentir demasiado dependiente de ella.

En una ocasión, yo dejé mi pasaporte en casa. Todo resultó de maravilla con la ligera agitación de último minuto de obtener un permiso especial para entrar a Suecia sin pasaporte. Pero durante años a partir de entonces, Bonnie me recordaba sistemáticamente que llevara mi pasaporte, hasta que por fin, un día en que hacía mi equipaje para un viaje, le enseñé con picardía mi pasaporte y le dije: "Jamás olvidaré mi aventura sueca, así que no hace falta que me la recuerdes", y ella dejó de hacerlo. Aunque este tipo de consejo no solicitado es bienintencionado, puede desgastar la testosterona de un hombre.

La solución a este nuevo reto de cuándo y cómo compartir sentimientos suele ser buscar el momento oportuno. Hay veces en que él puede compartir, pero no cuando ella tiene que recuperar su lado femenino o cuando él trata de recuperar su lado masculino. Y, significativamente, ningún momento es el indicado para compartir sentimientos si eso va a parecerle una queja a tu pareja.

Ningún momento es el indicado para compartir sentimientos si eso va a parecerle una queja a tu pareja.

Quejarse *versus* pedir

Las relaciones son fabulosas cuando empiezan porque entonces aceptamos a nuestra pareja tal como es. La novedad y el desafío del principio estimulan en el cerebro un alto nivel de dopamina, lo que incrementa temporalmente nuestra facultad para pasar por alto las deficiencias de nuestra pareja. Después, cuando la rutina, la comodidad y la familiaridad se dejan sentir, adoptamos el papel de tratar de hacerla mejorar, ajustarla, corregirla o hacerla cambiar de una forma u otra. Éste es un lento veneno que acaba con la pasión y el amor. Querer mejorar a alguien parece amor, pero no lo es. Cambiar nosotros para hacer lo útil en vez de hacer cambiar a la pareja, dejar de juzgar y buscar el perdón son las verdaderas expresiones del amor.

Cuando en una relación nos quejamos, se debe a que algo no nos gusta y queremos que nuestra pareja cambie de algún modo, a fin de obtener lo que deseamos. Es correcto, y hasta bueno, querer más apoyo, pero quejarse no es la forma de conseguirlo. Cada queja lleva en sí una petición. Pero cuando nos quejamos, nuestras peticiones parecen exigencias.

Entre más presionamos a nuestra pareja para que cambie, más se resistirá ella a oírnos y a reaccionar de manera productiva. Si reformulamos nuestras quejas como peticiones y no como exigencias, transmitiremos el mismo mensaje de un modo más positivo. Para que una petición sea aún más efectiva y positiva, acórtala. Mientras más palabras uses, más resistencia producirás en tu pareja.

He aquí algunos ejemplos de cómo reformular tus quejas para convertirlas en peticiones breves usando las menos palabras posibles para dar razones o justificaciones de tu solicitud.

QUEJA	PETICIÓN
Siempre se te olvida sacar la basura.	¿Podrías acordarte mañana de sacar la basura? Empieza a oler mal cuando se queda en la cochera una semana extra.
Volviste a dejar sucia la mesa de la cocina.	¿Podrías limpiar la mesa de la cocina que dejaste sucia?
Otra vez no contestaste tu teléfono. Nunca te puedo localizar.	Hoy cuando te vayas, ¿podrías recordar encender tu teléfono para que yo pueda localizarte? Me gusta estar en contacto contigo.

Sigues dejando tu ropa en el piso de la recámara.	¿Podrías recordar recoger tu ropa de la recámara?
Volviste a corregirme en público y no me gusta.	¿Podrías no corregirme cuando estamos en público? A menos que sea algo importante, eso me haría sentir muy bien.

Cuando estás estresado, contener tu queja y hacer algo para reducir previamente tu estrés te concede tiempo extra para reflexionar sobre cuál es la petición oculta en tu queja. Luego, una vez dominado el estrés y habiendo recuperado tu sensación de vinculación y afecto, es momento de que hagas tu petición.

Otra forma de obtener más apoyo y parecer menos demandante aún es informar a tu pareja de lo que te gusta. En vez de hacer una petición, lo que requiere un inmediato sí o no, haz una afirmación. Enúnciala de tal manera que sea un mensaje del tipo "Para tu información" (PTI), sin demandas ni requisitos de respuesta inmediata.

> A veces obtendrás más apoyo con un mensaje PTI sin demandas ni requisitos de respuesta inmediata.

A continuación se dan ejemplos de enunciados PTI:

PETICIÓN	ENUNCIADO PTI
¿Podrías acordarte de sacar la basura?	Mañana viene el camión de la basura. Me gusta cuando la sacas en la tarde.
¿Podrías limpiar la mesa de la cocina que dejaste sucia?	Después de hacer tu licuado matutino, me encanta que recuerdes limpiar la mesa de la cocina.
¿Podrías recordar encender tu teléfono para que yo pueda localizarte?	No nos veremos todo el día. Me agrada que tengas encendido tu teléfono para que pueda localizarte cuando se te hace tarde.
¿Podrías recordar recoger tu ropa de la recámara?	Me gusta que recojas tu ropa; la recámara luce preciosa.
¿Podrías no corregirme cuando estamos en público?	Me divertí mucho en casa de Dave. Me encanta que festejes mis bromas, pero no que me corrijas frente a los demás; preferiría que lo hicieras en privado.
¿Podrías apagar la luz cuando salgas de un cuarto?	Noté que apagaste la luz de la sala. Me agrada que apagues la luz cuando sales de una habitación.

Acuerda con tu pareja que cuando uno de los dos haga una petición o enunciado PTI, no se requiera más respuesta que "Entendido". Esto le dará tiempo a ella para considerar tu petición antes de comprometerse a cambiar de conducta o cumplir tu solicitud.

Particularmente en el caso de los hombres, entre menos

presionados se sienten a responder de inmediato, más dispuestos estarán a considerar de buena gana una petición de una mujer y a hacer todo lo posible por ajustar a ella sus acciones. Si no se les presiona a dar una respuesta inmediata, se sienten apoyados para tomar una decisión propia. Esta mayor independencia refuerza su lado masculino, de modo que tendrán más que dar.

En una relación, el mejor momento para hacer peticiones es cuando tu pareja y tú no experimentan estrés. Puedes suavizar una petición de tal forma que no parezca exigencia diciendo algo como "Cuando tengas oportunidad, te agradecería mucho que limpiaras la cochera", o "No es urgente, pero me encantaría que limpiaras la cochera".

Sé que esto parece laborioso, y al principio puede serlo, pero evita mucha tensión y al final quita menos tiempo. Date un momento para considerar los beneficios. Imagina:

- Lo bien que se siente saber que tu pareja no te exige cambiar.
- El maravilloso regalo que le haces al no exigirle que cambie.
- Lo bien que se siente confiar en que, gracias a que no haces un berrinche ni exiges nada, ella hará todo lo posible por considerar tu petición.
- Lo bien que se siente no depender de que tu pareja cambie o sea perfecta para hacerte feliz. ¡Qué libertad te das y le das a ella! Éste es un destello del amor superior que es posible alcanzar.

Para garantizar la claridad y brevedad mientras aprendes a hacer esto, te recomiendo que primero escribas tu petición y la leas para ti para que adquieras práctica. Luego podrás entregarla en una hoja, leerla en voz alta o verbalizarla sin necesidad de apuntes cuando los dos estén de buen humor.

Compartir tus preferencias

Algunas parejas con las que he trabajado cuentan con un sobre que dice "Preferencias": cuando tienen una petición que hacer, la escriben y la meten al sobre. Señalan con las menos palabras posibles lo que les gustaría que cambiara, y luego formulan su petición como una preferencia no demandante expresada de manera amable y cariñosa. Compartir peticiones de este modo garantiza que no se espere una respuesta inmediata. Para algunos, este método parece también menos demandante o controlador. Funciona de manera inmejorable cuando cada persona comparte sólo una preferencia a la semana, y cuando esa preferencia se envuelve en comentarios agradables.

He aquí algunos ejemplos de notas de preferencias:

- "El otro día se te olvidó sacar la basura. Realmente agradezco no tener que hacerlo, y sé que no siempre se te olvida. Me encantaría que te acordaras de sacarla. Gracias. Te quiero."
- "El otro día la mesa quedó muy pegajosa después de que hiciste tu licuado. Me gusta mucho que recuerdes limpiarla. Sé que esto no pasa siempre. Gracias. Te amo."
- "El otro día llegaste a cenar treinta minutos tarde. No te vi en todo el día, y no sabía dónde estabas. Me agrada que tengas encendido tu teléfono para que yo pueda localizarte cuando se te hace tarde. Sé que no

siempre te retrasas y que acostumbras dejar encendido tu teléfono. Cuando no te puedo localizar, me pre-
ocupo. Gracias. Te quiero."

- "El otro día recogí tu ropa de tres días. La recámara
  luce preciosa cuando la recoges. Sé que no siempre la
  dejas tirada, y que haces muchas otras cosas por mí,
  pero me gustaría que te acordaras de recogerla. Gracias. Te adoro."

- "La pasé de maravilla en la fiesta de Dave, pero me
  avergonzó que me corrigieras frente a los demás.
  Agradezco tu amor, y agradecería que no me corrigieras en público. Sé que tu intención es buena y que por
  supuesto esto no pasa siempre. Gracias. Te amo."

- "Esta semana, la luz de la sala se quedó encendida en
  varias ocasiones. Sé que apagas la luz muy seguido,
  pero no siempre. Me encanta cuando no tengo que re-
  correr la casa para apagar las luces. Intento no des-
  perdiciar energía, porque la cuenta de la luz sube cada
  año. Gracias. Te quiero."

Llegar al acuerdo de que cada quien escriba sus preferencias
significa que puedes tener la seguridad de que el resto del
tiempo no enfrentarás quejas. Otro beneficio de escribir tus
preferencias en una nota es que tu pareja puede responder
con otra, dándote las gracias y, de ser necesario, indicándote
una manera mejor de expresar tus preferencias.

Podría decir algo así: "Gracias por tu mensaje. Trabajaré
en eso. Te amo".

O como esto otro: "Gracias por tu mensaje. Trabajaré en
eso. Entretanto, preferiría oír tu petición de otra manera. En
vez de decirme que nunca bajo el asiento de la taza, me gustaría oír, en tus propias palabras, que sabes que lo bajo muchas

veces y que lo agradeces. Luego, en tu nota podrías añadir que te gustaría que lo bajara *siempre*. Gracias por escuchar. Yo también te quiero".

Informar de tus necesidades a tu pareja es importante, pero lo es más todavía apreciar lo que hace bien. Las mujeres se sienten más apreciadas cuando son oídas y respetadas, pero los hombres se sienten más apreciados cuando reciben una reacción positiva a sus palabras y acciones y, siempre que sea posible, una reacción neutral a sus errores. Cuando una mujer pasa por alto o minimiza los errores de un hombre, él se siente más apreciado todavía. Y cuando tu pareja ya recibe muchos mensajes de agradecimiento, siempre le es más fácil oír y responder a tus peticiones.

Apreciar a tu pareja

La forma más eficaz de reforzar el nivel de testosterona de un hombre y sacar a relucir lo mejor de él es el aprecio. Muchas mujeres comparten lo que no les gusta, pero no tan a menudo expresan en voz alta lo que aprecian.

Cuando se sienten apoyadas, son más capaces que los hombres para sentir y expresar aprecio. Una de las principales razones de que a ellos les guste estar con una mujer es que ella puede sentir mucho aprecio por lo que un varón hace por ella. Sin embargo, la mayoría de las mujeres no utilizan a plenitud este superpoder para sacar a relucir lo mejor en un hombre. Así como un hombre ubicado en su lado femenino tenderá a quejarse de tener que escuchar en vez de compartir sus sentimientos cuando está estresado o a la defensiva, las mujeres ubicadas en su lado masculino tenderán a resistirse a la idea de que ellos tienen más necesidad de ser apreciados.

Enseguida se muestran tres fáciles mensajes para ayudar a elevar el nivel de testosterona de un hombre:

- Siempre que sea posible, cuando un hombre hable y lo que dice tiene lógica, dile: "Eso tiene lógica".
- Siempre que sea posible, cuando un hombre hable y diga una buena idea, dile: "¡Qué buena idea!".
- Siempre que sea posible, cuando un hombre hable y tenga la razón, dile: "Tienes razón".

Las mujeres suelen albergar estos sentimientos positivos, pero no se dan cuenta de lo importante que es decirlos en voz alta ni de lo bien que hacen sentir a un hombre cuando los dicen. Después de pronunciar cualquiera de las tres frases anteriores, ve cómo cambian la cara y postura de él. Hará una pausa y se enderezará un tanto. Dado el aumento de torrente sanguíneo en su cerebro, producto de la descarga de testosterona que experimenta, su rostro se iluminará. Pensará con orgullo: "¿Qué dije?". Este apoyo es fácil de dar, sube la testosterona de un hombre y saca a relucir lo mejor de él.

Así como a ellos les gusta que se les aprecie, a las mujeres les gusta que las oigan. Cuando una mujer habla, un hombre puede apoyarla en forma ideal mostrando más interés. He aquí tres fáciles mensajes para ayudar a una mujer a elevar su nivel de estrógeno:

- Siempre que sea posible, cuando una mujer hable, mírala y di: "Háblame más de eso".
- Siempre que sea posible, cuando una mujer hable, mírala y di: "¿Qué más?".
- Siempre que sea posible, cuando una mujer hable, mírala y di: "Ayúdame a entenderlo mejor".

Cuanto más interés muestre un hombre en lo que una mujer dice, siente, prefiere, desea o necesita, más apoyada se sentirá ella. A ellos suele asombrarles lo mucho que pueden decir las mujeres cuando se sienten seguras para compartir y su pareja se muestra interesada. Cuando un hombre muestra interés en lo que una mujer dice, ella siente que él se interesa, y esto es un gran generador de oxitocina y estrógeno. Al mostrarle interés, ella también sentirá que lo aprecia más.

Muchas veces, a un hombre no le interesa mucho lo que dice una mujer; pero como siempre le interesa hacerla feliz, cuando se da cuenta de que ella se sentirá personalmente apoyada si la escucha, él se interesará más en lo que dice.

Por qué las mujeres no se sienten apreciadas

En el libro *Trabaja conmigo*, que escribí con Barbara Annis, otra experta en inteligencia de género, exploramos varios comunes malentendidos o puntos ciegos entre los sexos en el trabajo. Encuestamos a más de cien mil hombres y mujeres en centros laborales, y nuestro estudio reveló una brecha enorme en la comprensión mutua de hombres y mujeres. En gran número de las preguntas que hicimos, obtuvimos respuestas completamente diferentes de personas del sexo opuesto.

Una diferencia inmensa se dio en el área del aprecio. Nuestro estudio demostró que aunque los hombres creen apreciar a las mujeres en los centros laborales, no lo muestran en una forma significativa para sus compañeras de trabajo. Las respuestas de la encuesta dejaron ver claramente que hombres y mujeres requieren tipos de apoyo diferentes para sentirse apreciados en el trabajo, y que a este respecto tiene lugar un muy significativo malentendido.

Hombres y mujeres requieren tipos de apoyo diferentes para sentirse apreciados en el trabajo y en el hogar.

Este mismo malentendido está presente en casa. Las mujeres suelen sentir que su pareja no las aprecia. Esto confunde al esposo, quien ama a su mujer y siente que la aprecia. A la larga, después de años de oír que ella no se siente apreciada pese a que él crea mostrar ese aprecio, a él le resulta sumamente difícil seguir haciendo crecer su corazón.

La comprensión de nuestras maneras diferentes de expresar y recibir aprecio fue una de las primeras grandes ideas de género que yo tuve, hace más de treinta y cinco años. En ese entonces me dedicaba a dar terapia e impartir seminarios sobre relaciones de un fin de semana de duración. Como no entendía aún las diferencias de género, mis seminarios se centraban en sanar el pasado, fortalecer la autoestima, vencer la ansiedad y enseñar técnicas para una mayor intimidad.

Helen llevaba varios años trabajando como mi asistente ejecutiva. Un día se me acercó y dijo:

—Creo que es momento de que siga adelante, John. Quiero renunciar.

Esto me sorprendió sobremanera, porque creí que teníamos una relación excelente, y además yo acababa de concederle un sustancioso aumento de sueldo. Le dije:

—Me sorprende mucho. ¿Por qué te quieres ir? ¿No se te paga la suficiente?

Ella respondió:

—Agradezco el aumento. Pero no me siento apreciada.

Esto me sacudió de verdad, porque me sentía afortunado

de contar con su apoyo. La apreciaba muchísimo. Helen se ocupaba de mis llamadas, citas, pagos, recalendarización y contabilidad; mandaba a imprimir los volantes, organizaba mis seminarios, los promovía, inscribía a los participantes, pagaba las cuentas... y la lista podría continuar sin fin. Hacía todo lo que yo necesitaba sin drama alguno. Todo marchaba a la perfección.

Entonces le pedí:

—Ayúdame a entender, Helen, por qué no te sientes apreciada.

Ella dijo al instante, como si la respuesta fuera obvia (y lo era, para ella):

—No tienes la menor idea de todo lo que hago por ti.

Tenía razón; yo no tenía la menor idea de ello. Pero por eso la apreciaba tanto. Ella hacía las cosas, y yo no tenía que involucrarme; podía dedicarme a hacer mi trabajo.

Lo que yo no entendía era que el solo hecho de pagarle un muy buen sueldo y concederle total libertad para que hiciera las cosas a su manera no le comunicaba que yo la apreciaba de la misma manera en que esas acciones me lo comunicaban a mí. Pensaba que ella sabía que era apreciada porque yo nunca me quejaba ni criticaba su trabajo. Solía decirle que hacía una excelente labor y con frecuencia le daba las gracias. Ella era tan buena en su empleo que rara vez tenía que decirle que hiciera algo. Y eso se debía a que la apreciaba mucho.

Pero desde su punto de vista, nada de eso contribuía a hacerla sentir valorada y apreciada.

Le pregunté entonces:

—¿Podrías esperar un par de semanas antes de tomar una decisión definitiva, y darme la oportunidad de tratar de cambiar las cosas?

Ella contestó:

—Está bien, pero no creas que va a servir de gran cosa.

En las semanas siguientes efectué un cambio que hizo la diferencia: le planteaba más preguntas sobre lo que hacía, y después le daba la oportunidad de compartir sus sentimientos. Dándole cinco minutos extra al día para enterarme de sus dificultades, frustraciones, éxitos y fracasos, yo le ayudaba a sentirse vista, oída y más apreciada.

Tomarse cinco minutos extra al día para oír las frustraciones de una mujer la hará sentir vista, oída y más apreciada.

Aunque yo ya la apreciaba antes, empecé a entender con más detalle todo lo que hacía por mí, mis clientes y mis seminarios, y en consecuencia ella se sentía vista y segura de que yo comprendía todo el esfuerzo y trabajo que invertía en su labor. Comenzó entonces a sentir mi aprecio. Y al cabo de ese par de semanas, decidió quedarse, y continuó trabajando para mí muchos años más. Gracias a que comprendí sus necesidades emocionales, que eran diferentes a las mías, pude darle el apoyo extra que ella requería para sentirse apreciada.

Nuestras necesidades diferentes

La mayoría de los hombres no tienen idea de lo universal que es esa necesidad de las mujeres de ser vistas y oídas. En Venus, una mujer desea que un hombre comprenda el proceso: sus sentimientos, sus retos, sus altibajos, sus reveses, sus victorias y sus luchas. Esto es lo que la hace sentir apreciada. En

Marte, un hombre también quiere ser visto, pero menos por lo que siente que por lo que hace. Desea ser apreciado principalmente por los resultados que es capaz de producir, o por las consecuencias que genera.

> Una mujer siente el aprecio de un hombre cuando él comprende con claridad todo lo que ella hace.

Igual que ella, él necesita sentirse apreciado. Pero cuando ella no se siente estimada por su pareja, él termina también sintiéndose poco apreciado. Cuando ella dice que él no la estima, a él le es imposible sentirse apreciado por ella. Un método distinto podría ser que la mujer, en vez de comunicar que un hombre no la aprecia, fuera más específica y dijera: "Me gustaría que supieras más sobre lo que hago. Esto me hará sentir más apreciada todavía".

Es muy común que en una relación creamos dar el amor que nuestra pareja necesita, pero somos incapaces de comunicar satisfactoriamente ese amor y apoyo porque no entendemos que somos diferentes. Para cerrar esta brecha de género en el trabajo y en el hogar precisamos de una verdadera revolución que nos permita a hombres y mujeres unirnos con mayor libertad para expresar nuestro yo auténtico en un contexto de comprensión, aprecio y apoyo de nuestras diferencias.

Abandonando los viejos estereotipos, cada persona es libre de desarrollar y acceder a todas las características masculinas y femeninas que le son propias. Pero al mismo tiempo, si eres hombre, desde una perspectiva biológica tendrás ciertos requerimientos hormonales diferentes a los de una mujer.

De igual manera, si eres mujer tienes necesidades hormonales drásticamente diferentes a las de un hombre. Con base en estas diferencias hormonales, hombres y mujeres experimentan el estrés, el amor y el éxito de formas distintas, como si pasaran a través de filtros diferentes.

He aquí dos patrones que yo veo con mucha frecuencia:

1. Un hombre bajo estrés que expresa durante el día su lado vulnerable y asistencial femenino sigue expresándolo en casa hablando con su pareja, en un intento por sentirse mejor gracias a su vinculación. Él cree que esto le ayuda, pero cuanto más habla, más aumentan sus hormonas femeninas y más decrecen sus hormonas masculinas antiestrés. En consecuencia, su estrés se intensifica. Con el tiempo, tenderá a sentirse inerme, insatisfecho o demandante.

   Sin un entendimiento de la forma en que lo afectan sus hormonas, él no llegará a la conclusión de que su insatisfacción interna se debe a que está demasiado inclinado a su lado femenino. En cambio, tendrá una larga lista de razones justificables de que sienta que su pareja no lo apoya.

   Él estará totalmente seguro de que es el más cariñoso de los dos mientras enlista las deficiencias de ella. Creerá que es más cariñoso porque da más, y quiere más de la relación; pero no ve que, al juzgarla a ella con tanta severidad, él no está siendo una pareja cariñosa ni sustentadora.

2. Una mujer bajo estrés que expresa durante el día su lado independiente masculino sigue expresándolo en el hogar hablando poco, en un intento por sentirse mejor

mediante su distanciamiento. Al aumentar su nivel de testosterona, se sentirá agobiada por el impulso a hacer más y más, asumiendo una larga lista de responsabilidades que no cesan de abultar su lista de pendientes en vez de darse tiempo para relajarse. Ella está absolutamente segura de que debe asumir más responsabilidades, y de que no tiene tiempo para sí misma.

Sin un entendimiento del modo en que sus hormonas la afectan, no se percatará de que la principal fuente de su estrés es que está demasiado inclinada a su lado masculino, al "Señor Arreglos" de resolución de problemas, y que ha perdido contacto con su lado femenino, el cual precisa ser oído y atendido.

Ella creerá que es afectuosa al asumir esas responsabilidades extra, pero no está siendo nada afectuosa consigo misma. Cuando no nos amamos a nosotros mismos, los demás no pueden sentirse amados en nuestra presencia. Si estamos insatisfechos con nuestras imperfecciones, nuestra pareja dejará de confiar en que será amada si no es perfecta.

En estos dos patrones, el problema es no reconocer la necesidad de recuperar el equilibrio. He aquí la forma en que comprender las necesidades propias de su género habría ayudado a las personas de estos ejemplos a recobrar su equilibrio:

1. Una mujer bajo estrés expresa a su pareja su lado vulnerable y asistencial femenino hablando de sus sentimientos respecto a sus problemas de trabajo. Es libre de quejarse de su trabajo, pero se abstiene de quejarse de él y de corregirlo. No le pide estar de acuerdo con ella ni hacer sugerencias, sólo que la escuche y

trate de entender. Si ella es oída, producirá hormonas antiestrés y su tensión decrecerá.

Al descender su estrés, su corazón se abre; ella aprecia el apoyo de su pareja y sus sensaciones de desamparo disminuyen. Su necesidad de quejarse con él de él desaparece, porque ha sido satisfecha compartiendo problemas que no tienen nada que ver con él.

2. Un hombre bajo estrés expresa su lado independiente masculino refugiándose en su cueva y no hablando de sus problemas, sino dejándolos de lado por el momento. Esto regenera su hormona antiestrés y reduce su tensión.

Al recuperar su testosterona, obtiene apoyo biológico para un aumento de energía, gracias a lo cual está en mejores condiciones de concentrarse y expresar interés en su pareja. La aprecia por haberle concedido tiempo y espacio y se interesa en pasar más tiempo con ella. Como ella dio tiempo y espacio sin pedir más, ansía apoyarla más y responde en forma positiva a sus peticiones.

Cada uno de estos ejemplos refuerza el sentido común básico: si tenemos hormonas diferentes para aminorar el estrés, cuando estamos estresados lo bueno para un sexo no siempre es bueno para el otro, algo que examinaremos con más detalle en los capítulos siguientes.

11. *Las necesidades de amor de él, las necesidades de amor de ella*

Los Beatles marcaron el inicio de la nueva era de las almas gemelas con su gran éxito "All You Need Is Love". Pero este despertar universal a las posibilidades del amor y la paz fue inmediatamente seguido por una verificación de la realidad. Crear amor y paz supone mucho más que la mera intención. El solo amor, sin comprensión ni nuevas habilidades, no basta.

Los Rolling Stones marcaron el inicio de la década de los setenta con su canción "You Can't Always Get What You Want". A esto le siguió el gran éxito de Barbra Streisand y Neil Diamond que abrió los años ochenta, "You Don't Bring Me Flowers", y el de U2 "I Still Haven't Found What I'm Looking For" al acercarse los noventa. "Since U Been Gone", el éxito de Kelly Clarkson, representa las relaciones en el nuevo milenio.

Todas estas canciones reflejan nuestra auténtica ansia y búsqueda de un amor superior; también revelan enorme decepción, vacío y dolor. A mayores expectativas, más desilusiones.

A mayores expectativas, más desilusiones.

Hoy experimentamos una crisis espiritual de creciente ansiedad, depresión, violencia y enfermedad porque hemos dejado de ser parejas sin las ideas indispensables para convertirnos en almas gemelas. Con más libertad para decidir nuestro destino, enfrentamos también más angustia. Tanto hombres como mujeres hemos vislumbrado un amor superior, pero no podemos sostener ese amor ni hallar una realización duradera. Para resolver este problema debemos aprender una nueva forma de expresar el amor que hay en nuestro corazón y satisfacer nuestras inéditas necesidades.

Como mencioné en la introducción, hoy las mujeres tienen mayor necesidad de sentirse amadas y apoyadas en un nivel personal, y los hombres mayor necesidad de sentirse exitosos. Y como ya vimos, con más oportunidades para que ellas expresen su lado independiente masculino, requieren un nuevo tipo de apoyo personal para recuperar su lado femenino, hallar el equilibrio hormonal y reducir su nivel de estrés.

En otras palabras, aunque hoy las mujeres ya no necesitan a los hombres tanto como antes para que les brinden apoyo económico, tienen mayor necesidad de apoyo personal. Si ofrece este nuevo apoyo personal, un hombre puede experimentar un inusitado éxito personal procedente de su aptitud para aplicar novedosas habilidades relacionales. En este capítulo exploraremos más a fondo las nuevas necesidades amorosas de apoyo personal que una mujer espera de su pareja y las nuevas necesidades amorosas de alcanzar éxito personal en su relación que un hombre experimenta por su parte.

Las mujeres necesitan más amor personal;
los hombres necesitan sentirse exitosos
en una forma más personal.

Si entendemos primero nuestras nuevas necesidades de amor y aprendemos después a satisfacerlas en una relación de alma gemela, tendremos acceso a nuestro potencial interior para reducir en forma drástica el estrés interno y reclamar el amor y la felicidad que habitan en nuestro corazón.

Como ya se explicó, este cambio en nuestras necesidades no es sólo psicológico; también se refleja en un nivel biológico, hormonal. Usando nuestra relación para equilibrar nuestros lados masculino y femenino, activamos las hormonas antiestrés. Pero esto opera de modo diferente en mujeres y hombres. Examinemos para comenzar cómo opera en ellas.

El amor personal reduce el estrés de una mujer

Reconocer que una mujer tiene un lado masculino no es lo mismo que decir que sea hombre. Cada mujer tiene un lado masculino y uno femenino, tanto como un equilibrio propio de cualidades masculinas y femeninas, de igual forma que cada hombre tiene un lado masculino y uno femenino y un equilibrio propio de cualidades masculinas y femeninas.

Aunque una mujer posee cualidades tanto femeninas como masculinas, quizá deba reprimir aquéllas para triunfar en el mundo del trabajo. Esta represión aumenta su estrés. Si recupera su lado femenino y estimula sus hormonas femeninas mediante actividades de cuidado personal como compartir sus sentimientos o acudir a una cita amorosa, reducirá su nivel de estrés.

Pero para hacer esto de manera efectiva, una mujer que trabaja precisa de un novedoso tipo de amor cuando vuelve a casa: amor personal. La instintiva y automática expresión del amor de un hombre —ser un buen sostén del hogar— ya no es suficiente. Ella requiere ahora pequeñas expresiones de su amor personal, similares al tipo de amor y apoyo que un hombre le daba de manera automática cuando la cortejaba. Este tipo de atención, interés y amor romántico le ayuda a ella a recuperar su lado femenino.

Cuando las mujeres no trabajaban de tiempo completo fuera de casa en la medida que lo hacen ahora, sus numerosas responsabilidades diarias como amas de casa, madres y sustentadoras promovían la expresión de su lado femenino. En una relación de pareja tradicional, los esfuerzos de un hombre por brindar apoyo económico y resolver emergencias bastaban para que una mujer sintiera los tipos de amor que más necesita: atención, comprensión y respeto.

> En una relación de pareja tradicional, los esfuerzos
> de un hombre por brindar apoyo económico
> y resolver emergencias eran más que suficientes.

Pero hoy una mujer requiere un tipo diferente de apoyo para sentir esos mismos aspectos del amor. Él puede ofrecer sostén económico, pero también ella tiene un empleo. Entre más independiente es ella en lo económico, menos produce el apoyo económico de él la vinculación dual que ella requiere para generar estrógeno y oxitocina.

Además, hoy las mujeres no tienen tiempo extra —y a menudo tampoco libertad— para preservar la expresión de las abundantes cualidades de su lado femenino. En una relación de alma gemela, los deliberados intentos de un hombre por expresar más amor personal pueden ayudar a una mujer a pasar de la expresión de su lado masculino a la plena sensación y expresión de las diversas cualidades de su lado femenino.

**Los deliberados intentos de un hombre por expresar
más amor personal pueden ayudar a una mujer
a desplazarse a su lado femenino.**

Este retorno a su lado femenino la hace sentir más femenina y estimula sus hormonas antiestrés. Esto puede implicar cierto esfuerzo inicial si ella tiene una resistencia condicionada a expresar sus cualidades femeninas por considerarlas una debilidad, pero con el tiempo le procurará una sensación muy grata.

**Las mujeres confunden a veces su lado femenino
con debilidad.**

Todo esto se aplica también a las madres que son amas de casa. Como el mundo actual está tan acelerado y la educación de los hijos se ha complicado tanto, incluso una mujer económicamente dependiente de un hombre requerirá más amor personal para mitigar su estrés.

La siguiente tabla aclara la distinción entre el amor material tradicional provisto en las relaciones de pareja y el amor personal y directo que da origen a una relación de alma gemela.

- Al principio de cada sección enlisté los tres tipos de amor que más necesita una mujer para sentirse amada y realizada: atención, comprensión y respeto. Son los mismos tipos de amor que ella ha necesitado siempre; esto no ha cambiado gran cosa.

- En la primera columna aparece la forma en que el amor de un hombre se mostraba en una relación de pareja tradicional.
- En la segunda columna aparece la forma en que el amor de un hombre puede mostrarse de manera más personal y directa para crear una relación de alma gemela.
- En la tercera columna aparecen los muchos modos en que el amor de un hombre, tanto directo como material, apoya la expresión de una mujer de su combinación única de cualidades masculinas y femeninas.

Desde luego que también otros tipos de apoyo amoroso procuran una sensación agradable a una mujer, pero estos tres, expresados en una forma profundamente personal, son los que tienen más poder para estimular sus hormonas femeninas antiestrés.

Respecto a la tabla siguiente:

- *Mujeres*: date unos minutos para subrayar las necesidades más importantes para ti y reflexionar en ellas. Está bien si todas son importantes.
- *Hombres*: date unos minutos para subrayar las cualidades del lado femenino de tu pareja que, en respuesta a tu apoyo amoroso, te hacen sentir más exitoso por hacerla feliz, y reflexiona sobre ellas.

LOS TIPOS DIFERENTES DE AMOR QUE UNA MUJER NECESITA

AMOR MATERIAL TRADICIONAL DE UN HOMBRE	AMOR PERSONAL DIRECTO DE UN HOMBRE	RESPUESTA DE UNA MUJER A ESE AMOR
1. Ella necesita sentir que él *la atiende*.		
Él la apoya económicamente.	Él le da seguridad.	Ella se siente más confiada y receptiva.
Él le brinda protección física.	Él le presta atención romántica.	Ella se siente reafirmada y relajada.
Él resuelve problemas por ella.	Él muestra interés en sus sentimientos y experiencias.	Ella se siente segura siendo vulnerable y experimenta gratitud y apreciación.
Él resuelve emergencias.	Él procura afecto y abrazos.	Ella siente más cordialidad, aceptación y gentileza.
Él está dispuesto a soportar penurias para satisfacer las necesidades de ella.	Él prevé las necesidades de ella y ofrece ayuda.	Ella se siente mejor al pedir apoyo y aprecia los esfuerzos de él.
2. Ella necesita sentir que él *la comprende*.		
Él cumple su papel tradicional como sostén del hogar.	Él escucha más y no interrumpe con soluciones.	Ella se siente segura para expresarse.

Él hace sacrificios sin quejarse	Él muestra empatía.	Ella se siente apoyada y está dispuesta a mostrar vulnerabilidad.
Él se apresura a corregir sus errores.	Él se disculpa.	Ella muestra indulgencia.
Él no pide ayuda (es autosuficiente).	Él reconoce lo mucho que ella da.	Ella admira las aptitudes de él.
Él contiene su enojo.	Él elogia su belleza y atractivo.	Ella es alentadora y optimista.

3. Ella necesita sentir que él *la respeta*.

Él se compromete a preservar su matrimonio.	Él considera las necesidades de ella iguales a las suyas.	Ella muestra aprecio.
Él trabaja mucho para ganar dinero.	Él valida los sentimientos y contribuciones de ella.	Ella muestra aprobación.
Él permanece sexualmente monógamo.	Él practica el preludio y planea citas de amor.	Ella se siente sexualmente receptiva.
Él quiere lo mejor para su esposa y su familia.	Él le da espacio para asumir y expresar su yo auténtico.	Ella se siente genuinamente feliz.
Él ejerce un firme liderazgo.	Él cede.	Ella se siente dispuesta a cooperar y ceder.

Cuando una mujer moderna siente el amor personal de su hombre, junto con su amor tradicional, puede ser mucho más afectuosa a cambio. Si es más masculina por naturaleza, quizá requiera o aprecie menos su amor material tradicional, pero su amor personal directo puede ayudarla enormemente a recuperar su equilibrio cuando está estresada. Una mujer más femenina por naturaleza apreciará en alto grado el amor tanto material como personal y directo de un hombre.

Independientemente de si ella es más masculina o femenina, cuando siente amor, confianza y aprecio en respuesta al amor personal de un hombre, su estrés se desvanece y su corazón se abre con gratitud y bondad.

El éxito personal reduce el estrés de un hombre

Así como las mujeres tienen nuevas necesidades de amor personal, un hombre moderno tiene también inéditas necesidades de amor. Tradicionalmente, el éxito de un hombre en el trabajo le granjeaba el amor de su pareja. Satisfacer la necesidad de apoyo económico de una mujer le daba significado a su vida y su esfuerzo, una sensación de misión y alto propósito. Cuando una mujer no precisa ni depende ya del dinero o éxito de un hombre, la vida de éste pierde significado de pronto, a menos que él aprenda a crear una relación de alma gemela.

En una relación de alma gemela, un hombre puede satisfacer su necesidad de misión y propósito brindando el amor personal que una mujer demanda para lidiar con su estrés. Es indudable que las mujeres también tienen necesidad de una misión y propósito, pero en un hombre es la satisfacción de este imperativo lo que estimula sus hormonas antiestrés; la testosterona generada por el éxito contribuye a disminuir el estrés interno de un hombre, no de una mujer.

Cuando un hombre se siente exitoso, aumenta su testosterona, la cual es su hormona antiestrés.

Cuanto más independiente es una mujer, más necesita recibir el amor personal de un hombre cuando está estresada. Su afectuosa respuesta al amor personal y directo de él le ayuda a recuperar su lado femenino, al tiempo que genera en él una sensación de éxito personal. Esta novedosa sensación de éxito personal puede cumplir gran parte de su misión y propósito en la vida, siempre que él tenga la impresión de estar haciendo en verdad una gran diferencia.

Este entendimiento motiva a las mujeres a confirmar que un hombre reciba este mensaje de aprecio cada vez que da un paso en dirección a la entrega de más amor personal. Claro que también las mujeres pueden identificarse con la necesidad de sentirse apreciadas por lo que aportan. Pero la necesidad de aprecio de un hombre para elevar su testosterona y abatir su estrés es mayor. Cuando una mujer aprende a darle a su pareja el aprecio que requiere, obtiene a cambio mucho más.

La felicidad de una mujer da más significado a la vida de un hombre.

La mayor necesidad de aprecio de un hombre para aminorar su estrés podría parecer contraintuitiva en un principio, porque las mujeres suelen sentir que su pareja no las estima. Prácticamente no hay mujer infeliz en su relación que no haga hincapié en este sentimiento. En la mayoría de los casos, es cierto que un hombre no aprecia a una mujer tanto como ella querría, pero lo que en verdad ella necesita para reducir su estrés y sentirse feliz en su relación es más respeto. El aprecio que requiere lo puede obtener fácilmente de sus amigas o su trabajo. Lo que más necesita del hombre con quien comparte su vida es respeto. Cuando él le da el respeto que demanda, produce hormonas femeninas antiestrés (oxitocina, estrógeno y progesterona).

Un hombre necesita aprecio para reducir su estrés.

Por otra parte, cuando un hombre pierde contacto con su corazón y se vuelve iracundo o mezquino, casi siempre exige más respeto, pero lo que realmente necesita para sentirse feliz en su relación es más aprecio por sus acciones, ideas, sacrificios y esfuerzos. Es la comunicación de aprecio lo que produce la hormona antiestrés masculina, la testosterona, la cual puede mermar el estrés de un hombre.

Cuando un hombre exige respeto, lo que realmente necesita es que se le aprecie más.

Es cierto que todos necesitamos y estimamos el aprecio y el respeto, pero lo que las mujeres necesitan en mayor medida para hacer frente al estrés es más respeto, y lo que los hombres más necesitan para hacer frente al estrés es más aprecio. En los tres capítulos anteriores nos concentramos en las necesidades hormonales de una mujer porque, cuando un hombre aprende a respetar esas necesidades, una mujer puede darle en respuesta el aprecio que él requiere.

Cuando una mujer hace más por un hombre, respeta las necesidades de éste, pero no necesariamente lo aprecia. Muy a menudo, una mujer dará más pero, en forma simultánea, resentirá recibir menos, en cuyo caso es obvio que no aprecia lo que él hace por ella. En vez de resentirse, él preferiría que ella hiciera menos y lo apreciara más.

Cuando las mujeres se quejan de no sentirse apreciadas, buscan amor y apoyo en la dirección equivocada. Cuando una mujer aprende a hacer menos por un hombre pero aprecia más lo que hace por ella, él no sólo se vuelve más atento y comprensivo, sino que en realidad puede apreciarla mucho más.

> Cuando las mujeres se quejan de no sentirse apreciadas, buscan amor en la dirección equivocada.

El aprecio sincero y amoroso de una mujer se comunica de manera inmejorable a través de mensajes de que *confía* en que él hace su mejor esfuerzo, acepta que no es perfecto pero es perfecto para ella y *reconoce* sus éxitos y aprecia sus esfuerzos aun si no siempre cumple sus expectativas más elevadas. Éste es el amor particular que los hombres más necesitan para sentirse personalmente exitosos en su relación.

No cabe duda de que una mujer precisa asimismo de la sincera confianza, aceptación y aprecio de un hombre. Pero el aprecio de un hombre por una mujer es como el postre después del nutritivo platillo de su atención, comprensión y respeto. Comer un postre produce una sensación grata, pero no nutre al cuerpo. Por su parte, la sincera y expresa confianza, aceptación y aprecio de una mujer es para un hombre el plato fuerte. Ese aprecio lo hace sentir exitoso, lo que más necesita para moderar su estrés. En contraste, el respeto, comprensión y atención de una mujer son el postre de un hombre.

El amor da nuevo significado a la vida de un hombre

Si experimenta el amor personal de una mujer en respuesta a su propio amor personal, un hombre puede dejar poco a poco de comparar su éxito con el de otros hombres y descubrir una inesperada sensación de satisfacción consigo mismo: el éxito personal. Aunque querrá expresar también más de su potencial para hacer una diferencia en el mundo, con el generoso amor de su pareja puede darse por satisfecho por el momento. Su éxito personal en su relación íntima lo hace sentir valioso y capaz de mejorar al mismo tiempo.

El amor de una mujer ayuda a un hombre a sentirse realizado en el momento, aunque sigue deseando hacer una gran diferencia en el mundo.

Cuando experimenta el poder de su éxito personal al hacer una diferencia tan grande en la vida de la persona que más ama, él experimenta más libertad en otras áreas de su vida en absoluto relacionadas con los resultados de esas acciones. Desea complacer y servir a los demás en su trabajo, pese a que no aprecien sus esfuerzos, lo cual ya no le molesta tanto. Se siente seguro de que hace todo lo que puede, y de que eso es todo lo que puede hacer. No se aferra a que todo salga como lo esperaba. Hace su mejor esfuerzo por cumplir su misión en el mundo, y eso es siempre más que suficiente para él.

En las relaciones modernas, la oportunidad de llegar más alto es mayor, pero la caída también es más grande. Cuando un hombre carece de una prueba concreta de que se ha ganado el amor de una mujer por dar un apoyo relevante a su vida, la suya propia pierde significado.

Sería como hacer a diario un pan que nadie come. Aun si se te pagara por seguir haciéndolo, si nadie lo come, tu vida pierde sentido. El significado y propósito de un hombre —su éxito personal— se cumple cuando él se gana el amor y aprecio de su pareja.

Con este nuevo entendimiento, una mujer puede dirigir su energía y concentración a aprender a recibir y responder con amor a los esfuerzos de él por apoyar sus necesidades diferentes más que a demostrar lo mucho que lo *atiende*, *comprende* sus sentimientos o *respeta* sus anhelos y deseos.

La tabla siguiente aclara la distinción entre el amor indirecto que las mujeres ofrecen a los hombres en una relación de pareja tradicional y el amor personal directo que ellas pueden expresar para dar origen a una relación de alma gemela.

- Al principio de cada sección enlisté los tres tipos de amor que un hombre necesita y siempre ha necesitado para sentirse amado y realizado: confianza, aceptación y aprecio.
- En la primera columna aparece la forma en que el amor de una mujer se mostraba en una relación de pareja tradicional.

- En la segunda columna aparece la forma en que el amor de una mujer puede mostrarse de manera más personal y directa para crear una relación de alma gemela.
- En la tercera columna aparecen los muchos modos en que el amor de una mujer, tanto directo como indirecto, ayuda a un hombre a expresar su combinación única de cualidades masculinas y femeninas y a reducir su estrés al tiempo que le permite satisfacer las nuevas necesidades de amor personal de ella.

Esta novedosa comprensión de las necesidades emocionales de un hombre otorga más poder a una mujer para sacar a relucir lo mejor de su hombre y obtener en aún mayor medida el apoyo que merece. Ciertamente un hombre también experimenta con agrado otros tipos de apoyo amoroso, pero estos tres, expresados en respuesta a sus esfuerzos para resolver las necesidades de ella, son los que más pueden acallar su estrés e incrementar su energía y motivación para dar más.

Respecto a la tabla siguiente:

- *Hombres*: date unos minutos para subrayar las necesidades más importantes para ti y reflexionar en ellas. Está bien si todas son importantes.
- *Mujeres*: date unos minutos para subrayar las cualidades del lado masculino de él que, en respuesta a tu amoroso apoyo, te hacen sentir más amada y apoyada, y reflexiona en ellas.

LOS TIPOS DIFERENTES DE AMOR QUE UN HOMBRE NECESITA

AMOR TRADICIONAL DE UNA MUJER	AMOR PERSONAL DIRECTO DE UNA MUJER	RESPUESTA DE UN HOMBRE A ESE AMOR
1. Él necesita sentir que se *confía* en que hace su mejor esfuerzo.		
Ella depende del apoyo económico de él y no pide más.	Ella depende del apoyo emocional de él para reducir su estrés.	Él se vuelve más atento y más firme en su apoyo.
Ella depende de la protección de él y se alegra de verlo volver a salvo del trabajo.	Ella le informa qué le gustaría hacer en una futura cita amorosa y le pide decidir y proveer.	Él se siente más seguro al planear citas porque sabe lo que ella quiere. Se siente más exitoso porque, al decidir lo que harán, puede atribuirse cosas. Planea más citas que en otras circunstancias.
Ella acude a él para resolver muchos de sus problemas.	Ella comparte los sentimientos de su día para experimentar más intimidad, no para que él resuelva sus problemas.	Él se siente más vinculado a ella y más motivado a hacerla feliz.

Ella aprecia mucho que él resuelva las emergencias en casa.	Ella le pide ayuda y le informa sin quejarse lo que es útil y lo que no.	Él siente más cordialidad en su corazón y un mayor deseo de vinculación.
Ella tiene el cuidado de apreciar que él tenga tanta energía y no pide más.	Ella recibe cordialmente sus abrazos y afecto como una forma de reducir su propio estrés.	Él se siente más relajado al apoyarla, sabiendo que las pequeñas cosas hacen una gran diferencia.
2. Él necesita sentirse *aceptado* tal como es.		
Ella no se queja de las limitaciones de él.	Ella hace peticiones antes que quejarse y pide más en incrementos reducidos.	Él está más dispuesto a dar apoyo escuchando e intentando comprender los sentimientos de ella.
Ella no expresa reprobación de los errores de él.	Ella expresa sus sentimientos, aunque nunca para avergonzar ni castigar.	Él se siente valorado por ella y quiere ser mejor.
Ella no corrige la conducta de él.	Ella perdona los errores de él y no exige disculpas.	Él quiere hacerla feliz y lamenta sus errores.
Ella no pide más tiempo y atención.	Ella aprecia sus esfuerzos para darle lo que pide.	Él puede acceder a un amor y apego más hondo por ella. Está motivado a dar más.

Ella no lo abruma con sus problemas.	Ella le pide ayuda y aprecia lo que él puede aportar.	Él es más flexible para ayudarla.

3. Él necesita sentir *aprecio* por la diferencia que hace.

A ella no le molestan los pequeños errores o falta de modales de él.	Ella se siente feliz, dichosa y realizada en su relación.	Él siente más respeto por los deseos de ella y está más abierto a hacer cambios por ella.
Ella se esfuerza en procurar un hogar hermoso y una familia feliz.	Ella se esfuerza por comunicar sus necesidades en una forma que también le favorezca a él.	Él puede validar los sentimientos y necesidades de ella y desea apoyarla.
Ella no se niega nunca a los avances sexuales de él.	Ella dice que sí al sexo porque lo disfruta por igual.	Él se siente Supermán y se ama y la ama más.
Ella intenta ser una esposa buena y cariñosa y una buena madre.	Ella agradece su apoyo al descubrir y expresar su yo auténtico.	Su vida tiene más significado y propósito, lo cual lo hace feliz.
Ella sigue la pauta de su esposo y aprecia su orientación.	Ella comparte con su esposo la creación de su relación.	Él está más dispuesto a cooperar y es más flexible al tomar decisiones juntos.

Cuando un hombre siente, en respuesta a sus acciones, el amor personal directo de una mujer, junto con su amor tradicional, se vuelve más afectuoso todavía. Si ella es más independiente en lo económico o más masculina por naturaleza, su amor personal directo se vuelve aún más importante, porque tiene menos oportunidad de expresar amor tradicional. Si es más dependiente de él en lo económico o tiene más cualidades femeninas, él apreciará mucho su amor tanto tradicional como personal y directo.

Independientemente de si un hombre tiene más cualidades masculinas o femeninas, cuando se vuelve más atento, comprensivo y respetuoso en respuesta al aprecio, aceptación y confianza de ella, su estrés se desvanece y siente una descarga de energía, seguridad y motivación para ser mejor.

El propósito de la vida en Marte y Venus

El propósito de la vida en Marte es hacer una diferencia y el propósito de la vida en Venus es ser feliz.

Un hombre es siempre sumamente feliz cuando su pareja es feliz. La felicidad de ella es el símbolo de que él ha hecho una diferencia en su vida; de que ella lo necesita y de que él ha logrado atender y respetar sus necesidades, deseos y anhelos. Desde luego que él está feliz con su éxito, pero éste sólo posee significado si se encuentra al servicio de las personas que más ama.

Hay una antigua historia que ilustra bellamente esta idea:

Había una vez un hombre que estaba haciendo ladrillos de adobe. Parecía aburrido, exánime y cansado. Le preguntaron:
—¿Qué haces?
Y él dijo:

—Ladrillos de adobe.

Otro hombre hacía lo mismo, pero parecía lleno de energía. Le preguntaron:

—¿Qué haces?

Y él dijo:

—Los mejores ladrillos de adobe.

Un hombre más hacía lo mismo, pero parecía aún más lleno de energía y entusiasmo. Le preguntaron:

—¿Qué haces?

Y él dijo:

—Los mejores ladrillos de adobe para ganar más dinero y casarme algún día.

Otro hombre hacía lo mismo, pero parecía todavía más lleno de energía y entusiasmo, con una sonrisa que irradiaba felicidad y realización. Le preguntaron:

—¿Qué haces?

Y él dijo:

—La felicidad de mi esposa y mi familia ganando más dinero y haciendo los mejores ladrillos de adobe.

Esta historia ilustra cómo el contexto en el que llevamos a cabo las cosas hace toda la diferencia en cómo nos sentimos. El contexto da significado a nuestros actos. La mayor felicidad y satisfacción de un hombre se da cuando su vida posee gran significado.

En forma similar, la mayor felicidad de una mujer procede del hecho de que ella dé amor y apoyo a manos llenas, sobre una base de gratitud y apreciación por todo el apoyo con que cuenta en su vida. Una existencia de significado y propósito es el postre de las mujeres, pero el plato fuerte de los hombres. Una vida de amor y felicidad es el postre de los hombres, pero el plato fuerte de las mujeres.

Cuando un hombre aprende a respetar las nuevas y más personales necesidades de una mujer, las cuales se enlistaron en la tabla de la página 339, será más feliz, porque su pareja será más feliz. Y cuando una mujer aprende a apreciar más a su pareja, también será más feliz.

Cuando una mujer da su apoyo sobre una base de aprecio, se ubica por completo en su lado femenino, el cual genera oxitocina y estrógeno, reductores de estrés. Una vez que se ha librado de la tensión, puede entregarse con toda generosidad, sin sentir rencor.

Una vida de significado y propósito es el postre de las mujeres, pero el plato fuerte de los hombres.

Una mujer es sumamente feliz cuando puede dar su amor libremente sin sentir que da más y recibe menos. Si recibe menos, deberá dar un poco menos a su pareja y más a sí misma aumentando su tiempo para mí. Si respeta sus necesidades mediante el hecho de darse más tiempo para la vinculación social y el cuidado personal, apreciará más a su pareja.

Una mujer es muy feliz cuando puede dar su amor libremente sin sentir que da más y recibe menos.

Hoy la mayoría de las parejas están estancadas en un escenario del huevo y la gallina. Ella da más y él da menos. Ella se molesta y él da menos aún. En este ejemplo, ¿la falta de apoyo de él es la causa de la molestia de ella o la molestia de ella es la causa de que él dé menos? Ambas cosas son ciertas.

Para librarse de este ciclo autoderrotista, si una mujer quiere ser feliz y obtener más de su pareja, cuando se sienta molesta puede combatir su estrés y sensación de desamor aplicando las nuevas nociones hormonales de las almas gemelas.

En vez de justificar su molestia e indisposición de apreciar a su pareja fijándose en lo que no recibe, debería dedicarse a hacer cosas para recuperar su lado femenino. Puede hacer esto creando vinculación dual sin depender de su pareja y tomando después más tiempo para mí a fin de elevar su progesterona.

En vez de justificar que no aprecia a su pareja fijándose en lo que no recibe, una mujer debe recuperar su lado femenino.

No necesita a un hombre para generar la progesterona que requiere con objeto de reducir su estrés si está en la tercera fase de su ciclo, la cual ocupa dos tercios de su mes. Y si está en la segunda fase, aun cuando de la vinculación dual con su pareja no pueda obtener la oxitocina y el estrógeno que demanda, puede obtenerlos en otra parte. Como se explicó en el capítulo nueve, hay muchas maneras en las que ella puede establecer vínculos duales con otros, sin depender siempre de su pareja. Si está en la primera fase de su ciclo, podrá obtener de su trabajo el apoyo que le hace falta.

Si se da tiempo para la vinculación dual a fin de generar oxitocina y estrógeno, o tiempo para mí para producir progesterona sin esperar a que su pareja dé más, su estrés descenderá. Si recupera su lado femenino, podrá olvidarse de su molestia, abrir su corazón y dar generosamente su amor y aprecio, el combustible de que precisa su pareja para ser más atenta, sustentadora y apreciativa con ella.

Respeto *versus* apreciación

Los hombres refuerzan su lado masculino atendiendo y respetando las necesidades de los demás. Los comentarios de aprecio que reciben por hacer una diferencia incrementan su testosterona. Como ya se indicó, cuando actúan para hacer una diferencia, su testosterona se eleva, pero también se consume. Cuando reciben comentarios en el sentido de que han cumplido con su deber y tenido éxito, al refugiarse en su cueva para relajarse pueden regenerar su testosterona con más eficiencia. Pero si no se sienten exitosos, el mero hecho de darse tiempo para relajarse no regenerará por completo esa hormona. Cuando no se sienten apreciados, su nivel de testosterona bajará.

**Cuando los hombres no se sienten apreciados,
su nivel de testosterona bajará.**

La lección más importante que ellos aprenden en un campamento de entrenamiento para hallar su fuerza, valentía y energía masculinas es respetar a los demás. Puede ser que detesten a su sargento instructor, pero aprenden a respetar sus órdenes. Reconocen el rango, no al hombre. En muchos casos, como parte de esta lección, un hombre deberá ponerse en posición de firmes, ser criticado por su líder y reaccionar sin la menor sombra de queja, sólo diciendo: "Sí, señor".

Pero no es necesario llegar a estos extremos para aprender a respetar. Sólo aplica las nuevas ideas de este libro.

En una relación de alma gemela, cuando la pareja de un hombre requiere hablar, él puede ejercitar su músculo del respeto prestando toda su atención y escuchando sin la menor sombra de queja. Cuando siente ganas de interrumpir, se contiene. Dice en cambio: "Háblame más de eso", "¿Qué más?" y/o "Ayúdame a entenderlo mejor".

Respetar a los demás acrecienta el poder interior de un hombre. El aprecio de un hombre por una mujer permite que él la respete más.

> Respetar a los demás aumenta el poder interior
> de un hombre.

Para que una mujer despierte respeto en el corazón de un hombre debe concentrarse en su capacidad para recibir amor y olvidar el rencor. Una vez que las mujeres caen en la trampa del rencor es difícil que salgan de ella, a menos que reconozcan que dan demasiado y esperan demasiado a cambio. En lugar de esperar más de él, una mujer debe dar menos y esperar más de sí misma en términos de tiempo para mí.

> Sentir rencor es señal de que se debe tomar
> más tiempo para mí.

Cuando aprecias a alguien, reconoces que ha logrado satisfacer tus necesidades o las de alguien de tu interés. Cuando tanto hombres como mujeres tienen éxito en algo, su testosterona aumenta. Pero cuando ellas se inclinan demasiado a su lado masculino, lo último que necesitan es más testosterona. Esto no quiere decir que no requieran ser apreciadas; todos debemos serlo. Pero el aprecio no es el mensaje de amor que les ayudará a encontrar su equilibrio hormonal.

> Cuando aprecias a alguien, reconoces su éxito
> para satisfacer tus necesidades.

Todos los diferentes tipos de amor y atención enlistados en la tabla de la página 339 son muy eficaces para ayudar a una mujer a recuperar su lado femenino. En vez de precisar de un hombre que aprecie lo que ha hecho por él, lo que una mujer más necesita de un hombre son acciones, reacciones y expresiones verbales específicas que comuniquen su atención, comprensión y respeto.

Debería ser muy claro que si un hombre desea que una mujer sea más feliz, recostarse en su asiento y darle las gracias por todo lo que hace por él no va a funcionar. En cambio, ella requiere que él respete y honre sus necesidades brindándole los diversos tipos de apoyo personal que elevan su estrógeno y su oxitocina.

Con este nuevo entendimiento de nuestras diferencias hormonales, resulta claro que para que ellas mitiguen el estrés de un hombre y abran su corazón, él precisa de su paciente y amable aceptación para validar sus esfuerzos. Del mismo modo, para aminorar su estrés y abrir su corazón, una mujer precisa de la paciente y amable comprensión de un hombre para validar sus sentimientos. Con la aceptación de ella, él puede sentir que la merece; con la comprensión de él, ella puede sentirse digna de su amor.

Dar y recibir amor

Cuando damos el amor que nuestra pareja realmente necesita, obtenemos a cambio el amor que realmente necesitamos. Una mujer tiene el poder de incrementar la capacidad de su pareja para atenderla, comprender sus sentimientos y respetar sus necesidades dándole el tipo de amor que más necesita.

El aprecio, la aceptación amorosa y la confianza son los principales generadores de testosterona en un hombre. Cuando una mujer reacciona a los actos de su pareja con más confianza, aceptación y apreciación, recibe más atención, comprensión y respeto.

Aceptación amorosa significa mayor aceptación de sus imperfecciones. Cuando ella se queja, rechaza, rezonga, critica y reprueba, es muy difícil que él se sienta aceptado.

Confianza no significa creer que él es perfecto o que siempre tiene la razón, sino tener la certeza de que sus intenciones son positivas. Él debe recibir una y otra vez de ella el mensaje de que, cuando aparece, su mejor esfuerzo es más que suficiente para ella.

Cuando las mujeres sienten que dan más, a menudo lo que dan es el tipo de apoyo asistencial que *ellas* desean y necesitan —atención, comprensión y respeto—, no los aspectos del amor que acaban de describirse y que pueden elevar la energía y motivación de un hombre para dar más amor personal. Cuando una mujer se ocupa en demostrar su atención, comprensión y respeto, aumenta únicamente su estrógeno y oxitocina, no la testosterona de él.

Si quieres que tu hombre te dé más, bríndale más
confianza, aceptación y aprecio.

Al hacerlo así, ella muestra *respeto* haciendo más cosas por él,
pero no *aprecia* lo que él hace por ella; lo atiende más, pero no
confía en que hace todo lo que puede o en que la ama, y lo ex-
cusa porque *comprende* sus limitaciones, pero sigue corrigién-
dolo o aconsejándolo en lugar de *aceptarlo* tal como es.

Sin duda que ella también quiere ser aceptada tal como
es, pero el apoyo que un hombre requiere es la amorosa aceptación de una mujer. Mientras que ella demanda más comprensión, él necesita sentir su aceptación. Cuando ella se ocupa
en *comprenderlo*, estimula en él oxitocina y estrógeno; pero
cuando se ocupa en *aceptarlo*, fomenta su testosterona.

Los hombres necesitan en particular más aceptación
cuando están estresados porque la aceptación estimula su
testosterona y aminora su estrés. De igual modo, las mujeres
necesitan más comprensión cuando están estresadas porque
la comprensión estimula su oxitocina y estrógeno y disminuye su estrés.

Aceptación significa no corregir ni intentar mejorar a alguien. No es tratar de hacer cambiar a tu pareja. Para un hombre, la aceptación podría manifestarse así: "No fue nada; la
próxima vez, ¿podrías llamarme cuando se te haga tarde?".

La aceptación puede manifestarse a veces así:
"No fue nada; la próxima vez, ¿podrías llamarme
si se te hace tarde?".

No aceptación pero comprensión podría expresarse así: "Sé que a veces pierdes la noción del tiempo, *pero* es muy molesto que no me llames". El mensaje en este caso es que, aunque el olvido es comprensible, a él se le rechaza por ese motivo.

Una pregunta ociosa que comunica no aceptación al tiempo que insinúa que ella intenta comprender es peor aún. Eso se manifestaría así: "Me parece increíble lo que hiciste. ¿Por qué no puedes acordarte de las cosas?". Desde la perspectiva de él, esto equivale a un golpe bajo; el mensaje implícito es que no vale un cacahuate.

Aceptación no significa que una mujer no pueda pedir más apoyo o que deba arrastrarse a los pies de un hombre. Ciertamente ella puede pedir lo que desea. Pero sus peticiones funcionarán mejor cuando no se fundamentan en quejas o en una lista de sentimientos de infelicidad. (Abundaremos en cómo crear un matrimonio sin quejas en el capítulo trece.)

La atención, comprensión y respeto de ella pueden procurarle a él una sensación agradable, sobre todo si tiene un fuerte lado femenino, pero en realidad abatirán su testosterona. Una disminución de testosterona puede adormecerlo o hacerlo sentir pasivo.

Una mujer suele demostrar su interés de dos maneras que reducen drásticamente la testosterona de un hombre. La primera consiste en dar un consejo no solicitado. Si él no pide consejo, los intentos de ella de aconsejarlo dan a entender que su manera de hacer las cosas no es válida.

La segunda es preocuparse tanto por él que ella termina estresada. Esto no sólo mitigará su testosterona, sino que además aumentará su estrógeno, lo que lo pondrá estresado, a la defensiva o molesto.

Tanto el consejo no solicitado como la preocupación excesiva insinúan que ella no confía en él, y como la confianza es una necesidad primaria de un hombre, la "atención" de ella hace que la testosterona de él descienda más todavía.

La atención, comprensión y respeto de una mujer elevan la oxitocina y estrógeno de un hombre, no su testosterona.

Sin esta información recién revelada, buscar vinculación con el sexo opuesto puede parecer una tarea imposible. Pero si se recuerda que los hombres todavía son de Marte y las mujeres son de Venus, porque nuestras necesidades hormonales son muy distintas, ellos pueden desarrollar la aptitud de apoyar las nuevas y diferentes necesidades de amor personal de una mujer y ellas pueden aprender a apoyar las nuevas y diferentes necesidades de amor personal de un hombre en beneficio de su éxito personal. Con esta inédita información para crear una relación de alma gemela, hombres y mujeres, pese a ser muy diferentes, pueden embonar a la perfección.

12. Marte y Venus se encuentran

Sin una forma positiva de comprender nuestras diferencias, cuando hombres y mujeres tratamos de vincularnos podríamos chocar en vez de armonizar. Para evitar este resultado común, debemos recordar que no somos iguales, y que esto es bueno. Respetar y apreciar nuestras diferencias puede en realidad acercarnos.

Con una mayor aceptación de nuestras diferencias, hombres y mujeres podemos armonizar.

A menudo las parejas chocan en lugar de acoplarse porque lo que es bueno para los hombres no siempre es bueno para las mujeres y viceversa. Por ejemplo, si un hombre tuvo un día difícil pero resulta que su esposa tuvo uno bueno, la felicidad de ella podría animarlo y alegrarlo. Siempre que ella es feliz, él se siente apreciado, porque tiende a atribuirse automáticamente esa felicidad. Pero si es ella la que tuvo un mal día y él quien llega feliz a casa, la euforia de él podría hacerla sentir peor.

En este ejemplo, lo que es bueno para él —la felicidad y aprecio de ella— no necesariamente la afianza a ella. Para hacer aún más clara esta distinción, imagina el escenario siguiente, un compuesto de varias parejas a las que les he dado terapia, que plantea esta situación con gran elocuencia:

Bill trabaja sesenta horas a la semana mientras su esposa permanece en el hogar cuidando a sus dos hijos. Cuando, un buen día, él llega a casa después de una semana particularmente estresante, June, la esposa, le dice: "Luego de llevar a los niños a la escuela, fui a almorzar con mi amiga Susan. Comimos alimentos orgánicos y platicamos horas enteras. ¡Qué suerte la mía de haberme casado contigo! Tengo un horario muy flexible, y puedo permitirme comer bien y pasar tiempo con mis amigas. Después me fui de tiendas y compré dos pares de zapatos y dos vestidos. No tuve tiempo para hacer de cenar, ¿así que por qué no cenamos fuera?"

Ella dice todo esto con un tono de voz que indica: "Sé que trabajas mucho para que yo pueda vivir como siempre lo quise. ¡Soy tan feliz! Gracias". Cuando expresa aprecio a un hombre, ¡el tono de voz de una mujer es noventa por ciento del mensaje! Nuestro tono de voz revela nuestros verdaderos sentimientos. Ella puede emplear todas las palabras correctas, pero si en el fondo está molesta, su irritación se dejará oír y él no se sentirá apreciado.

Cuando expresa aprecio a un hombre, ¡el tono de voz de una mujer es noventa por ciento del mensaje!

En esta situación, como ella aprecia a Bill, satisfará uno de los requisitos de él para sentirse amado: aprecio. La felicidad de ella da significado al esfuerzo de él y contribuye a desvanecer su estrés. Las cualidades de su lado masculino, como independencia, resistencia, racionalidad, competencia, sacrificio, gratificación postergada y energía, son reconocidas y apreciadas; en consecuencia, se siente exitoso, y su nivel de testosterona sube. Se le necesita, y ha cumplido su misión y propósito. Ahora invirtamos la situación e imaginemos el escenario opuesto:

June trabaja sesenta horas a la semana mientras su esposo permanece en el hogar cuidando a sus dos hijos. Un buen día, Bill le dice a su regreso: "Después de llevar a los niños a la escuela, fui a jugar dieciocho hoyos de golf con Jim. Le gané por tercera vez. ¡Qué vida, caray! Más tarde compré el nuevo videojuego Warcraft; ya ansío jugarlo mañana después de ir a jugar tenis con Tom. ¡Qué suerte la mía de haberme casado contigo! No tuve tiempo para hacer de cenar, ¿así que por qué no cenamos fuera? Sé que trabajas mucho. Tu apoyo me hace muy feliz. ¡Gracias!".

En la mayoría de las circunstancias, una mujer en esta situación, particularmente si tuvo un día difícil y estresante, no se sentirá mejor sólo porque su pareja aprecie su trabajo. Su estrés no desaparecerá por obra de la felicidad de él. En muchos casos, ocurrirá lo contrario. Más que sentirse feliz de poder darle a él la oportunidad de serlo, le molestará tener que estresarse tanto en el trabajo para que él pueda practicar golf, tenis o videojuegos.

Si tú eres mujer y te pusiste en la posición de June, es probable que te esté hirviendo la sangre. Este escenario es un magnífico ejemplo de que lo que una mujer necesita no es aprecio. Desde luego que requiere y goza la estima de su pareja, pero esto no estimula sus hormonas femeninas reductoras de estrés.

Como se mencionó en el capítulo anterior, en las relaciones solemos dar lo que más queremos de nuestra pareja, lo cual no es siempre lo que ella más quiere o necesita y viceversa, especialmente en las relaciones íntimas entre un hombre y una mujer. Sin una idea clara de nuestras diferentes necesidades emocionales primarias, perdemos numerosas oportunidades de ser más afectuosos y apoyarnos mutuamente.

Pero cuando comprendemos esas diferentes necesidades emocionales primarias, podemos dirigir nuestro apoyo de tal forma que ejerza el mayor impacto positivo en el otro. Aunque el apoyo que más necesitan los hombres de las mujeres incluye aprecio, aceptación y confianza, éstas no son las principales prioridades amorosas de las mujeres.

Cómo validar los sentimientos de una mujer y apreciar a un hombre

Apreciar a alguien le ayuda a sentirse exitoso, refuerza las hormonas de su lado masculino. Hoy, la primordial fuente de estrés para una mujer es que está demasiado inclinada a su lado masculino "activo" y debe recuperar su "sensible" lado femenino. Sin duda que el aprecio de un hombre por lo que hace le depararía una sensación placentera, pero no reduciría su estrés; y si ya tuvo un día difícil, esto podría volverlo peor.

En el trabajo, June está en su lado masculino y tiene más necesidad de aprecio, pero en casa precisa de apoyo para su lado femenino. Mientras se obstine en anhelar el aprecio de Bill, perderá la oportunidad de obtener la atención, comprensión y respeto que necesita para recuperar su lado femenino.

En el escenario anterior, si sentir aprecio por el esfuerzo de June no es la respuesta, ¿cuál es? ¿Qué puede decir Bill para apoyar a su esposa y estimular el estrógeno y la oxitocina que le ayudarán a afrontar el estrés al llegar a casa?

En vez de decir algunas palabras mágicas de aprecio, él puede hacer la mayor de las diferencias si la escucha, valida su sensación de estrés, la abraza o hace algo para ayudarla.

Un hombre puede hacer la mayor diferencia
en la tensión de una mujer si la oye y valida
su sensación de estrés.

Cuando un hombre brinda el apoyo referido en la tabla de necesidades primarias de las mujeres del capítulo anterior, ayuda a una mujer a disminuir su estrés y satisfacer en forma simultánea sus necesidades más importantes. Ésta es una situación de beneficio mutuo: ella siente el respeto, atención y comprensión de él, y él consigue a cambio sentirse exitoso al brindar el apoyo que ella tanto necesita.

Cuando una mujer está feliz y satisfecha, un hombre
se lo toma personalmente y se siente apreciado.

Cuando una mujer está estresada, una de las primeras cosas que sentirá es falta de aprecio. Como está desbalanceada, busca apoyo en la dirección incorrecta. Cuando cree necesitar el aprecio de él, lo que realmente necesita es su atención, comprensión y respeto. Por eso, cuando una mujer está estresada y pide el aprecio de un hombre, éste tendrá poco impacto. En su mente, aunque pidió ese aprecio, sentirá que las palabras no valen. Lo que quiere es acción.

Cuando una mujer está estresada, una de las
primeras cosas que sentirá es falta de aprecio.

Quizá no se dé cuenta, pero lo que necesita desde una perspectiva biológica para bajar su estrés es estrógeno, no testosterona. Para equilibrar sus hormonas, debe hablar de su día y sentir la empatía de él. Debe pedirle ayuda para tener menos que hacer. Y, sobre todo, debe hablar de actividades específicas de una cita amorosa que le gustaría que él le procurara. Cuando siente que él se ocupa de sus necesidades emocionales, experimentará la atención, comprensión y respeto que requiere, así como más aprecio por él.

El poder de la validación

Cuando una mujer se siente estresada, aunque pida el aprecio de un hombre, lo último que realmente necesita es que él le exprese aprecio verbal profuso. Agradecimiento por su esfuerzo no es lo que quiere oír. Que él le diga que su vida es maravillosa gracias a ella, y lo feliz que es, podría hacerla sentir peor. Tampoco necesita que le aconseje cómo podría ver la situación de otra manera. Más que consejos, lo que requiere es que él la escuche y valide sus sentimientos.

Se precisa de pocas palabras para validar los sentimientos de una mujer. Porque más que eso, lo que ella necesita es un lenguaje corporal que le haga saber que le interesa e importa a su pareja. Después de oír pacientemente sus quejas por el estrés de su día (no contra él), en vez de darle consejos o compartir con ella su propio estrés, él puede reaccionar con una breve frase de validación, y luego darle un abrazo.

**Se precisa de pocas palabras para validar
los sentimientos de una mujer.**

A continuación se proporcionan algunos comentarios de validación que los hombres ofrecen a las mujeres. Son breves y simples; aprueban el estrés de ella y muestran la atenta empatía de él. Validar los sentimientos de una mujer es lo opuesto a tratar de animarla o de explicarle por qué debería ver lo positivo en sus retos o problemas. Estas afirmaciones reconocen el lado masculino de ella mencionando lo que hace por los demás o los sacrificios que realiza, al tiempo que refuerzan su lado femenino expresando atención. Reconocen que él la ha oído sin juzgarla y mostrando empatía.

Después de cada afirmación, he incluido la frase "Déjame darte un abrazo". Esta expresión podría parecer repetitiva o artificial referida de esta forma, pero ofrecer un abrazo es importante. Luego de escuchar durante unos minutos, la descarga de oxitocina producida por un abrazo ayuda a una mujer y un hombre a sentirse completos. Es como el punto al final de una oración.

En momentos de estrés, a ella no le cansarán los abrazos, ni que él se los ofrezca, así como él nunca se cansa de oír comentarios de validación como "Buena idea", "Eso tiene lógica" o "¡Tienes razón!".

Ocasionalmente, mientras le da el abrazo, él también podría murmurarle al oído: "Te quiero mucho".

- "¡Haces tanto por tantas personas!... Déjame darte un abrazo."
- "¡Siempre hay tanto que hacer! Déjame darte un abrazo."

- "Ningún acto bueno queda sin recompensa… Déjame darte un abrazo."
- "Con todo lo que haces por ellos, no te apoyan como lo mereces… Déjame darte un abrazo."
- "Das mucho y ellos no reconocen todo lo que haces… Déjame darte un abrazo."
- "No deberías tener que hacer tantas cosas, das demasiado… Déjame darte un abrazo."
- "Eres muy responsable. Ellos tienen suerte de que los apoyes… Déjame darte un abrazo."
- "Eres muy buena en lo que haces… Déjame darte un abrazo."
- "Eres muy paciente con ellos… Déjame darte un abrazo."

Como no hace sugerencias ni da soluciones, sino un abrazo, él apoya su lado femenino. A resultas de este exitoso apoyo del lado femenino de ella, él ve aumentar su testosterona, porque sentirse exitoso al apoyarla, también le da a él el apoyo que necesita.

Cuando ella está estresada, lo último que él debe hacer es hablar de lo feliz que es o intentar subirle el ánimo. La felicidad de un hombre hace feliz a una mujer sólo si ella lo es ya. Si está estresada, no quiere ni necesita oír lo maravillosa que es la vida de un hombre. Cuando es desdichada, que un hombre hable de lo feliz que es él es como echarle sal a la herida.

Cuando una mujer es desdichada, que un hombre hable de lo feliz que es él es como echarle sal a la herida.

Lo contrario es cierto para un hombre. Si está estresado y su esposa se siente feliz y satisfecha, que ella exprese lo maravillosa que es su vida lo hará sentir apreciado y menguará su estrés. La felicidad de una mujer hace feliz a un hombre. Sin este entendimiento, algunas mujeres se abstendrán de disfrutar de la vida o de expresar su felicidad y alegría para no hacer sentir peor a su pareja. No saben que su dicha y felicidad siempre lo harán sentir mejor. Cada vez que son capaces de expresar auténticamente su felicidad, sus hormonas femeninas suben y su nivel de estrés baja.

El poder del aprecio

Cuando vuelvo a casa de mis viajes de trabajo, mi esposa me recibe con una sonrisa y un abrazo. Primero me pregunta cómo me fue en mi viaje. Minutos después, me cuenta brevemente las cosas buenas que le ocurrieron en mi ausencia. Se siente en libertad de expresar sus sentimientos positivos porque sabe que esto me hará sentir mejor, no peor.

También sabe que un poco más tarde es bueno que hable de su tensión en una charla de Venus, aunque sólo después de haberme dejado saber a mi arribo, mediante su tono de voz, que es una mujer feliz. Su felicidad disminuye drásticamente mi estrés y vuelve placentera mi llegada a casa.

La felicidad de una mujer disminuye drásticamente el estrés de un hombre y le convierte en un placer volver a casa.

Saber que ella me da el apoyo que necesito y que a cambio recibirá más apoyo de mí es la experiencia perfecta de vinculación dual para estimular la oxitocina de Bonnie y moderar su estrés, en tanto se sienta segura de que obtendrá de mí esa atención extra en un momento posterior.

Bonnie sabe que sentirme apreciado me permite ser más atento e interesarme más en ella, y que si después necesita hablar de sus problemas, yo podré oír sus retos y sus sentimientos negativos con atención y empatía.

El solo hecho de elegir el mejor momento para expresar sus sentimientos positivos, o para compartir los negativos, a fin de garantizar que sea atentamente oída, aumenta en forma muy marcada su oxitocina y estrógeno. Prever que será oída una vez que yo haya tomado algo de tiempo de cueva estimula sus hormonas antiestrés.

El solo hecho de elegir el mejor momento para expresar sus sentimientos positivos o negativos aumenta la oxitocina y reduce el estrés de una mujer.

Que una mujer elija cuándo y cómo compartir sus auténticos sentimientos positivos o negativos es muy diferente a que los reprima porque a su pareja no le interesa lo que ella pueda decir.

En este ejemplo, mi esposa escoge el momento indicado para compartir sus sentimientos con objeto de apoyarme, al tiempo que ella también recibe la atención, interés y apoyo que necesita. Al compartir sus sentimientos positivos, puede expresar con libertad su afectuoso, vulnerable y receptivo lado femenino; más tarde, cuando yo salga de mi cueva, ella podrá compartir sus demás sentimientos de frustración, desilusión y preocupación en una charla de Venus si siente la necesidad de hacerlo. O podría pedirme apoyo de otra manera para poder tomarse tiempo para mí.

Las mujeres suelen suponer que "compartir su vulnerabilidad" significa compartir únicamente sus sentimientos de aflicción, desdicha o temor. Pero las emociones negativas son sólo una de las expresiones de la vulnerabilidad. Cuando una mujer comparte sus sentimientos de felicidad, entusiasmo y apreciación, también expresa sus vulnerabilidad, y a los hombres les encanta.

Vulnerabilidad quiere decir que ella comparte la porción de sí misma que puede ser afectada por otros dado que necesita su apoyo. Cuando obtiene lo que necesita, es feliz; cuando no lo obtiene, es desdichada.

Al compartir sus sentimientos positivos,
una mujer expresa libremente su afectuoso,
vulnerable y receptivo lado femenino,
y a los hombres les encanta.

En términos básicos, cuando ella expresa su aprecio, consigue sentir mi inmediata atención, comprensión y respeto. Después, cuando estoy más relajado, puede compartir el estrés en su vida. Al apreciar que la escuche, yo puedo respetar aún más su necesidad de compartir sus sentimientos.

Si no comprenden que los hombres son diferentes, las mujeres no pueden tener pleno acceso al poder de su aprecio para sacar a relucir lo mejor de su pareja.

Si no comprenden que los hombres son diferentes, las mujeres no pueden acceder plenamente a su poder para sacar a relucir lo mejor de su pareja.

Ellas suelen compartir entre sí sus quejas o los detalles de cosas que marchan mal en su vida como una forma de vincularse y sentirse bien. Compartir quejas para vincularse les permite expresar su lado asistencial femenino.

Por ejemplo, Carol comparte lo ocupada y abrumada que está y Jane se apresura a añadir: "¡Yo también!". Tiene entonces la oportunidad de hablar de su vida, lo que estimula sus hormonas generadoras de sensaciones gratas.

Si una mujer comparte sentimientos positivos de felicidad y aprecio con los que su amiga no se identifica, podría hacerla sentir peor. Pero cuando comparte con un hombre sentimientos positivos de felicidad y deleite, hace que el interés de él en ella aumente. Este mayor interés estimula sus hormonas femeninas, como lo hace igualmente compartir sus sentimientos negativos con una mujer.

Un hombre se siente muy atraído por una mujer feliz, pero para activar por completo su deseo y motivación automáticos de complacerla, debe sentir también que ella precisa de su ayuda. Sólo puede ganarse su aprecio y ser su héroe si ella necesita de él. Un hombre está sumamente motivado a apoyar o complacer a una mujer cuando se siente no sólo apreciado, sino también necesitado.

> Para que un hombre esté motivado, debe sentirse
> apreciado, pero también necesitado.

La felicidad de ella aumenta la testosterona de él, así que cuando necesita su ayuda o apoyo, él tiene la motivación y energía adicional para hacer más por ella. Este incremento de testosterona activa asimismo sus sentimientos románticos.

El poder del aprecio puede ser confuso, porque apreciar a un hombre no lo motiva por sí mismo a hacer más por una mujer. En cambio, crea en él las condiciones para que, cuando ella lo requiera, él esté automática y hormonalmente más energizado para satisfacer sus necesidades y demandas.

Concibe el aprecio que una mujer siente por un hombre como depositar dinero en la cuenta bancaria de él. El dinero depositado en esa cuenta no hace nada directamente por ella; pero cuando tiene una necesidad y él dispone de mucho dinero en su cuenta, puede gastarlo en su beneficio. Si no tiene dinero en su cuenta, es poco lo que puede darle, aun si quisiera ayudarla.

Cuando una mujer recibe a un hombre con una sonrisa de felicidad al concluir el día, si su testosterona es reducida puede permitirle sentir el imperativo de relajarse y tomar tiempo de cueva, antes que sentirse presionado a ayudarle pese a que realmente requiera ese tiempo. Como siente el aprecio de ella, puede regenerar su testosterona con más eficiencia. Entonces, cuando siente que ella lo necesita de alguna forma, tendrá la energía y motivación indispensables para ser su héroe, sea que ella precise de más tiempo para nosotros o de apoyo para tomar más tiempo para mí.

Siempre que una mujer tiene algo positivo que compartir,

debe saber que, al hacerlo, le da un regalo a su pareja, de tal forma que él tendrá más que darle cuando ella necesite su apoyo.

Despertar al hombre alfa

La parte primitiva de nuestro cerebro es igual a la de un mono. Los investigadores suelen llamar al sistema límbico cerebral el "cerebro de mono". Por supuesto que los seres humanos somos muy distintos a los monos, pero ciertos instintos son similares.

En una tribu de monos, el macho más fuerte y líder de la tribu es el macho alfa. Atrae a las hembras, las que se aparean principalmente con él. Pruebas hormonales revelan que tiene dos veces más testosterona que los demás machos. Él es el alfa, y el resto es beta. Cuando muere y es reemplazado por uno de los monos beta, el nivel de testosterona de éste se duplica en un día.

Este fenómeno revela que la posición o categoría de un hombre afecta su nivel hormonal. Si se vuelve director general o presidente de su compañía, o un emprendedor de éxito que no rinde cuentas a nadie, este papel elevará en automático su testosterona. Si responde a las órdenes de otros o depende de su aprobación, su estrógeno subirá y su testosterona bajará. La independencia y éxito de un hombre en el trabajo eleva drásticamente su testosterona; de igual forma, sus fracasos hacen que disminuya.

En lo más profundo de su cerebro, el instinto de un hombre es ser el macho alfa de su tribu, si es posible. Con más testosterona, no sólo atraerá más mujeres, sino que también será más sano y longevo. (Por eso muchos jóvenes quisieran ser millonarias estrellas de rock, o superfamosos en los deportes o en el cine. Desean el dinero, pero también la atención de las chicas.)

No obstante, como ya no vivimos en pequeñas tribus, en el mundo siempre habrá alguien que sea más grande, más rico, más joven, más competente o más exitoso. Aun si un hombre es el líder de su compañía o gana un millón de dólares al año, el número creciente de multimillonarios globales empequeñecerá su éxito. Cada lista de *Forbes* de las personas más exitosas o más ricas del mundo será un golpe a sus esfuerzos por ser el macho alfa, y podría mermar su testosterona.

En el mundo masculino moderno, siempre habrá alguien más grande, más rico, más joven, más competente o más exitoso.

Pero lo bueno es que los hombres no somos monos. La categoría de un hombre no se reduce a su predominio sobre otros. Más bien, alcanza la categoría de macho alfa cada vez que llega a casa para encontrarse con una mujer que lo ama y aprecia. El amor de una mujer, bajo la forma de confianza, aceptación y aprecio, empuja poderosamente el nivel de testosterona de un hombre, despertando al macho alfa en él.

Cuando un hombre siente el amor y admiración de una mujer, esto despierta al macho alfa en él.

Aunque este apoyo es sumamente efectivo cuando procede de su pareja, también puede venir de su trabajo. Mientras yo trabajaba en este libro, hice un largo vuelo a Japón para impartir un seminario. El vuelo entero, que incluyó demoras en la pista, duró catorce horas seguidas. Mientras me ocupaba escribiendo, otros dormían. Doce horas después, una asistente de vuelo se detuvo a mi lado y dijo con un tono de asombro y admiración por mi dedicación como escritor: "Usted ha trabajado durante todo el vuelo sin parar... ¡Qué maravilla!".

¡Esto me alegró el viaje! Su reconocimiento de mi resistencia me hizo sentir tan bien que seguí escribiendo las dos últimas horas.

Siempre que una mujer aprecia los esfuerzos de un hombre, él se siente bien, porque eso le produce una descarga de testosterona. Esto es así aun si ella no es su pareja (aunque el aprecio de esta última es más efectiva). Cuando su pareja aprecia y goza de verdad la competencia, fuerza o resistencia de un hombre, esto hace una diferencia mucho mayor, porque ella también conoce y acepta todos sus errores y fracasos. Su aprecio en ese momento borra las deficiencias del pasado de él, y ambos pueden estar en el presente, amándose y apreciándose uno a otro.

Siempre que una mujer aprecia el esfuerzo de un hombre, lo hace sentir bien y reduce su estrés, porque le produce una descarga de testosterona.

Como ya mencioné, cuando una mujer aprecia a un hombre —porque eso es lo que él más necesita de ella—, él puede apreciarla más a cambio. Hacer más por un hombre no es lo que él más aprecia, sino el aprecio de ella.

Si yo fuera mujer, lo mejor que la asistente de vuelo en ese viaje a Japón podría haberme dicho habría sido algo como "Ha trabajado durante todo el vuelo, debe estar muy cansado.

¿Le puedo traer algo? ¿Un vaso de agua, un bocadillo o una almohada para que descanse?".

Pero no soy mujer, así que si ella me hubiera dicho eso, me habría molestado un poco, pese a agradecer su ofrecimiento, y me habrían dado ganas de dormir. En vez de ello, ¡me sentí Supermán, el macho alfa, un héroe!

Si, al leer esto, una mujer se siente como yo me sentí y quisiera ser reconocida como la hembra alfa, pero le hubiese molestado que la asistente de vuelo le ofreciera un poco de empatía y apoyo, ésta sería una señal de que debe empeñarse un poco más en buscar y respaldar su lado femenino, en especial si está estresada o no obtiene lo que requiere para ser feliz con un hombre.

Si una mujer quisiera ser reconocida como hembra alfa, esto podría ser una señal de que debe buscar y respaldar su lado femenino.

Idiomas del amor en Marte y Venus

En el ejemplo que se dio al principio de este capítulo, en el que June no se siente apreciada, Bill debe traducir "No me siento apreciada" al idioma marciano. Aunque a él le dé la impresión de que con eso ella quiere que le diga: "Gracias por todo lo que haces", el verdadero significado de esa frase es: "Necesito que hagas más por mí. Necesito tu atención, empatía, comprensión y ofrecimiento de ayuda, y entonces podré sentir tu amor y aprecio".

En este caso, la manera más eficaz en que Bill puede

aminorar el estrés de June no es expresar meramente su aprecio por ella, sino hacer cosas para apoyarla a fin de que se sienta vista, oída, atendida y tocada.

En términos prácticos, Bill haría esto escuchando los sentimientos de June sobre su día, realizando cosas que le hagan sentir que él contribuye a su felicidad y concediéndole atención e interés más que sólo disfrutar y apreciar su apoyo asistencial. Cuando ella se siente estresada y poco apreciada, lo que en verdad requiere es experimentar que su pareja respeta y honra sus necesidades; que ella es una prioridad y que él la cuida.

En la tabla de las necesidades primarias de las mujeres del capítulo anterior, vimos que son sobre todo las expresiones de respeto, atención y comprensión las que estimulan las hormonas antiestrés de una mujer, no meramente las expresiones de aprecio. El lado masculino de ella requiere aprecio, pero cuando está estresada su mayor necesidad es recuperar su lado femenino.

Cuando un hombre está estresado, sus necesidades principales, como se mostró en la segunda tabla del capítulo once, son sentir que se confía en que hace su mejor esfuerzo, sentirse aceptado tal cual es y sentirse apreciado por sus esfuerzos por satisfacer las necesidades personales y materiales de una mujer. Cuando ella reacciona con aprecio por sus esfuerzos, aceptación de sus errores y confianza en que hace todo lo que puede, esta amorosa respuesta personal es oro puro para él.

Cuando una mujer reacciona con aprecio por los esfuerzos de un hombre, aceptación de sus errores y confianza en que hace su mejor esfuerzo, esta amorosa respuesta es oro puro para él.

En tanto que una mujer precisa de la atención, comprensión y respeto de un hombre para que su estrés disminuya, un hombre necesita en respuesta su confianza, aceptación y aprecio para disminuir el suyo. Éstos son los diferentes idiomas del amor de hombres y mujeres.

Fijarse en los éxitos y no en los fracasos de un hombre es mucho más fácil para una mujer una vez que se da cuenta de que para él no es automático brindar el amor personal que sustenta las nuevas necesidades emocionales de ella. Durante siglos los hombres han demostrado su gusto por brindar apoyo económico. Ahora, de pronto, eso ya no es tan necesario. Que él la ame no significa que sepa cómo expresar ese amor en un idioma que la haga sentir atendida, comprendida y respetada.

Para ella, este desplazamiento podría parecer obvio, porque siente sus novísimas necesidades, pero para él todo es nuevo y distinto. Un reto reciente para un hombre en el matrimonio es que, además de prestar el apoyo tradicional de tener un empleo para ganar dinero, ahora también debe brindar un nuevo tipo de apoyo emocional.

Esta expresión de amor más personal es aún muy extraña para él. Aprende un idioma totalmente nuevo. En cierto sentido, éste es contrario a todo lo que ha aprendido hasta ahora acerca de cómo ser hombre. Cuando una mujer comprende que no es fácil para él pero que está dispuesto a intentarlo, ve aumentar su aprecio por sus esfuerzos.

Fijarse en los éxitos y no en los fracasos de un hombre es mucho más fácil cuando las mujeres entienden que dar amor personal es un rol completamente nuevo para él.

Por qué rompen las parejas

Sin estas nuevas ideas que ponen al descubierto nuestras necesidades emocionales diferentes, es inevitable que la pasión se disipe en una relación. Demasiadas personas, al ser interrogadas acerca de si son felices en su relación, responden que sí, pero dan el tipo de apoyo que necesitan suponiendo que se les retribuirá algún día. Sin embargo, cuando hombres y mujeres dan lo que ellos necesitan y no lo que más requiere su pareja, terminan por chocar en vez de armonizar.

En algunos casos, esto sucede de forma abrupta, sin previo aviso: los miembros de esa feliz pareja que conoces anuncian de repente que se están divorciando. Pasan de estar perdidamente enamorados a odiarse sin remedio. O son felices, pero aun así deciden divorciarse y quedar como amigos. En ambos casos, la razón de que hayan creído ser felices en su matrimonio fue que ignoraban sus diferentes necesidades primarias. En determinado momento, esas necesidades ya no pudieron ser ignoradas. Cierto: terminar una relación como amigos es bueno. Pero cuando esto sucede, ellos no deberían pretender que *realmente* fueron felices. Este tipo de negación sienta las bases para que fracasen en sus siguientes relaciones.

Para que hombres y mujeres sean felices juntos, deben asumir claramente la responsabilidad de, primero, ser felices por sí solos. Después deben aplicar las nuevas ideas de este libro para dar a su pareja el amor que necesita. Sin estas nuevas nociones, unos y otras seguirán dando el amor que necesitan antes que dirigir sus esfuerzos a dar el que su pareja más demanda, malentendido que puede acabar finalmente con su relación.

En el capítulo siguiente reuniremos todas las nuevas ideas de *Más allá de Marte y Venus* para ofrecerte las habilidades prácticas que necesitas para crear una vida de amor.

13. La relación sin quejas

Todas las ideas de nuevo cuño acerca de nuestras nuevas necesidades desembocan en lo mismo: cómo alcanzar una relación sin quejas. Para muchos hombres y mujeres, el solo pensamiento de no tener que oír nunca una protesta parece más un paraíso. En una relación sin quejas, el amor crece sin falta. Pero los reclamos forman parte de la existencia; la vida no es perfecta, y muy a menudo resulta difícil. No quejarse es ocultar una parte de nuestro yo auténtico.

El verdadero problema no es compartir quejas, ¡sino compartir con tu pareja tus quejas sobre tu pareja! Una relación sin reproches no significa que no puedas protestar nunca; significa no quejarte de tu pareja con tu pareja. Puedes reclamar otras cosas.

¡El problema de quejarse es compartir
con tu pareja tus quejas sobre
tu pareja!

Hombres y mujeres son sensibles a las quejas en formas diferentes. Cuando un hombre se queja con una mujer, esto suele agobiarla más. Ella tenderá a dar más en respuesta a las protestas de él, pero se sentirá abrumada y resentida. Cuando una mujer se queja con un hombre, lo hace sentir controlado. En respuesta, él deja de interesarse en hacerla feliz y da menos.

Las quejas son parte necesaria de la vida, pero debemos mejorar nuestra habilidad para comunicarlas a fin de que nuestra pareja pueda oírnos de un modo que la haga sentirse apoyada, no poco apreciada, rechazada, criticada o controlada. Aprender a hablar de tal forma que ella nos oiga es la habilidad más importante en una relación.

Por qué quejarse no da resultado

Lo que hombres y mujeres creen decir cuando se quejan no suele ser lo que su pareja oye. Por ejemplo, cuando un hombre le reclama a una mujer: "No estás en casa lo suficiente", lo que ella oye es que no es una pareja "servicial", "cooperativa" o "afectuosa". Su reacción es sentir que él no comprende todo lo que ella intenta hacer. Lo que oye es que debe hacer más para que él se sienta feliz.

Le disgusta asimismo que él se muestre desvalido, y que para ser servicial, cooperativa y afectuosa deba dar más. En la mayoría de los casos, siente que ya da todo lo que puede, de manera que tener que dar más la hace sentir agobiada.

Mi esposa Bonnie, como la mayoría de las mujeres en estos tiempos de mucho estrés, tiende a sentirse agobiada. Para apoyarla, yo he renunciado básicamente a verbalizar toda queja o censura. Si algo no me agrada, espero a ya no sentirme irritado o molesto y hago una petición breve para informarle, con las menos palabras posibles, lo que quiero de ella.

A una mujer le disgusta que un hombre se queje
porque lo siente desvalido, y ella se siente
presionada a dar más.

Si mi queja es: "Estás demasiado ocupada y no pasas en casa tiempo suficiente", la convierto en una petición y digo en cambio: "Planeemos pasar más tiempo juntos. Avísame cuando puedas revisar conmigo nuestras agendas".

Si siento que ella se pondrá a la defensiva en respuesta a mi petición, la suavizo con un PTI, o enunciado "Para tu información" que describí en el capítulo diez. Compartir un PTI significa que la pongo al tanto de mis preferencias sin requerir una respuesta o acción inmediata.

Yo podría decir: "Últimamente hemos estado muy ocupados. Me gustaría que programáramos pronto algo divertido que podamos hacer juntos".

O podría pedirle que considere una solicitud y decirle: "¿Podrías pensar en formas de que pasemos más tiempo juntos? Me divertí mucho cuando fuimos a comer a D'Angelo's".

Como se vio en el capítulo tres, "servicial", "cooperativa" y "afectuosa" son tres cualidades femeninas primarias. Ella podría resentir la afirmación, aparentemente inofensiva, de que no está lo suficiente en casa más de lo que un hombre se imagina, porque se dirige a su lado femenino, donde ella es más vulnerable. Ser servicial, cooperativa y afectuosa son cualidades que estimulan su estrógeno, de modo que son muy importantes para su bienestar.

Si una mujer le dice a un hombre: "No estás en casa lo suficiente", el efecto será distinto que cuando ella lo oye de él. Transmite el mensaje de que él no da lo suficiente, y no logra por tanto hacerla feliz. No se da cuenta de que, en vez de oír que lo ama y aprecia mucho su compañía, él oye que no da el ancho, que ha sido incapaz nuevamente de hacerla feliz.

Una mujer resiente una afirmación aparentemente inofensiva cuando se dirige a su lado femenino, donde ella es más vulnerable.

Si ella quiere que él pase más tiempo en casa, su comunicación operaría mucho mejor si dijera: "Planeemos pasar más tiempo juntos. Me gusta mucho estar contigo. Dime cuando tengas tiempo de que revisemos nuestras agendas".

Oír que a ella le agrada estar con él aumenta su testosterona y lo predispone a favor de sentarse a planear un momento especial en común. Una petición no demandante motiva insuperablemente a un hombre porque le da la información que requiere para dar más en una relación sin que se le diga que ha fallado en algo.

Una petición le da a un hombre la información que requiere para dar más en una relación, no el mensaje de que no da el ancho.

La mayor vulnerabilidad de un hombre

Las críticas afectan a hombres y mujeres de manera distinta, dependiendo de en qué somos más vulnerables. La mayor vulnerabilidad de un hombre es sentirse controlado. Incluso una queja o crítica modesta expresada en un tono de infelicidad es criptonita para un varón.

He aquí una lista de quejas grandes y pequeñas que afectarán a un hombre:

"Siempre estás trabajando."

"No hiciste lo que te pedí."

"No me llamaste para avisarme que ibas a llegar tarde."

"Sólo piensas en ti."

"No me estás escuchando."

"Nunca planeas citas."

"Ya no eres cariñoso."

"Siento que ya no me amas."

"Dejaste encendida la luz del baño."

"¿Por qué no puedes cambiar?"

"Te acabaste todas las cerezas del refrigerador."

Cada una de estas quejas alude a la competencia de él, una cualidad de su lado masculino, así que le dan donde es más vulnerable. Sintiéndose agredido, se pondrá a la defensiva y minimizará en diversos grados el mensaje de una mujer, lo desechará, protestará a su vez o sencillamente la hará a un lado y dejará de interesarse en lo que dice.

A las mujeres suele sorprenderles cuál de esos recursos es el más ofensivo. Si asocian su queja con un motivo de infelicidad, entre más pequeña sea, más lo molestará a él, por paradójico que esto parezca. Si yo llego dos horas tarde a cenar y no llamé, puedo entender que mi esposa esté enojada o disgustada; pero si dejé encendida la luz del baño o me acabé todas las cerezas del refrigerador, su queja me irritará mucho más.

> Si una mujer asocia su queja con un motivo
> de infelicidad, entre más pequeña sea,
> más le molestará a él.

Si ella comenta simplemente, sin ninguna carga emocional: "No te he visto mucho en estos días, te extraño", o "Te acabaste todas las cerezas, guárdame algunas para la próxima", él no se enfadará y será más capaz de validar y recordar las necesidades o peticiones de ella la próxima vez. En cambio, cuando la queja se apoya en sensaciones de insatisfacción, él se verá afectado de modo negativo.

El lado masculino de un hombre se identifica principalmente con la sensación de éxito. Mientras quiera tener éxito en hacer feliz a una mujer, todo reclamo basado en la carga emocional de la infelicidad de ella oprimirá sus botones más sensibles. La veracidad o equivocación de la formulación posee cierta importancia, pero el mensaje comunicado por el tono de voz y expresión facial de ella tendrá un efecto mucho mayor.

Cuando un reproche se expresa con un tono que revela infelicidad, él se sentirá controlado. El mensaje que oye es que, para hacerla feliz, "debe" pasar más tiempo en casa, o que jamás "debería" acabarse las cerezas. Desde su punto de vista, parecería que una madre regaña a su hijo. La queja de ella tiene el aspecto de una exigencia en el sentido de que él debe hacer lo que ella dice si quiere hacerla feliz.

> Cuando una mujer se queja con un tono de
> infelicidad, un hombre se sentirá controlado.

Por otra parte, una petición no demandante le permite decidir por sí solo realizar un ajuste en sus acciones. Esto refuerza
su lado masculino independiente, categórico y solucionador
de problemas. Aun si no cumple esa petición específica, se
sentirá más inclinado a apoyar de otras formas a una mujer.

Su resistencia natural a hacer todo lo que una mujer
quiere no es un rechazo a ella, sino un modo de confirmar
que también él tiene tiempo y energía para hacer lo que debe.
En una relación sin quejas, los ajustes graduales del comportamiento de él en respuesta a las peticiones de ella son regalos de amor, no obligaciones. Un hombre siempre dará más
cuando el mensaje que recibe de una mujer es que él es ya una
pareja buena y cariñosa y que ella precisa de su ayuda.

El mensaje de que él vale mantiene en alto su testosterona, y la solicitud de ayuda de ella genera una experiencia de
vinculación dual que estimula en él la producción de vasopresina, lo que no sólo acentuará su motivación a dar más, sino
también su atracción por ella y su deseo de vinculación.

Si un hombre cede de inmediato a todas la quejas de una
mujer, ya sea para preservar la paz o para complacerla, tenderá a sentirse menos seguro y competente en su presencia. Ya
no sentirá que toma decisiones propias; se volverá demasiado
dependiente de sus indicaciones o aprobación.

Cuando un hombre se descubre diciendo "Perdóname"
todo el tiempo, aumentan su estrógeno y su oxitocina, los
cuales se asocian con sus cualidades femeninas de interdependencia, sentimentalidad, actitud asistencial y cooperación. Estas cualidades son positivas; pero cuando se activan
en exceso en presencia de ella, reducen las hormonas masculinas de él, justo las que lo hacen sentir independiente, analítico, decidido, seguro y competente.

Oír y ceder repetidas veces a las protestas de ella afirma

dentro de él que es incompetente o insuficiente. Si siente que ella lo juzga incompetente, no recibirá la confianza, aceptación y aprecio que necesita para mantener abierto su corazón.

En suma, quejas repetidas en combinación con el mensaje emocional de que no es capaz de hacerla feliz se convierten en la mente de un hombre en un mensaje controlador, que lo hace cerrarse o que reprime su lado masculino. Y como ya vimos, cuando un hombre sofoca su lado masculino para complacer a su pareja, o por cualquier otra razón, esto lo empuja automáticamente a su lado femenino. Inclinarse demasiado a su lado femenino reduce su testosterona y aumenta su estrógeno, y con el tiempo él se volverá demasiado inerme y dependiente de la aprobación de ella, o demasiado sentimental, pasivo o malhumorado.

Las mujeres tienden a desconocer por completo que sus quejas le parecen controladoras a un hombre. En mis seminarios de almas gemelas de tres días para solteros y parejas exploro en gran detalle la totalidad de las quejas generales más comunes que hombres y mujeres tienen contra la otra parte. Enlistan sus quejas por separado y después las exploran juntos. Como las protestas son anónimas, nadie se las toma personalmente ni se pone a la defensiva.

Con frecuencia ellas se quejan de que dan más de lo que reciben y ellos de que no tiene caso dar más porque nada de lo que hacen basta para hacer feliz a su pareja. Pero mientras que a ellas no les sorprende que los principales reclamos de un hombre tengan que ver con sus quejas y regaños, les desconcierta mucho saber que ellos se sienten controlados.

Sin una comprensión de las diferencias entre unos y otras, ellas suelen creer que al quejarse conseguirán que ellos hagan más, porque, como ya se explicó, cuando un hombre se queja, una mujer se siente presionada a hacer más. Pero para un hombre esto tiene el efecto contrario: cuando ella se queja, él pierde a la larga su motivación a dar más.

Las quejas hacen que un hombre haga menos, no más.

En la mayoría de los casos, la intención de una mujer al quejarse no es controlar. Pero para ser feliz necesita el apoyo de un hombre. Cuando reconoce que sus protestas no dan resultado, se siente más motivada a dejar de quejarse y a esperar hasta sentirse feliz y apreciar su apoyo. Entonces, y sólo entonces, puede hacer peticiones específicas de un poco más. Como mencioné en la introducción, hacer peticiones en incrementos reducidos y dar grandes recompensas a cambio es el secreto para obtener más en una relación.

Prevención de una actitud a la defensiva

Cuando Bonnie se queja de mí (lo cual es infrecuente), para impedir mis reacciones defensivas yo la escucho hasta que empiezo a sentirlas, y entonces digo: "Ya entendí".

Esto pone fin a la conversación y completa la comunicación. Ella sabe que he aceptado sus palabras y que ciertamente las consideraré.

Para ambos es un gran alivio disponer de esta sencilla herramienta. A mí me corresponde impedir que ella me ponga a la defensiva, y a ella confiar en que la he oído y en que haré mi mejor esfuerzo con la información que recibí. Si requiero más información, la pediré. Pero es improbable que lo haga si estoy a la defensiva.

Después de protestar, muchas mujeres esperan una respuesta cordial y amable como: "Perdóname, trataré de mejorar en el futuro" para completar la comunicación. Esperan esta respuesta porque es la forma en que ellas responderían para indicar que han oído, en particular si causaron una desilusión a la otra persona.

Una mujer espera equivocadamente que un hombre responda a su queja diciendo: "Perdóname, intentaré mejorar en el futuro", porque eso es lo que ella diría.

Pero en un hombre, particularmente si el reclamo de su pareja se basa en infelicidad, esto activa el centro de pelear o huir de su cerebro, que se describió en el capítulo cinco. Esto es una miniemergencia; su testosterona sube automáticamente para resolver el problema, y su estrógeno baja (de modo temporal).

Debido a esta reacción hormonal, él se desconectará en forma automática de sus emociones, a fin de analizar en silencio la queja de ella y considerar cómo resolver este problema. Esto se llama "cavilar".

En ese momento, él reflexiona mudamente en lo que ella dijo; ninguna conversación adicional interferirá por lo general en este proceso. La expectativa incumplida de ella de una respuesta más femenina y empática no hace sino extremar la resistencia de él a cambiar de conducta en respuesta a las necesidades de su pareja.

Cuando un hombre oye la queja de una mujer,
cancela en automático sus emociones para cavilar
en el reto o problema.

Cuando él se aparta de sus sentimientos, ella sentirá de inmediato esa separación, así como la necesidad de cierta seguridad de que él no está enojado, la "oyó" o considerará la necesidad insatisfecha de la que ella se ha quejado. Pero para que él diga algo más que "Ya entendí", tendría que ponerse a hablar de sus sentimientos y reacciones a la queja, lo que sólo interferirá con su aptitud para pensar en lo que ella dijo. Esto aumentará su estrés y le impedirá sentir la necesidad de su pareja.

En mi matrimonio, cuando yo digo: "Ya entendí", Bonnie se entera de dos cosas importantes:

1. Que consideraré con sinceridad su petición y le pediré más información de ser necesario.
2. Que si ella se sigue quejando o haciendo peticiones, mis reacciones defensivas automáticas me impedirán considerar su petición y ajustar mi conducta como lo juzgue adecuado.

"Ya entendí" transmite a una mujer el mensaje que necesita de que su pareja la oyó y considerará lo que dijo sin afectar negativamente la aptitud de un hombre de procesar la petición. Señala que son iguales —él no es su siervo ni cambiará con cada una de sus quejas— y le concede espacio a él para considerar la queja o petición sin que se "espere" que haga algo. Cuanto más espacio reciba para reaccionar, más respeto sentirá por ella y más querrá apoyarla.

Cuando un hombre dice: "Ya entendí", no significa que vaya a corregir aquello de lo que ella se queja, sino que lo considerará más de lo que lo haría si ella siguiera protestando. Significa que, con base en las prioridades y necesidades de él, él también tomará en cuenta las prioridades y necesidades de ella. Y entre más exitoso se sienta en la relación en general, tendrá mayor disposición a dar más.

Cuando un hombre se pone a la defensiva, su sangre fluye al centro de pelear o huir en el fondo de su cerebro, y se le dificulta oír otro punto de vista. Lo último que puede hacer cuando está a la defensiva es sentir empatía o compasión por las necesidades de una mujer.

> Cuando un hombre está a la defensiva, lo último
> que puede hacer es sentir empatía o compasión
> por las necesidades de una mujer.

Mi hija Lauren enseña a las mujeres esta técnica: cuando él no sabe decir "Ya entendí" o no dice "Perdón", sino que sólo guarda silencio, en vez de mirarlo fijamente y esperar una respuesta cariñosa o compasiva, ellas deben decir: "Lo pensarás, ¿verdad?".

Esto le facilita a él decir "Sí" y les da a ellas la seguridad que necesitan de que su mensaje ha sido recibido tanto como es posible en ese momento.

Esperar que un sincero sentimiento de pesar salga de inmediato de la boca de un hombre en un momento en que se siente a la defensiva es poco realista y contraproducente. Para que él considere lo que ella dice sin una reacción defensiva, debe distanciarse temporalmente de sus emociones. Si ella está molesta con él, cada palabra adicional que diga aumentará la cantidad de tiempo que él tendrá que tomarse para recuperar su lado compasivo.

Si no lo empuja a estar a la defensiva, ella le facilitará recibir el mensaje. Además, si convierte sus quejas en peticiones, lo ayudará a tomar sus propias decisiones de cómo apoyarla. Si él se pone a la defensiva, cuanto más lo presione ella, más se resistirá a sus palabras.

En mi matrimonio, cuando mi esposa reclama algo y yo empiezo a ponerme a la defensiva, por lo general ella se aleja o, si hablamos por teléfono, me cuelga. Aunque esto podría parecer brusco, yo lo agradezco. Ambos entendemos la importancia de impedir discusiones violentas y perjudiciales.

Ten en mente que es raro que ella haga esto; pero cuando lo hace, y gracias a que hemos evitado una discusión acalorada, puede librarse más rápido de su enojo. Cuando nos ponemos en contacto de nuevo, espera y agradece una disculpa si mi error o mi actitud defensiva la lastimó o molestó.

Decir "Ya entendí" no significa que yo nunca diga "Perdón", sino que lo digo menos. También significa que, a veces, cuando oigo un reproche y me pongo a la defensiva, dispongo de una forma de transmitirle a mi esposa el mensaje de que consideraré su petición. Por lo general, si hago algo que le disgusta o molesta mucho y yo no estoy a la defensiva, sentiré una oleada de empatía, atención y compasión y diré: "Perdóname, no quise molestarte. Me equivoqué".

El valor de quejarse

Aunque quejarte de tu pareja con tu pareja no es efectivo, hay otro caso, ya mencionado, en que la queja es una herramienta valiosa: cuando una mujer comparte sus sentimientos (no relativos a su pareja) luego de volver a casa. Si ella no hiciera esto, perdería la oportunidad de recuperar su lado femenino para equilibrar sus hormonas.

Cuando una mujer no habla de sus sentimientos, pierde la oportunidad de relajarse.

Una de las razones de que las mujeres no hablen de cómo les fue durante el día es que los hombres no tienen la costumbre de escuchar. Si él se inclina a su lado masculino, se distraerá o desinteresará pronto, o interrumpirá con soluciones. Pero si se inclina a su lado femenino, querrá hablar más que ella; y si ella se queja de su día, él reaccionará con más quejas propias. Aunque esto le parecerá razonable a él, le brinda a ella una vinculación social, no la vinculación dual que requiere para recuperar su lado femenino.

Más allá de que una mujer sea más masculina o femenina, aprender a compartir sus sentimientos en una forma que cualquier hombre pueda oír le ayudará a sentirse mejor y relajada. Por otra parte, los hombres que hablan más que su esposa omiten el único camino que reduciría su estrés devolviéndolos a su lado masculino: escuchar. Escuchar suele considerarse una acción femenina, pero en realidad fortalece el lado masculino de un hombre.

Escuchar suele considerarse una acción femenina, pero en realidad fortalece el lado masculino de un hombre.

Después de pasar todo el día en su lado masculino, es un gran reto para una mujer recuperar su lado femenino. Y cuando se aferra a su lado masculino, esto también afecta a su pareja, porque un hombre tenderá a desplazarse entonces a su lado femenino, en un intento por vincularse con ella. Cuando él se desplaza a su lado femenino, podría empujarla más a ella a su lado masculino. En consecuencia, en vez de aminorar su estrés, ambos terminarán aumentándolo.

A la luz de mi ejemplo sobre June y Alex en el capítulo diez, consideremos ahora a Jackie, quien dirige una agencia inmobiliaria con más de cincuenta empleados. Durante el día, ella está en su lado masculino. Se la pasa haciendo frente a emergencias, tomando decisiones y resolviendo problemas. Pero cuando vuelve a casa, su jornada no ha concluido. Se siente agobiada, con más cosas que hacer. En un sentido práctico, se aferra a su lado masculino, con más problemas por resolver aún.

Dijo Jackie: "Mi esposo, Jonathon, me dice entonces que debería serenarme, pero tengo cosas que hacer; no hay tiempo suficiente para hacerlo todo. Él quiere contarme cómo le fue, y yo intento escuchar, pero lo cierto es que no quiero hacerlo. No sé por qué, pero me desagrada. Me avergüenza ser tan juiciosa, pero es así como me siento. No sé cómo decirle que deje de hablar sin ser grosera ni herir sus sentimientos. ¡Escucharlo es un deber más para mí!".

Jackie debe recuperar su lado femenino, pero no lo sabe. Está aferrada a su lado masculino, creyendo que se sentirá mejor si termina su lista de pendientes. Pero mientras siga reprimiendo su lado femenino, esa lista no acabará jamás, y las actividades que podrían cultivar su lado femenino estarán siempre al último, si acaso son incorporadas a esa lista.

**Cuando una mujer reprime su lado femenino,
¡su lista de pendientes no termina nunca!**

Una idea de mi seminario cambió su vida. Jackie aprendió que la principal causa de su estrés no era su interminable lista de pendientes, sino el estrés que sentía a causa de su desequilibrio hormonal. No era la presión a hacer más lo que provocaba su estrés; era su desequilibrio hormonal el que agudizaba su presión a hacer más. Las mujeres sienten esta mayor presión cuando se inclinan demasiado a su lado masculino; sin el apoyo de sus hormonas femeninas, lo que hagan nunca será suficiente.

**La presión a hacer más no es la causa del estrés
de una mujer, sino síntoma de su desequilibrio
hormonal.**

En una sesión complementaria del seminario, Jackie dijo: "Ahora hablamos más y estoy más relajada. La diferencia es que yo hablo y Jonathon básicamente escucha. No tengo que oír sus quejas de trabajo ni finjo interesarme en él haciendo muchas preguntas. Es él quien me hace preguntas y me escucha. Me siento oída, y él se siente apreciado. Después le pido un abrazo, y lo siento riquísimo. Siento que todo mi ser se suaviza".

Sin una comprensión de nuestras necesidades hormonales diferentes para enfrentar el estrés, Jackie habría creído descortés sostener una conversación unilateral. Después de todo, cuando las amigas hablan, eso jamás ocurre en un solo sentido.

Ambas hablan y escuchan. Claro que Jackie y Jonathon seguían sosteniendo conversaciones de toma y daca cuando no estaban estresados, pero ella adquirió el poder de compartir sus sentimientos y quejas por un periodo limitado como una eficaz herramienta para recuperar su lado femenino, mientras que Jonathon adquirió el poder de escuchar sin hacer sugerencias como una eficaz herramienta para recuperar su lado masculino.

Igual que Jonathon y Jackie, tú también puedes aprender a usar tu relación para hallar tu equilibrio hormonal y apoyar la plena expresión de tu yo único. Si le das a tu pareja el apoyo que más necesita y recibes el que más necesitas, crearás una vida de amor. Brindar seguridad para que tu pareja y tú crezcan en el amor estableciendo una relación sin quejas como se describió en este capítulo es una decisión que puedes tomar ahora mismo.

Las cuatro etapas de las relaciones

Consejos o sugerencias, críticas, quejas y juicios no solicitados son sencillamente conductas poco afectuosas que siempre lo empeoran todo. Incluso si sólo "quieres ayudar" pero tus sugerencias no han sido solicitadas, resultarán improductivas. Sin embargo, nos es difícil dejar de criticar y de quejarnos porque cuando estamos estresados y no sabemos qué hacer para recobrar el equilibrio, tendemos a reaccionar de manera automática, a menudo en formas que no sirven de nada.

Cuando estamos estresados, cesa el flujo de sangre a la corteza prefrontal del cerebro, donde podemos elegir nuestras reacciones con base en lo más efectivo. Pero si aprendemos a manejar el estrés de modo eficiente, balanceando nuestras hormonas y con un compromiso e intención claros de ser amables y comprensivos con nuestra pareja y nosotros mismos, recorreremos las cuatro etapas siguientes de una relación. Este viaje no sólo creará una vida de amor, sino que también nos ayudará a desarrollar en lo individual todo nuestro potencial de felicidad y éxito.

Etapa uno: en esta etapa, la comunicación con nuestra pareja se basa sobre todo en lo que creemos correcto o incorrecto, no amable y bondadoso. Se basa en lo que juzgamos bueno o malo de acuerdo con nuestro condicionamiento social o expectativas y estándares de conducta. Esto deriva en intentos de manipular a nuestra pareja para que lleve a cabo los cambios que le exigimos mediante los castigos o humillaciones que le asestamos.

Castigar y humillar procede de una parte primitiva del cerebro. Cuando estamos estresados, la sangre que fluye a la parte razonable y cariñosa de nuestro cerebro es reorientada hacia partes más primarias, y nuestra reacción automática es tratar de controlar al otro.

Etapa dos: aquí reconocemos que lo que hicimos en la etapa uno no da resultado. Cuando ahora nos estresamos, en vez de cometer los mismos errores o repetir conductas improductivas, actuamos para disminuir el estrés equilibrando nuestras hormonas. Luego analizamos lo que funciona y lo que no, y hacemos lo que da resultados razonables.

Nadie es perfecto, así que no podemos permanecer en la etapa dos todo el tiempo. Pero, al menos, cuando cometemos errores podemos darnos tiempo para reconocer en qué forma contribuimos a una disputa, problema o aumento de tensión.

Cuando hay drama, pelea, guerra fría o teatro, en lugar de retroceder a la etapa uno reconocemos que estamos estresados y efectuamos algo que no dependa de hacer cambiar a nuestra pareja para sentirnos mejor. Luego, cuando nos sentimos mejor, sin requerir que ella cambie para nuestra felicidad, podemos considerar cómo interactuar en una forma más útil para ella y para nosotros.

En la etapa dos practicamos omitir las reacciones que no dan resultado y respondemos con formas que tienen sentido y funcionan. Cada vez que se presenta un problema, primero nos damos tiempo para reducir nuestro estrés y después reflexionamos en las cosas improductivas que hicimos y en algo útil que podamos hacer.

Etapa tres: en esta etapa, gracias a que practicamos lo que da resultado y lo que no, descubrimos nuestra compasión y sabiduría interiores, así como otros aspectos del amor superior. Este amor superior es lo que nos permite expresar todo nuestro potencial en la vida. Es lo que nos da paciencia, seguridad, aceptación y amor duradero.

Aún hay desafíos en la etapa tres, pero poco drama; la pasión y el amor son más fuertes y profundos, y nuestro compromiso con el amor, mucho mayor. Reconocemos que los retos de una relación son oportunidades para ser más afectuosos. Al superar nuestra resistencia a buscar y expresar amor en momentos en que es difícil hacerlo, todos los aspectos de nuestra vida se vuelven más fáciles y satisfactorios.

En la etapa uno, nos molestamos, quejamos, gritamos, retenemos amor, castigamos, avergonzamos o criticamos para comunicar este simple mensaje: "Eso no me ayuda en nada. Preferiría que hicieras otra cosa".

En la etapa dos, nos damos cuenta de que podemos fijar límites y disentir sin drama ni exigencias. Podemos ser flexibles y pacientes.

Ahora, en la etapa tres, nuestra exigencia de perfección es reemplazada por una liberadora aceptación de lo que no puede cambiar, un aprecio de lo que sí puede y la sabiduría para advertir la diferencia.

Etapa cuatro: en esta etapa aceptamos por completo que las relaciones y la vida plantearán siempre nuevos retos a nuestra capacidad para hallar más amor en nosotros mismos. Es una aceptación radical de que la vida no es perfecta, nuestra pareja no es perfecta y los problemas y retos no terminarán nunca, pero que todo eso está bien.

En esta etapa sentimos menos resistencia a los inevitables desafíos de la vida, menos obstinación en conseguir todo lo que queremos cuando lo queremos y menos reservas contra lo que queremos hacer o ser. En la etapa uno, estos obstáculos eran como grandes topes que nos detienen. Ahora son sólo vueltas inesperadas en el camino de la vida, que nos dan la oportunidad de adquirir nuevos juicios y más fortaleza, sabiduría y amor.

Llegar a esta etapa en nuestra relación nos da la libertad de ser como somos en plenitud y de hacer aquello para lo que vinimos a este mundo. En esta fase, después de crecer en compasión y sabiduría y otros aspectos del amor superior, experimentamos la libertad del amor incondicional.

Este amor incondicional, en particular para y de nuestra pareja íntima, nos brinda un enorme consuelo, porque nos recuerda que aunque la vida no es perfecta, estamos aquí a fin de hacerla mejor para nuestra pareja, nuestra familia y el mundo. Nadie puede hacer todo, pero cada uno de nosotros puede hacer su parte; eso es todo lo que podemos hacer, y es más que suficiente.

Un nuevo capítulo en tu vida

Espero que el viaje de pareja a alma gemela te haya deparado una lectura tan satisfactoria como la experiencia de escritura que me deparó a mí. Es resultado de cuarenta años de enseñar estos importantes conceptos para crear más amor en el mundo.

Cada mes, yo viajo a impartir mi seminario de relaciones a miles de personas en el mundo entero. Pero eso no basta. Millones y millones de personas anhelan experimentar un amor superior, aunque sin comprender nuestras nuevas necesidades de amor seguirán llevándose un chasco tras otro. Aun una sola idea dirigida a entender nuestras diferencias podría salvar a una relación o ayudar a alguien a encontrar el amor. Sé que este libro puede ayudar. Espero que tú lo creas también, y que compartas este volumen con tu familia y tus amigos.

Las novedosas ideas contenidas en este libro son fáciles de comprender pero difíciles de llevar a la práctica. Nuestra prolongada educación y condicionamiento puede sabotear el éxito. Debemos hacernos cargo de asumir nuestros errores y perdonar a los demás.

Estas nuevas ideas son fáciles de entender pero difíciles de llevar a la práctica.

Es poco realista esperar que tu pareja o tú puedan abandonar de inmediato o por completo los hábitos de su relación. Hemos de ser amables con ella y con nosotros mismos reconociendo que esto no es fácil. Aun las personas más brillantes y exitosas del mundo cometen equivocaciones en su relación.

Con esto en mente, podemos apreciar y celebrar plenamente nuestros progresos graduales, y perdonar nuestros reveses.

En momentos en que parezca que tu relación no te da el amor que quieres y necesitas, al menos ahora sabrás por qué no funciona. Si dejas de culpar, podrás cambiar, abatir tu estrés y abrir una y otra vez tu corazón.

En lugar de suponer que tu pareja (o futura pareja) y tú pondrán perfectamente en práctica estas novedosas nociones, den por hecho que avanzarán dos pasos y retrocederán uno. Así ha ocurrido en mi vida, y en la de la mayoría de mis miles de pacientes y participantes en mi seminario.

Luego de años de práctica como alma gemela, es indudable que este rol te será mucho más fácil y que lo ejercerás sin esfuerzo. No obstante, inevitablemente se te probará una y otra vez a fin de que puedas llegar a un más alto nivel de amor, sabiduría y compasión. Sólo mediante desafíos adicionales podemos dar un nuevo paso para desarrollar y expresar más nuestro auténtico y único potencial interior.

Confío en que no esperarás la perfección al aplicar estas abundantes y nuevas ideas, ni la exigirás a tu pareja. Cuando tu relación no marche bien, recuerda que necesitas mucha práctica para dominarlas.

En toda relación, serás puesto a prueba en diversos momentos para llegar a un más alto nivel de amor, sabiduría y compasión.

Si este libro te ha inspirado, te aliento a que vuelvas constantemente a él. Ábrelo en cualquier página y te ayudará. En la mayoría de los casos, cuando enfrentamos retos relacionales es porque tenemos expectativas poco realistas de nuestra pareja o de nosotros mismos. Recuperar el amor te ayudará a recordar que somos diferentes y te inspirará una vez más a abrir tu corazón y a amarte y amar más a tu pareja. Si te has sentido motivado a aplicar estas nuevas ideas, permite que este momento sea el inicio de un nuevo capítulo en tu vida.

Cuando realices cambios para abrir tu corazón y mantenerlo abierto, facilitarás a otros a hacer lo mismo. En mi matrimonio, sé que cada vez que recupero el amor, facilito un poco a las personas con las que comparto mi vida a recuperar también el amor. Éste es un regalo no sólo para mi esposa y para mí, sino también para mis hijos y mis nietos. Esta idea es lo que me motiva a ser mejor olvidando el rencor y transformando el enojo en molestia pasajera. Si yo no puedo perdonar, ¿cómo puedo esperar que se me perdone? Si tú y yo no podemos hacerlo, ¿qué esperanza les queda a nuestro mundo y nuestro futuro?

Al poner en práctica las muchas y nuevas nociones de *Más allá de Marte y Venus*, experimentarás una vida de amor y acceso a tu potencial interior para experimentar un amor superior. Con este amor como tu base, desarrollarás y expresarás tu pleno potencial creativo en beneficio del mundo.

Recuerda siempre que eres necesario en este mundo y que tu compromiso, carácter y amor superior harán toda la diferencia.

Epílogo
Crecer juntos en el amor

Cuando un hombre o una mujer es capaz de combinar de manera simultánea sus lados masculino y femenino en la expresión plena y auténtica de su yo único, puede sentir y expresar un amor superior. Con repetidos destellos de este amor, somos capaces de crecer juntos en el amor y la pasión para toda la vida. Con el desarrollo de este amor superior en nuestra relación íntima, todos los aspectos de nuestra vida se enriquecen.

He aquí una lista de las diversas expresiones de nuestro potencial para un amor superior:

1. **Interdependencia en igualdad de condiciones:** combinando nuestro lado *independiente* masculino con nuestro lado *interdependiente* femenino, podemos crear relaciones interdependientes en igualdad de condiciones. Con esta interdependencia, nadie es víctima. Con ella podemos reconocer que no sólo nuestra pareja sino también nosotros contribuimos a nuestros problemas. Esto nos permite abandonar reacciones defensivas automáticas, como la censura, el castigo, el rencor y los juicios.

2. **Una compasión más profunda:** combinando nuestro lado *racional* masculino con nuestro lado sentimental femenino, podemos escuchar con empatía y *experimentar* una compasión más profunda que nos motive

a ser útiles. Con esta mezcla transformaremos nuestra tristeza y pesar en mayor compasión por los demás, aunque sólo si antes podemos sanar nuestras heridas emocionales. Gracias al conocimiento de nuestro dolor y con la serena claridad de que podemos cambiar la forma en que nos sentimos, podremos identificarnos con el dolor de los demás y sentir compasión por ellos más allá de la mera conmiseración o empatía.

3. **Sabiduría interior:** combinando nuestro lado masculino *solucionador* de problemas con nuestro lado *asistencial* femenino, podemos tener acceso a una sabiduría interior que nos permita discernir lo que sirve de lo que no sirve en la vida y en las relaciones. Esta sabiduría interior reconoce nuestras limitaciones y las de los demás. Con esta mezcla, podremos convertir nuestros errores y pesares en una sabiduría mayor.

4. **Valor temerario:** combinando nuestro lado *resistente* masculino con nuestro lado *vulnerable* femenino, podemos acceder al valor temerario de fijar límites para que no se nos subestime ni se abuse de nosotros. De este modo, convertiremos nuestras heridas en valor para reabrir nuestro corazón y dar más amor. Seremos libres de admitir nuestros errores, perdonar a nuestra pareja y hallar nuevas formas de expresar mejor lo que podemos ofrecer al mundo.

5. **Compromisos de beneficio mutuo:** combinando nuestro lado *competitivo* masculino, de querer ganar, con nuestro lado *cooperativo* femenino, de desear que gane nuestro ser más querido, podemos aprender juntos a ceder para que ganemos los dos. Con esta combinación de competitividad y cooperación podremos convertir nuestro enojo, sensación de traición y celos

en éxito compartido. Sin renunciar a nuestras necesidades, encontraremos modos de ayudar a que nuestra pareja satisfaga las suyas.

6. **Creatividad brillante**: combinando nuestro lado *analítico* masculino con nuestro lado *intuitivo* femenino, podemos ser más creativos en la búsqueda de soluciones a los retos de la vida y adaptarnos a circunstancias estresantes. Podemos hallar formas creativas de apoyar a nuestra pareja y a los demás sin tener que sacrificar nuestra integridad. Al acceder a nuestro potencial creativo, los retos resbalarán como agua por nuestras espaldas. Con esta combinación de análisis e intuición convertiremos las preocupaciones en creatividad brillante. Cada error será una lección indispensable para dar un paso más hacia nuestras metas. En lugar de sentirnos estancados, nos soltaremos para enfrentar con donaire cada reto.

7. **Paciencia sin esfuerzo**: combinando nuestro lado *enérgico* masculino con nuestro lado *afectuoso* femenino, podemos hacer de nuestras frustraciones oportunidades de desarrollar y expresar una paciencia sin esfuerzo. "El silencio es oro, la paciencia una virtud", dice un antiguo proverbio. Una paciencia mayor nos dará la aptitud para guardar silencio en momentos en que nuestras reacciones defensivas automáticas sean decir o hacer algo para culpar, corregir, criticar, intimidar, avergonzar o castigar al otro.

8. **Persistencia sin reservas**: combinando nuestro lado *categórico* masculino con nuestro lado *receptivo* femenino, podemos dejar de sentirnos indefensos e incapaces en nuestra relación y pedir con más efectividad lo que queremos y necesitamos comunicándolo como

una preferencia, no como una exigencia. Tornaremos
así nuestras decepciones en una persistencia sin reservas para conseguir lo que necesitamos y cumplir
nuestras metas.

9. **Auténtica humildad:** combinando nuestro lado *competente* masculino con nuestro lado *sincero* femenino, podemos expresarnos libremente al tiempo que
confiamos en que basta con que hagamos un gran esfuerzo. Podremos desprendernos del afán de lograr
más o de la presión a ser perfectos. Nos sentiremos
en libertad de ser transparentes, reconociendo nuestras fortalezas junto con nuestras limitaciones y fa-
llas. Nos desharemos del perfeccionismo y podremos
alegrarnos con el éxito de los demás como si fuera
nuestro. Creer en nuestra aptitud y cultivar y expresar la sinceridad convertirá la vergüenza de cometer
errores en humildad auténtica.

10. **Inspirada curiosidad:** combinando nuestro lado *seguro* masculino con nuestro lado *confiado* femenino,
podemos despertar el amor superior de la curiosidad
inspirada. Cuando escuchemos a nuestra pareja, antes que reaccionar para protegernos a fin de conseguir lo que queremos podremos sentir curiosidad
por sus pensamientos y sentimientos y reconocer sus
motivaciones positivas a amar o ser amada. Ansiare-
mos ver lo bueno en toda situación y nos pregunta-
remos qué podemos hacer para ayudar.

11. **Gratitud sincera:** combinando nuestro lado *confiable*
masculino con nuestro lado *sensible* femenino, podemos despertar gratitud sincera por la oportunidad de
estar vivos y ser útiles. Nos sentiremos automáticamente motivados a corregir nuestros errores, cum-

plir la palabra empeñada y mantener la disposición a buscar el bienestar del otro. Con esta mezcla de confiabilidad y sensibilidad convertiremos nuestros temores en sincera gratitud para todo lo que tenemos y podemos dar.

12. **Sólida inocencia:** combinando nuestro lado masculino *orientado a metas* con nuestro lado femenino *orientado a procesos*, podemos desarrollar una inocencia sólida que impregne anhelos, deseos y necesidades. Estaremos conscientes de una motivación primaria y congruente a hacer sólo el bien y a ser fieles a nosotros mismos y a los demás. Podremos perdonar nuestros errores e imperfecciones y sentirnos dignos de ser amados. Esto nos permitirá ver el bien en los demás, así como perdonar sus errores.

El tesoro al final del arcoíris

Todas estas expresiones de amor superior son el tesoro al final del arcoíris. Cuando aprendemos a dar y recibir amor combinando nuestros lados masculino y femenino, puede emerger nuestro máximo potencial para el amor, la felicidad y el éxito.

Aun en la naturaleza, es la coincidencia del sol y la lluvia lo que da origen a un hermoso arcoíris, el cual revela todos los colores del espectro visible. De igual modo, también nosotros podemos desarrollar y expresar gradualmente todos los talentos y dones que permanecen latentes en nuestro interior mientras crecemos juntos en el amor.

Ese tesoro estará siempre un poco más allá de nuestro alcance; pero bañados por los variados colores del arcoíris, seguiremos disfrutando del momento mientras ansiamos más y más.

Cuando aprendamos a amarnos a nosotros mismos y a ser un alma gemela, daremos seguridad a los demás para que abran su mente y su corazón a un amor mayor. Ésta es la libertad suprema, y todos podemos experimentarla si nos comprometemos a amar y a seguir haciendo nuestro mejor esfuerzo por lograrlo.

Crecer juntos en el amor no requiere perfección. Si fuéramos perfectos, no creceríamos. Aprender a experimentar amor incondicional sólo se consigue si enfrentamos nuestras imperfecciones y hacemos cambios en nosotros.

Crecer juntos en el amor es nuestro viaje heroico para descubrir y expresar nuestro más alto potencial por medio de la compasión, la sabiduría y una relación en igualdad de condiciones: igualdad con nuestra pareja e igualdad de nuestros lados masculino y femenino.

Para más información y para descargar un ejemplar gratuito del libro digital *How to Get Everything You Want in Your Relationship*, haz contacto conmigo y con mi hija Lauren Gray en MarsVenus.com.

Agradecimientos

Gracias a mi esposa, Bonnie Gray, por su incesante amor y apoyo en nuestra relación personal y profesional. Yo no habría podido escribir este libro sin su apoyo, sabiduría y perspicacia.

Contar con el apoyo de la familia es todo para un autor que escribe sobre las relaciones. Gracias entonces a nuestras tres hijas y sus respectivas parejas: Shannon y Jon, Juliet y Dan, y Lauren y Glade, así como a nuestros adorables nietos: Sophia, Bo, Brady y Makena.

Muchas gracias a mi equipo, el cual hizo posible esta obra: Hallina Popko, mi asistente ejecutiva; Jon Myers, director de mercadotecnia de MarsVenus.com; Marcy Wynne, directora de servicio al cliente; Glade Truitt, diseñador de la página web y director de videoproducción de mi blog diario en internet; Rich Bernstein, presidente de Mars Venus Coaching, y a todos los Mars Venus Life Coaches en el mundo entero. Gracias en especial a mi hija Lauren Gray por sus populares videoblogs en MarsVenus.com y por desarrollar cursos de relaciones en línea sólo para mujeres.

Gracias adicionales a Warren Farrell, buen amigo y brillante autoridad en la comprensión de cómo hombres y mujeres pueden entenderse y comunicarse entre sí para crear un amor duradero. Muchas de sus ideas de nuestros paseos semanales están esparcidas en este libro.

Gracias a mi agente, Frank Weimann, y a mis demás amigos que tuvieron la visión de que este libro era necesario en
este momento.

Gracias a Glenn Yeffeth, director y editor de BenBella
Books; a Alicia Kania, editora asociada, y a Jessika Rieck, editora de producción, por su continuo apoyo en la preparación
de este volumen, así como a mis editores, Leah Wilson y Ja-
mes Fraleigh, quienes contribuyeron a la claridad y concisión
de estas abundantes y novedosas ideas.